国家社会科学基金一般项目：经理自主权理论视角下国有企业内部薪酬鸿沟的形成机理及对策研究（15BGL109）

国有企业新—老CEO
自主权对内部薪酬
鸿沟影响效应的比较研究：
基于多维度的视角

张长征 著

中国原子能出版社

图书在版编目（CIP）数据

国有企业新－老CEO自主权对内部薪酬鸿沟影响效应的比较研究：基于多维度的视角／张长征著.－－北京：中国原子能出版社，2020.6

ISBN 978-7-5221-0632-8

Ⅰ.①国… Ⅱ.①张… Ⅲ.①国有企业—管理人员—工资管理—研究—中国 Ⅳ.① F279.241

中国版本图书馆 CIP 数据核字（2020）第 110975 号

内 容 简 介

针对国有企业内部薪酬鸿沟持续快速扩大的现实问题及其有效治理机制缺位的理论困境，本书以"国有企业新－老CEO自主权对内部薪酬鸿沟影响效应的比较研究：基于多维度的视角"为研究选题展开探讨，主要内容包括：CEO自主权和薪酬差距研究综述以及薪酬鸿沟研究展望；国有企业内部薪酬鸿沟度量：以中国沪深A股主板国有上市公司为样本；国有企业新－老CEO行业自主权对高管－员工薪酬差距和薪酬鸿沟的操纵效应比较研究；国有企业新－老CEO所有权对企业内薪酬差距和薪酬鸿沟的操纵效应比较研究；国有企业新－老CEO职位权对高管－员工薪酬差距与薪酬鸿沟的操纵效应比较研究；国有企业新－老CEO资源运作权对高管－员工薪酬差距和薪酬鸿沟的操纵效应比较研究；国有企业新－老CEO关联权对高管－员工薪酬差距和薪酬鸿沟的操纵效应比较研究等。

国有企业新－老CEO自主权对内部薪酬鸿沟影响效应的比较研究：基于多维度的视角

出版发行	中国原子能出版社（北京市海淀区阜成路43号 100048）
责任编辑	张 琳
责任校对	冯莲凤
印　　刷	三河市铭浩彩色印装有限公司
经　　销	全国新华书店
开　　本	787mm×1092mm　1/16
印　　张	17
字　　数	305千字
版　　次	2021年4月第1版　2021年4月第1次印刷
书　　号	ISBN 978-7-5221-0632-8　定　价　80.00元

网　址：http://www.aep.com.cn　E-mail:atomep123@126.com
发行电话：010-68452845

前　言

　　近年来,企业内薪酬极端分化现象愈加严重。国际性管理咨询公司 Hay Group 在其 2015 年全球商业企业薪资报告中指出:"在全世界范围内,高管和普通员工之间薪酬差距正在扩大,尤其是中国企业高管与底层员工的薪酬差距最大,约为 12.7 倍。" 2015 年《福布斯》数据显示,联想 CEO 杨元庆以 1.19 亿元的高额年薪位居两地上市公司 CEO 榜首,是该企业普通员工薪酬的 700 余倍。《中国上市公司高管薪酬指数报告(2017)》公布,2016 年乐视网前三高管人均薪酬将近 4.5 亿元,上市公司高管薪酬激励过度,远超普通员工薪酬的千倍。企业内薪酬差距过于悬殊,由此导致的社会收入分配不公现象受到社会各界公众的过度解读,这已成为中国社会亟待解决的焦点问题。为打开企业内高管－员工薪酬差距持续扩大的内在机理的黑箱,学者们不断深入挖掘薪酬差距的演化机制,至今已取得卓有成效的成果,亦证实了公司治理和组织特征、高管特征、行业地区等是影响高管－员工薪酬差距的重要因素,但其形成机理仍未达成共识,而且与之相关的"薪酬鸿沟"现象则尚未得到研究关注。在现实需求以及理论发展的双重推动下,高管－员工薪酬差距的形成机理亟待学术界给予指导。

　　从理论上看,CEO 自主权理论应用于高管薪酬研究,肇始于 20 世纪 80 年代,发展于 21 世纪初,近几年来则属于该研究的集中爆发期。目前,CEO 自主权理论已从新兴的高管薪酬研究视角,发展至与经典的最优契约理论视角并驾齐驱,日渐成为主流研究视角,为公司治理、战略性人力资源管理领域的理论研究以及企业实践提供了深刻洞见,并做出了卓越贡献。具体到薪酬差距的研究方面,既有文献表明 CEO 自主权对薪酬差距的影响具有跨越国界的有效性,为揭示薪酬差距成因提供了有益启示,在理论上前瞻性地丰富和发展了薪酬差距决定机制的研究,但具体影响机理与强度尚未达成共识。总体而言,该领域研究仍处于争议阶段,从发展动态出发,以下几个研究方向值得进一步探讨:

　　(1)区分薪酬差距与薪酬鸿沟,重点研究薪酬鸿沟的形成机理与治理对策。以往研究并没有将薪酬鸿沟作为独立的学术概念进行探讨，即其与薪酬差距不做区分，仅研究薪酬差距成因及其业绩效应。实际上二者存在显著差别，各自的形成机理与影响效应均有不同特征。相较于薪酬差距，薪酬鸿沟的形成过程伴随着更多人为操纵与政治过程，也面临更大的行为阻力与心理对抗，其业绩效应只有负面后果。如果说薪酬差距的存在尚有其合理性，那么薪酬鸿沟既不符合效率原则，也不符合公平原则，因此，薪酬鸿沟的研究更具理论与现实意义，需要得到专门的研究关注。在前文识别薪酬鸿沟判定标准的基础上，本研究试图将薪酬差距与薪酬鸿沟联系起来，从 CEO 自主权的视角探究薪酬鸿沟的形成机理。

（2）选择以国有企业为研究对象，专门研究其薪酬鸿沟的形成机理及治理对策。目前，从 CEO 自主权视角探讨国有企业薪酬鸿沟现象的研究基本缺位，即使与之最为相近的国有企业薪酬差距研究也缺乏足够的对策成果。除了经济责任之外，中国国有企业承担了更多的社会责任，承载了更多的社会期望，其薪酬差距的社会影响更具敏感性，民众对国有企业的薪酬差距容忍度更低，更容易出现薪酬鸿沟现象。未来研究应专门针对国有企业的性质、责任和特点，探讨国有企业薪酬鸿沟现象，这不仅在企业层面有助于国有企业优化其薪酬分配制度改革，而且在社会层面更具有引导意义，更能突显中国社会主义收入分配价值观，使之更好地实现国有企业社会责任，促进和谐社会的构建。

（3）比较新－老 CEO 自主权对高管－员工薪酬差距和薪酬鸿沟的影响效应。目前为止，由于研究者大多忽视了年轻 CEO 与年长 CEO 自主权特征及其运作机制的鲜明差异，新－老 CEO 自主权与高管－员工薪酬差距关系的比较研究，仍鲜见研究文献报道。因此，专门研究新－老 CEO 自主权对高管－员工薪酬差距操纵效应，探讨 CEO 自主权对薪酬鸿沟形成的影响机理，不仅具有重大的实际应用价值，而且能填补该研究领域的空白，丰富现有理论成果。

（4）比较 CEO 自主权各维度对高管－员工薪酬差距和薪酬鸿沟的影响效应。现有研究忽视了 CEO 自主权是一个多维度的综合性概念。事实上，所有与 CEO 自主权相关的内容，比如 CEO 所有权、CEO 职位权、CEO 资源运作权、CEO 关联权及 CEO 行业自主权都有自己的坐标。只有把这些坐标连接起来，才可能构成一个整体性的、具象化的 CEO 自主权图形。仅将 CEO 自主权视为一个整体性概念，探讨其对高管－员工薪酬差距的影响效应，缺乏对各个单一维度与高管－员工薪酬差距关系的深入探讨。

针对国有企业内部薪酬鸿沟持续快速扩大的现实问题及其有效治理

机制缺位的理论困境,本书以"国有企业新－老 CEO 自主权对内部薪酬鸿沟影响效应的比较研究:基于多维度的视角"为研究选题,正是为顺应这一明确且迫切的现实与理论需求而提出的管理科学领域的研究课题,兼具理论与实践意义。

本书共 7 章内容。一方面,各章之间具有内在联系,共同组成一个有机整体,从各个角度深入、全面、系统地剖析了 CEO 自主权配置及其运作对企业内部高管－员工薪酬差距和薪酬鸿沟的影响机制;另一方面,各章又相对独立,每章都有自己独特的理论视角,关注和比较新－老 CEO 自主权各维度与薪酬鸿沟关系所呈现的不同特质。

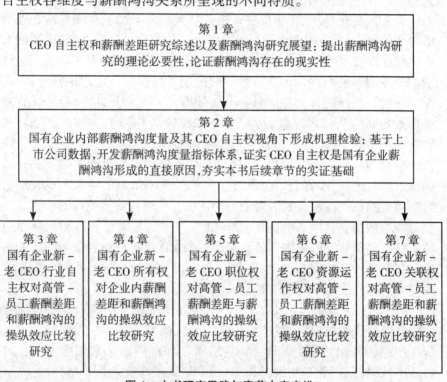

图 1　本书研究思路与章节内容安排

具体而言,本书的主要研究内容与理论贡献如下:

第 1 章:在文献回顾与综述的基础上,论证了薪酬鸿沟研究的缺位是我国企业内薪酬鸿沟治理实践低效的直接原因。回顾了 CEO 自主权的基本理论研究,探讨了 CEO 自主权对高管薪酬水平、高管薪酬结构和高管薪酬差距的操纵效应相关研究,综合归纳了高管薪酬差距的影响效应研究。在此基础上,详细梳理了高管－员工薪酬差距的影响效应与影响因素研究,并系统剖析了 CEO 自主权对高管－员工薪酬差距的影响效应研究成果与观点。文献综述显示，在高管薪酬理论研究领域，"薪酬鸿沟"这一新的学术概念仍然被等同于"高管－员工薪酬差距"。事实上，二者并不是同一概念的不同表述，而是既有明显区别又有紧密联系的两个概念。作为与高管－员工薪酬差距紧密相关但又显著不同的学术概念，"薪酬鸿沟"虽然已经在现实中凸显其重要性，但在文献中仍然被视同于"高管－员工薪酬差距"。基于 CEO 自主权视角的薪酬鸿沟研究，具有理论的必要性和现实的迫切性。

第 2 章：借鉴既有学者应用客观数据间接度量学术概念的变量化操作方式，构建并验证了基于上市公司数据的薪酬鸿沟度量指标体系，发现并论证了国有企业中 CEO 自主权通过拉大高管－员工薪酬差距导致薪酬鸿沟的形成。以中国沪深 A 股主板国有上市公司为样本，基于薪酬水平比较法、回归估计比较法和薪酬增长比较法，构建并验证了包含三个维度的企业内部薪酬鸿沟的综合性间接度量指标体系。应用该指标体系，明确证实了薪酬鸿沟能够降低企业短期财务绩效和长期市场绩效，并能够导致较高的员工离职率。实证分析和比较了 CEO 自主权对薪酬鸿沟的影响与 CEO 自主权对高管－员工薪酬差距的影响，证实 CEO 自主权是薪酬鸿沟形成的直接原因，并探讨了九种公司治理机制对以上关系的调节效应。比如，国有上市公司独立董事比例对 CEO 自主权与高管员工薪酬差距的相关性没有显著影响，对 CEO 自主权与薪酬鸿沟的关系亦无显著调节效应；女性高管比例对于 CEO 自主权与高管－员工薪酬差距的关系具有不稳定的正向调节作用，而对 CEO 自主权与薪酬鸿沟的关系无显著调节效应。但整体上，女性高管比例对高管－员工薪酬差距和薪酬鸿沟具有直接的正向影响效应。

第 3 章：论证了国有企业中新－老 CEO 行业自主权迥异于其他自主权维度的薪酬鸿沟抑制效应，并发现年长 CEO 行业自主权表现出更强的薪酬鸿沟抑制效应。基于 2010－2015 年深沪两市 A 股国有上市公司的样本数据，以行业净利润增长率、行业研发费用投入增长率、行业无形资产比例增长率三个指标综合衡量 CEO 行业自主权，分别以前三高管薪酬与员工平均薪酬的差值对数、前三高管薪酬与员工平均薪酬的比值衡量高管－员工薪酬差距，综合应用薪酬水平比较法、回归估计比较法和薪酬增长比较法测度企业内部薪酬鸿沟程度，以锦标赛理论和行为理论为基础，探讨和比较新－老 CEO 行业自主权对高管－员工薪酬差距和薪酬鸿沟的影响效应。结果显示：国有企业中，（1）与 CEO 自主权其他维度正向促进高管－员工薪酬差距的结论不同，年长 CEO 行业自主权对高管－员工薪酬差距无显著影响效应，而年轻 CEO 行业自主权对高管－员工薪酬差距有不稳定的显著负向影响效应;(2)与 CEO 自主权其他维度加剧企业内部薪酬鸿沟的结论不同,年长 CEO 行业自主权对薪酬鸿沟有显著的抑制效应,而年轻 CEO 行业自主权对薪酬鸿沟则呈现出不稳定的负向影响效应;(3)行业自主权相对于职位权、所有权、资源运作权和关联权等其他 CEO 自主权子维度,明显具有更强的利企性动机,而且在该维度上,年轻 CEO 与年长 CEO 所表现出来的利企性动机差异并不显著;(4)第一大股东对高管－员工薪酬差距向行业极端值运动的倾向有较好的抑制效应,但是在合适薪酬差距向过度薪酬差距转换的"阈值"处,第一大股东则持有相对含糊甚至鼓励的姿态,在一定程度上反而促进了企业内部薪酬差距向薪酬鸿沟的转变,但在薪酬鸿沟从轻度向重度转变的过程中,第一大股东确实起到了重要的抑制作用;(5)独立董事比例对薪酬鸿沟和企业未来绩效均未呈现显著影响,未来的独立董事制度应当在强化独立董事独立性、确保独立董事胜任力、完善独立董事参与公司治理渠道三个方面进行改进。

第 4 章:发现并论证了国有企业中新－老 CEO 所有权均能够显著加剧企业内部薪酬鸿沟,并且资深 CEO 的加剧效应更强。本章基于国有企业,以 2010-2015 年深沪两市 A 股国有上市企业为研究对象,以新－老 CEO 所有权为自变量,分别以高管－员工薪酬差距和薪酬鸿沟为因变量,以锦标赛理论和行为理论为工具,实证分析和比较了新－老 CEO 所有权分别对高管－员工薪酬差距和薪酬鸿沟的影响效应。理论分析与实证结果显示:国有企业中,年长 CEO 所有权与高管－员工薪酬差距显著正相关,年轻 CEO 所有权与高管－员工薪酬差距亦显著正相关,并且年轻 CEO 所有权对高管－员工薪酬差距的正向影响效应弱于年长 CEO 所有权;国有企业中,年长 CEO 所有权与薪酬鸿沟显著正相关,年轻 CEO 所有权与薪酬鸿沟亦显著正相关,并且年轻 CEO 所有权对薪酬鸿沟的正向影响效应弱于年长 CEO 所有权。研究结论表明,无论是年长 CEO 还是年轻 CEO,都有能力拉大薪酬差距,并都在客观上促进了薪酬鸿沟的诞生与演进。但是,从动机上而言,年长 CEO 对于薪酬鸿沟的诞生是有心理预期的,是明知对企业有负面绩效后果而出于利己动机不加以节制;年轻 CEO 对于薪酬鸿沟的诞生并没有主观意图,是出于利用锦标赛激励效应的心理而拉大薪酬差距的过程中,因为薪酬沟通质量不佳和管理经验缺乏而无意导致的结果。因此,针对这两个群体应该实施不同的自主权运作的监督策略与指导方针。

第 5 章:发现并论证了国有企业中新－老 CEO 职位权均能够显著加剧企业内部薪酬鸿沟,资深 CEO 的加剧效应更强。本章基于高层梯队理论指导,应用锦标赛理论和行为理论视角,探讨并比较国有企业新－老 CEO 职位权对高管－员工薪酬差距和薪酬鸿沟的影响效应。以 2010-2015 年深沪两市 A 股国有上市企业为研究对象,以新－老 CEO 职位权为自变量,分别以高管－员工薪酬差距和薪酬鸿沟为因变量,实证分析和比较了年长 CEO 和年轻 CEO 运作其职位权以操纵高管－员工薪酬差距并形成薪酬鸿沟的内在机理及其动机差异。实证数据与理论分析显示:一方面,国有企业中,年长 CEO 职位权与年轻 CEO 职位权均能够显著正向操纵高管－员工薪酬差距,但年轻 CEO 职位权操纵高管－员工薪酬差距的正向效应弱于年长 CEO 职位权;另一方面,国有企业中,年长 CEO 职位权与年轻 CEO 职位权均是企业内部薪酬鸿沟形成的直接原因,但是年轻 CEO 职位权对薪酬鸿沟的影响效应显著弱于年长 CEO 职位权。年长 CEO 运作职位权拉大薪酬差距具有更强的利己性动机,是在追求个人薪酬最大化的过程中主观意识到薪酬鸿沟的到来,但是并没有放弃操纵薪酬差距或者采取干涉措施预防薪酬鸿沟的形成和演化;年轻 CEO 运作其职位权拉大薪酬差距具有更强的利企性动机,是在追求企业(短期)利益最大化的过程中,主观谋求较大薪酬差距带来的锦标赛激励效应,但是在客观上由于薪酬沟通能力和企业运营经验的欠缺,导致薪酬差距过早向薪酬鸿沟演化,更多属于无意之失。职位权与薪酬差距、薪酬鸿沟的关系,与 CEO 自主权的影响效应整体上保持一致,但是在强度和机理上有明显差异。

第 6 章:发现并论证了国有企业中新－老 CEO 资源运作权均能够显著加剧企业内部薪酬鸿沟,且资深 CEO 的加剧效应更强,而且 CEO 资源运作权的利企性动机比职位权和所有权更强。以营运资金比率、非固定资产比例和流动资金比率综合衡量 CEO 资源运作权,以 2010-2015 年中国国有上市公司为样本,应用基于 OLS 的多元线性回归分析,探讨并比较分析了国有企业新－老 CEO 资源运作权对高管－员工薪酬差距和薪酬鸿沟的操纵效应。实证数据与理论分析表明:(1)不论是年长 CEO 还是年轻 CEO,其资源运作权与高管－员工薪酬差距均呈现显著正相关关系,但是前者的正相关性明显高于后者;(2)不论是年长 CEO 还是年轻 CEO,其资源运作权均是企业内部薪酬鸿沟形成和演化的直接原因,但二者对薪酬鸿沟产生与演化的影响机理不同;(3)CEO 资源运作权能够促进公司绩效,薪酬鸿沟能够降低企业绩效,而年轻 CEO 资源运作权能够弱化薪酬鸿沟的负面绩效后果;(4)CEO 资源运作权能够促进公司绩效,薪酬鸿沟能够降低企业绩效,而年轻 CEO 资源运作权能够弱化薪酬鸿沟的负面绩效后果。整体上,CEO 资源运作权比 CEO 职位权和所有权表现出更高的利企性动机，而且在资源运作权的使用方面，年轻 CEO 相比较年长 CEO 表现出更强的利企性动机。赋予年轻 CEO 而不是年长 CEO 更大的资源运作权，有利于更大程度上利用 CEO 运营企业的专业素质与商业技能，而且能够在最大程度上规避薪酬鸿沟的形成与演化；在赋予年长 CEO 资源运作权的同时，需要强调的是，董事会和股东应将薪酬决策权牢牢掌控在以独立董事为主体的薪酬委员会手中，尽量控制年长 CEO 伸向"薪酬决策"过程的自利之手。

第 7 章：发现并论证了国有企业中新 - 老 CEO 关联权能够比其他所有自主权维度更加显著的加剧企业内部薪酬鸿沟的形成与演化，且资深 CEO 基于利己性动机的加剧效应更强。基于 2010-2015 年深沪两市 A 股国有上市公司的样本数据，以 CEO 外部兼职个数、兼职类型数和兼职层次综合衡量 CEO 关联权，分别以前三名高管薪酬水平与员工平均薪酬水平的差值对数和前三名高管薪酬水平与员工平均薪酬水平的比值衡量高管 - 员工薪酬差距，综合应用薪酬水平比较法、回归估计比较法和薪酬增长比较法测度企业内部薪酬鸿沟程度，以锦标赛理论和行为理论为基础，探讨和比较新 - 老 CEO 关联权对高管 - 员工薪酬差距和薪酬鸿沟的影响效应。结果显示：国有企业中，（1）年长 CEO 和年轻 CEO 关联权均能对高管 - 员工薪酬差距产生显著正向影响，而且年长 CEO 关联权的影响效应显著高于年轻 CEO；（2）年长 CEO 和年轻 CEO 关联权均能对薪酬鸿沟的产生与演化表现出显著的促进效应，而且年长 CEO 关联权的促进效应显著高于年轻 CEO；（3）不论年长 CEO 还是年轻 CEO，其关联权均对绩效有促进效应，关联权倾向于强化薪酬鸿沟的负面绩效后果，但是年长 CEO 关联权的强化效应更高；（4）CEO 关联权对薪酬鸿沟的影响效应与 CEO 自主权的整体影响效应性质上相同，但是从强度上显著高于 CEO 职位权、所有权和资源运作权的影响效应；（5）年长 CEO 关联权的利己性运作动机显著高于年轻 CEO 关联权运作的利己性动机；（5）CEO 关联权虽然对企业绩效有显著正向影响，但是会通过强化薪酬鸿沟的负向绩效后果间接负向影响企业绩效。

本研究受国家社会科学基金项目"经理自主权理论视角下国有企业内部薪酬鸿沟的形成机理及对策研究（15BGL109）"资助，特此致谢！本书顺利完成之际，首先，要向我的两位恩师，西安交通大学管理学院李怀祖教授和赵西萍教授，致以真诚的感谢，他们的谆谆教诲与殷切督促使得本书得以顺利成稿并出版，谨以本书祝恩师身体健康、平安喜乐；其次，要向本人所在的工作单位西安理工大学经济与管理学院的同事与领导表示感谢，专著撰写过程中，学院给予了大力的支持，同事们给予了极大的鼓励和无私的建议；再次，本人要向我的研究生吕悦凡、郭倩、张姣、魏西、杨改梅、杨丹、张欣月表示感谢，在本书成稿过程中，她们承担了数据收集、文献整理与文字校对等大量烦琐的工作，并为具体的研究过程提供了许多有价值的建议和意见；最后，还要借此机会感谢我的家人，尤其是我的爱人王磅和我的儿子张一弛。正是有他们在背后默默无私的支持，本书才能得以顺利完成，我的生活因为他们才有意义，在此向他们表示深深的感谢！

作　者
2019 年 12 月

目　录

第1章　CEO自主权和薪酬差距研究
综述以及薪酬鸿沟研究展望

近年来,企业内薪酬极端分化现象愈加严重。国际性管理咨询公司Hay Group在其2015年全球商业企业薪资报告中指出:"在全世界范围内,高管和普通员工之间薪酬差距正在扩大,尤其是中国企业高管与底层员工的薪酬差距最大,约为12.7倍"。2015年《福布斯》数据显示,联想CEO杨元庆以1.19亿的高额年薪位居两地上市公司CEO榜首,是该企业普通员工薪酬的700余倍。《中国上市公司高管薪酬指数报告(2017)》公布,2016年乐视网前三高管人均薪酬将近4.5亿元,上市公司高管薪酬激励过度,且远超普通员工薪酬的千倍。企业内薪酬差距过于悬殊,由此导致的社会收入分配不公现象受到社会各界公众的过度解读,这已成为中国社会亟待解决的焦点问题。为打开企业内高管-员工薪酬差距持续扩大的内在机理的黑箱,学者们不断深入挖掘薪酬差距的演化机制,至今已取得卓有成效的进展,亦证实了公司治理和组织特征、高管特征、行业地区等是影响高管-员工薪酬差距的重要因素,但其形成机理仍未达成共识,而且与之相关的"薪酬鸿沟"现象则尚未得到研究关注。在现实需求以及理论发展的双重推动下,高管-员工薪酬差距以及与之密切相关的薪酬鸿沟的形成机理亟待学术界给予指导。CEO自主权理论被视为高管薪酬各维度形成机理研究的有效研究工具与研究视角。在国有企业的背景下,探讨CEO自主权操纵高管-员工薪酬差距的动机,优化配置国有企业CEO的权力与完善高管薪酬治理实践,不仅具有理论意义,同时也具有现实意义。

本章主要包括以下内容:(1)CEO自主权对高管薪酬水平和结构的影响研究,包括CEO自主权与高管薪酬水平的关系、与高管薪酬结构关系两方面的内容;(2)CEO自主权对高管薪酬差距的操纵效应研究,从薪酬差距研究的意义、CEO自主权整体对高管薪酬差距的影响效应,以及CEO自主权各维度对高管薪酬差距的影响效应三个方面展开;(3)CEO自主权对高管-员工薪酬差距的操纵效应研究,讨论了该议题研究的缘起与最新进展；（4）薪酬差距的影响效应，主要从薪酬差距对企业风险承担、企业绩效、企业竞争力等十个方面的影响展开论述；（5）对 CEO 自主权和薪酬差距相关领域研究进行总结性评述，并提出强化企业内部薪酬鸿沟研究的展望。

1.1 CEO 自主权对高管薪酬水平和结构的影响

在 CEO 自主权影响高管薪酬方面，学术界最早是始于 CEO 自主权对企业内部高管薪酬水平和薪酬结构的影响研究。西方学者走在了前列，而中国学者正奋起直追，在某些特定主题上甚至有后来居上之势[①]。

1.1.1 CEO 自主权对高管薪酬水平的操纵效应研究

Finkelstein 和 Boyd（1998）运用规范的实证方法，开启研究 CEO 自主权的薪酬操纵效应的研究流派。基于 CEO 自主权的视角来研究高管薪酬最早是从高管薪酬水平开始，因此，在这方面积累了大量的研究文献，这些研究文献主要从不同国家、不同样本、不同研究视角等方面对其进行了研究。比如，Wright 等（2002）通过采用美国企业数据，Stephen 等（2007）以日本企业数据为样本，验证了 CEO 自主权正向影响高管薪酬水平具有跨越国际的有效性。此外，世界各地的许多研究者又采用不同的自主权度量方法和研究视角，以不同国家的各类企业为样本对 CEO 自主权与高管薪酬水平之间的正相关关系进行了深入研究，几乎没有例外地证实和强化了这一结论（Chia-Wei Chen et al.，2013；Rashid Afzalu，2013）。既有研究表明，CEO 自主权正向影响高管薪酬水平具有普遍的适用性。

1.1.2 CEO 自主权对高管薪酬结构的操纵效应研究

现有研究发现 CEO 自主权操纵高管薪酬结构，但对于具体的影响程度与方向存在较大的分歧。对于高管薪酬结构这一维度，目前国内外学者主要从薪酬绩效敏感性和长期报酬比率两个方面探讨 CEO 自主权对

---

① 关于"CEO 自主权对高管薪酬水平和结构的影响"的更为全面的研究内容，详见作者指导的研究生学位论文《知识型企业新-老 CEO 自主权对高管薪酬差距的操纵效应比较研究》（母欣，2017）。

经理薪酬结构的影响效应。对于薪酬－绩效敏感性，一方面，在考虑风险和不确定性的情况下，一些学者认为两者负相关（王子怡，2017）；另一方面，一些学者则发现两者正相关（李四海等，2015）。对于长期报酬比率，越来越多的学者则认同权变观点更符合CEO自主权与长期报酬比例关系的本质特征，基于权变观点的研究成果更具现实解释力（Garner，&Harrison，2013）。CEO自主权对高管薪酬结构的具体操纵方式及其适用条件、运作效果，以及各种操纵方式之间的比较等方面的问题，将是该领域未来研究的焦点。

1.2　CEO自主权对高管薪酬差距的操纵效应研究

1.2.1 高管薪酬差距的研究目的

高管薪酬差距，是指企业CEO与非CEO高管之间的薪酬差异，其设计初衷主要是为了通过高管薪酬的提升和职位的晋升来有效促进高管的积极性，并以此作为手段来达到提高公司绩效的目的（Siegel & Hambrick，2005）。然而，从现实中的反映来看，高管薪酬差距不仅只是激励效应。一方面，高管薪酬差距不仅可以作为高管在战略决策上达成共识的基础，同时能够为这种战略实现落地提供有效支撑，其主要目的在于通过这种差距来激发高管的创造力，在相互竞争中，实现与所在企业里的股东和董事会相一致的目标，从而共同促进公司绩效的提升（Shao & Wei，2017）；另一方面，高管薪酬差距也会导致难以预料的负面影响，比如，当高管薪酬差距较大时，CEO面临高额薪酬会追求稳定，不会冒更大的风险去突破企业的瓶颈；从高管心理上来讲，存在高管薪酬差距必然会引发高管团队成员之间的矛盾，由此降低其他高管在工作上的努力程度和工作满意度，最终影响到公司绩效（张长征等，2015）。

1.2.2 CEO自主权与高管薪酬差距的关系研究

Finkelstein 和 Boyd（1998）认为，CEO自主权理论为很多管理学界和经济学界的组织现象研究提供了很好的理论研究价值，对研究许多组织现象提供了极为重要的理论研究视角。从理论上来讲，作为组织现象之一的高管薪酬差距与CEO自主权，也自然有着天然的内在联系。从现有研究文献来看，二者关系主要存在三种不同的观点：一是，两

者正相关,符合锦标赛理论预期(Waldron et al.,2013; 张金若,陈逢文,
2012);二是,两者呈倒 U 型关系(张长征,李怀祖,2008; Ricardo & Ugur
(2013);三是,两者不相关,符合对 CEO 这一群体的多重动机的复杂人
假设(Jensen,2004)。总体而言,主流研究认同了 CEO 自主权解释高管
薪酬差距的有效性,而 Martin 等(2017)等极少数学者则否定了 CEO 自
主权对解释 CEO 薪酬以及高管薪酬差距的有效性。

1.2.3 CEO 自主权各维度与高管薪酬差距的关系研究

以上主要是直接从 CEO 自主权与高管薪酬差距的关系进行回顾总
结,接下来,本章从 CEO 的子维度对两者关系进行总结论述。首先,从职
位结构权与高管薪酬差距关系的研究来看,董事长与 CEO 两职合一后不
仅增大了高管团队之间薪酬相对差距,同时也增加了薪酬绝对差距(罗可,
2014; Chen 等,2010);其次,从专家声望权与高管薪酬差距关系的研究
来看,以 CEO 任期和年龄衡量的专家声望权,使 CEO 在企业里拥有更加
稳固的人际关系和资本,这些关系和资本在企业制定高管薪酬决策时为
有利于 CEO 起到了决定性的作用,从而将增大高管薪酬差距(闫嘉琪等,
2016; 曹慧,2014);第三,如果从资源运作权的维度来总结概述两者关系,
CEO 的资源运作空间增大,CEO 以此增加自身私有收益的途径就会增加,
因此得到了更好的操纵理由,为 CEO 通过拉大薪酬差距进行寻租行为大
开方便之门(张涛等,2017; 树友林,2011);最后,如果从所有权的维度来
总结概述两者关系,以所有权为 CEO 自主权的测量维度能够很好地解释
CEO 之间的薪酬差异,意味着拥有公司股份的 CEO 比没有拥有公司股份
的 CEO 在薪酬水平上要高出很多(Core 等,1999; 段艳霞,2014)。

1.2.4 CEO 自主权对高管薪酬差距的影响研究评述

从以上论述来看,关于 CEO 自主权对高管薪酬差距的操纵效应的研
究文献,研究视角越来越丰富,研究样本越来越广泛,研究方法越来越多
元化,研究成果越来越深刻。目前就二者关系而言,不同学者的研究在影
响强度和机理上仍有不一致的结果(张正堂,2007; Jiraporn,2013)。产
生这一差异的原因,主要在于变量设计、研究样本设计、数据处理方法选
择等的不一致。而且,随着研究的不断深入,可以发现基于“绝对效应”
研究 CEO 自主权对高管薪酬差距的影响,并不能找出两者之间存在的
客观关系,也不符合实际需要,而“权变效应”是未来此主题研究的主流
方向。

1.3　CEO 自主权对高管－员工薪酬差距的操纵效应研究

1.3.1　研究缘起

　　企业高管－员工薪酬差距日益扩大，人们发现高管－员工薪酬差距不仅是重要的公司治理问题，更兼具社会治理层面的意义，对企业发展与维护社会稳定方面均有显著的影响效应。企业内部高管－员工薪酬差距的成因及其经济后果开始引起学者的关注。作为国外与国内有开创性的从自主权视角研究内部高管－员工薪酬差距的两篇论文，James 等（2006）和卢锐（2007）分别选择美国和中国公司为样本，从经理自主合理权配置视角，相对静态地探讨了高管－员工薪酬差距形成的原因，实证结果发现，如果 CEO 权力相对于董事会、股东和员工的权力越大，则高管－员工薪酬差距也将越大。在此基础上，方军雄（2011）、代彬等（2011）、Yongli Luo（2013）等进一步采用多种样本和实证方法，在不同国度和时期验证了持有"精英情节"的 CEO 有动机利用自主权正向操纵效应高管－员工薪酬差距，并且发现该效应可跨越不同行业、地区和股权结构而稳定存在（刘诚等，2012；Rafel Crespi 等，2013；David& James，2013）。事实上，在合作致胜、创新为王的当代竞争环境下，"精英治企"的思想已经不合时宜，更加需要强调不同群体之间的知识合作，企业才可能长治久安。因此，针对高管－员工薪酬差距需要把握一个合适的度，既能够彰显高管团队的价值贡献，诱发其工作积极性，又能合理体现普通员工的价值贡献，不能过分刺激普通员工与高管之间的不平衡情绪。如何找到这样一个合理的"度"并确保 CEO 愿意接受是未来高管－员工薪酬差距研究的焦点。

1.3.2 CEO 自主权对高管－员工薪酬差距的操纵效应研究的最新进展

　　陈红等（2018）以中国 2007 年到 2015 年间剔除了金融企业、ST 和 ST* 企业以及财务数据缺失样本的 7756 条国有上市企业观测数据为样本，应用多元回归分析方法，探讨 CEO 自主权、党组织参与公司治理与能否抑制高管－员工薪酬差距的关系。以高管－员工薪酬差距为因变量，以 CEO 自主权为自变量的实证分析结果证实，CEO 自主权对高管－员工薪酬差距有显著的正向影响，CEO 结构权力、所有制权力以及专家权力都会导致高管－员工薪酬差距加大，而且党组织参与公司治理对该效应的确具有显著的抑制能力。佟爱琴和陈蔚（2018）将 CEO 自主权引入锦标赛理论和行为理论的综合研究框架,以政府补助为中介变量,检验 CEO 自主权通过政府补助作用于薪酬差距的具体过程和经济后果。以 2010 年至 2014 年沪深 A 股上市公司近 8000 个观测值为实证分析样本,采用多元回归方法(OLS)进行实证分析。实证分析结果显示,在 CEO 自主权的中介效应下,政府补助加剧高管－员工薪酬差距。此外与民营企业相比,国有企业获得的政府补助更能加大高管－员工薪酬差距。

1.4　薪酬差距的影响效应研究

　　高管团队成员是公司最稀缺的人力资本,如何激励高管团队努力工作,缓解代理冲突问题一直是理论界和实务界关注的一个重要课题。在众多激励机制中,薪酬激励是目前最为广泛的激励形式。薪酬差距则是最常见的显性薪酬激励机制设计。该机制在一定程度上体现了社会收入分布特征。然而,当前学术界关于是否应当进一步扩大高管人员之间的薪酬差距尚未达成一致意见(Wang 等,2015;Zhang & Guan,2016)。

　　具体而言,部分学者主要依据锦标赛作为理论基础,并认为加大薪酬差距有助于高管激励(Faleye 等,2013;Kong 等,2017)。Lazear(1981)开创了锦标赛理论,认为高管是在薪金奖励和职位晋升比赛中的竞争对手。通过建立合理的薪酬差距,有助于促进管理者的努力工作,减轻委托人和代理人之间的冲突,并遏制高管人员的短视行为,从而对提高绩效有积极作用。基于锦标赛理论,Vieito(2012)认为扩大 CEO 与非 CEO 之间的薪酬差距有助于提高公司绩效。Kong 等(2017)发现内部薪酬差距对创新有正向影响,从而支持锦标赛理论。Li 等(2014)基于锦标赛理论,研究发现非国有企业高管的外部薪酬差距对企业绩效有积极影响。

　　同时,一些学者认为,薪酬差距将导致不公平的情感,诱发不满,滋生消极的心理感受,从而不利于企业可持续发展(Xu & Tan,2014;Faulkender & Yang,2007)。例如,基于社会比较理论,Carpenter 等人(2004)论证了 CEO 与其他高管团队成员之间的薪酬差距更容易引发低薪酬高管的不满,导致公司业绩下降。Trevor 等(2012)指出,当高管发现薪酬不能满足期望时,会导致心理不公平的情绪,进而导致减少合作意愿和以及对目标的认同度,从而损害组织创新活动与绩效产出。Yang 和 Wang(2014)在中国追求"公平"的传统文化背景下,发现内部薪酬差距会产生消极的负面效应,比如消极旷工和盈余管理。

近年来薪酬差距影响效应主要从以下几个方面有所进展：

1.4.1 薪酬差距与企业违规行为

魏芳和耿修林（2018）选取中国 A 股上市公司 2006 年至 2015 年共计 10 年的公司数据为样本，以企业违规行为为因变量，以高管团队薪酬差距为自变量，以企业性质、CEO 薪酬等为控制变量，综合应用面板计数模型和面板二值选择模型，探讨了高管团队内部薪酬差距对公司违规行为可能的影响效应。实证分析结果显示，高管团队内部薪酬差距显著促进公司违规行为的发生概率。该结论表明，高管团队内部过高的薪酬差距，将在实际上增加了高管自利行为的动机和冒险倾向，诱发其便利寻租行为的倾向，并最终导致公司发生违规行为。

1.4.2 薪酬差距与企业风险承担

朱晓琳和方拥军（2018）综合了代理理论视角与 CEO 自主权理论视角，探讨 CEO 自主权对高管团队内部薪酬差距与企业风险承担意愿关系的调节效应。基于 2007 年至 2016 年沪深两市 A 股上市公司样本，应用 SPSS 统计软件，采用基于 OLS 的多元回归分析，实证分析结果表明，仅在非国有企业中高管团队内部薪酬差距能够促进企业风险承担意愿，而且 CEO 自主权能够负向调节二者之间的正相关性。

张志宏和朱晓琳（2018）考察了高管外部薪酬差距与企业风险承担水平的关系。基于中国上市公司 13800 条面板观测数据，实证分析结果发现，不论高管薪酬水平与行业薪酬均值相比如何，外部薪酬差距对企业风险承担意愿都能够产生显著的正向促进作用。而且，该研究表明企业风险承担水平的提高有助于提升企业市场价值。由此，本章研究仍然支持锦标赛理论观点，薪酬差距对高管成员的激励效应能够促进企业绩效和提升市场价值。

1.4.3 薪酬差距与企业竞争力

盛明泉等（2017）以 2013—2015 年沪深两市 A 股全部上市公司 2806 个观测数据为研究样本，选取企业竞争力作为因变量，以企业高管团队短期薪酬差距与高管团队长期薪酬差距作为自变量，探讨了高管团队内部薪酬差距对企业竞争力的影响效应。基于 Stata14.0 和 EXCEL 软件的实证分析结果显示，高管团队薪酬差距与企业竞争力之间存在显著的正相关性，而 CEO 自主权却削弱了二者之间的正向关联性，该结论支持了锦标赛理论的观点。

1.4.4 薪酬差距与战略变革

邵剑兵和李威（2017）利用企业行为理论框架分析薪酬差距与企业绩效之间的关系，并讨论战略变革的中介作用和 CEO 自主权的调节作用。根据中国证券投资基金业协会公布的截至 2015 年 9 月底基金管理机构公募基金规模水平排名为依据，该文以规模排名前 20 位的基金管理公司旗下的 538 只公募基金管理团队为样本进行数据分析，分别基于詹森指数和经理实际薪酬来测算基金管理团队内部薪酬差距，应用基于 OLS 的多元回归分析方法。实证结果表明，基金管理团队内部薪酬差距的激励效应直接作用于企业战略的变革行为，薪酬差距越大，管理者实施变革的程度越高，而战略变革行为直接影响到企业绩效。

1.4.5 薪酬差距与企业绩效

薪酬差距与企业绩效之间的关系一直是一个相当热门的研究领域。Lazear 和 Rosen（1981）提出的锦标赛理论指出，尽管非 CEO 高管的薪水在升任 CEO 后一天内可能翻番，但很难说其能力也在一天内发生质变。由于传统经济理论认为工资水平由边际产出决定（例如，Lin 等，2003），因此，很难借助传统经济理论来解释高管团队中的薪资差距。锦标赛理论则认为，在合作努力与任务高度相互依赖的条件下，对个体行为监督困难，以边际产出为基础来设定高管的薪酬是不可行的，或者说成本过高。因此，尽管基于边际产出制定高管薪酬似乎更公平，但巨大的薪酬差距可以鼓励不同等级之间的竞争，从而提升公司业绩。大量的研究也的确提供了符合锦标赛理论预测的经验证据。例如，Main 等（1993）在五年内，以 200 多家公司和 2000 名高管为样本，证实了高管团队内部薪酬差距和资产回报率之间的正相关关系。此外，Lambert 等（1993）和 Kale 等（2009）也证实了锦标赛理论的有效性。

和锦标赛理论相反，社会公平理论认为，人们在大多数情况下都非常关注公平。尤其是当一个团队为了同一个目标而分工协作，团队成员不仅会关心自己的绝对劳动报酬，更可能会基于横向和纵向两个维度将自己付出的劳动代价及报酬所得与他人进行比较，从而判断其相对劳动报酬是否公平。如果高管团队的内部薪酬差距过大，以至于触发了非 CEO 高管的不公平情绪，那么这种对收入分配的不满情绪可能会降低其合作的意愿，从而损害公司的长期业绩。因此，社会公平理论更加强调高管团队中适度控制薪酬分配差距的重要性(Pfeffer & Langton,1993；Cowherd & Levine,1992)。O'Reilly 等(1988)建议降低或者控制组织成员之间的薪酬差距以促进组织成员之间的有效合作,从而有利于提升公司业绩。Drago 和 Garvey (1998)、Hibbs 和 Locking (2000) 以及 Fredrickson 等(2010)多个研究为社会公平理论提供了实证支持。

以往关于两者关系的研究,多采取绝对效应视角,相对静态地探讨二者之间的关系。但是,在最近两年的研究中,关于在不同情境下薪酬差距的绩效后果如何变化这一问题,已成为当前研究的重点。

比如,邵剑兵和朱芳芳(2017)基于高管行为整合理论,考察在 CEO 发生变更的情况下,高管团队重组、薪酬差距与企业绩效的关系。以 2008—2015 年深沪两市 CEO 发生变更的 A 股上市公司为样本,实证分析发现,企业高管团队重组负向影响薪酬差距,而且高管团队重组也会抑制薪酬差距的锦标赛激励效应。可能的原因在于,CEO 为了应对高管团队重组导致的高管团队不合作现象,在高管团队重组期间,CEO 会尽力减小高管团队内部薪酬差距以促进高管成员快速整合,从而保障 CEO 更替的平稳过渡。

高管继任来源的不同也可能影响薪酬差距的绩效后果。比如,朱芳芳(2018)以来自 CSMAR 数据 2005—2012 年沪深两市的 A 股上市公司的 10218 个观测值为样本,以每股收益为公司绩效度量指标,以前三高管薪酬与其他高管薪酬之差的对数为薪酬差距衡量指标,以高管团队利益一致 / 冲突为调节变量,采用基于均值比较和回归分析,探讨在不同高管继任来源的条件下,薪酬差距的绩效后果会如何变化。数据分析显示,高管团队利益一致时,薪酬差距对公司业绩具有较强的绩效促进效应;而高管团队利益冲突时,薪酬差距的锦标赛激励效应明显削弱。

企业性质也会影响二者关系。比如,Yue Xu 等(2016)考察了高层管理团队内部薪酬差距与公司绩效的关系,以及高管成员薪酬水平相对于同行业的薪酬水平与公司绩效的关系。在非国有企业中,高管团队薪酬差距与公司绩效正相关,同时高管团队薪酬水平高于行业薪酬水平中值时,这种正相关性将会加强。然而,在我国国有企业中,这种效应并不显著。此外,研究显示,降低中央国企高管人员的薪酬水平可以提升公司价值,而降低地方国企经理的薪酬水平则会对企业绩效产生相反的效果。

有学者开始关注公司治理因素对薪酬差距的绩效后果的调节作用。比如,何奇学和张昊民(2017)针对锦标赛理论和行为理论两种不同理论研究视角下产生的薪酬差距的绩效后果争议,延用人力资本破产成本的视角,考察企业负债条件下二者之间关系的异同。基于来自 CCER 金融数据库和 CSMAR 金融经济数据库的 2010—2014 年中国上证 A 股上市公司的 3375 条观察数据,采用固定效用模型和 BOOTSTRAP 法进行实证分析,检验结果表明企业负债水平能够调节薪酬差距的绩效后果。具体而言,在企业高负债水平时,二者负相关,而低负债水平时,薪酬差距具有显著激励效应。

1.4.6 薪酬差距与并购绩效

吴建祖和陈丽玲(2017)以学习迁移理论为研究视角,选取 2003—2013 年中国深沪两市 A 股上市公司发生过的 398 个并购事件为样本,探讨高管团队累积的并购经验、薪酬差距与企业海外并购绩效的关系。以高管团队成员(包含 CEO 在内的所有高管人员)参与并购次数的对数值衡量高管团队并购经验,以累计超常收益率衡量海外并购绩效,应用 Stata12.0 统计软件,基于多元回归分析的实证结果显示,高管团队并购经验与企业海外并购绩效显著正相关,而且当 CEO－非 CEO 高管成员薪酬差距较大时,高管团队并购经验与企业海外并购绩效之间呈现更强的正相关性。

1.4.7 薪酬差距与过度投资

熊婷和程博(2017)以 2007—2013 年中国沪深 A 股上市公司中 2987 个过度投资观察数据为研究样本,考察了高管团队薪酬差距对企业投资行为的微观作用机制,应用基于 OLS 的面板数据分析,发现二者呈现负相关关系。即高管团队内部薪酬差距每提高一个百分点,将使得过度投资程度下降约 12%。该研究结论表明,高管团队薪酬差距可降低 CEO 道德风险,使得 CEO 在追求过度投资可能带来私人利益的同时,不得不承担因股东利益受损、企业绩效下降而导致的薪酬下降和职位不稳的后果,避免 CEO 采取过度的机会主义行为。

1.4.8 薪酬差距与盈余管理

在中国文化背景下,李玉霞(2017)应用 2010—2013 年我国沪深 A 股上市公司 3982 条观测样本的财务数据,应用 STATA 统计分析软件,探讨高管团队薪酬差距对盈余管理的影响。数据分析结果证实,加大高管内部薪酬差距能够诱发盈余管理行为,而较高的内部控制质量能够负向调节二者关系。研究结论表明,当高管团队内部薪酬差距持续扩大时,高管成员的不公平感也随之增强,为了实现对满足感缺失的自我补偿,他们可能会通过加大非生产性投入活动,获得更多的薪酬补偿和心理满足。因此高管－员工薪酬差距会正向促进盈余管理活动发生的概率。

与之相对应,在美国文化背景下,KoEun Park(2016)研究和探讨了CEO－薪酬差距对盈余管理的影响效应。实证研究发现,在高管团队薪酬差距相对较大的公司中,表现出更多的盈余管理行为,而且这种正相关关系在考虑到管理者激励措施的内生性问题之后仍然显著。此外,本研究现有的证据表明,在同质性行业中,薪酬差距与盈余管理程度之间的正相关关系相对较弱,而在那些有CEO离职现象的企业中二者关系相对较强。进一步研究表明,高管团队薪酬差距与未来公司绩效显著正相关。整体而言,本研究表明CEO－高管之间的巨大薪酬差距促进了高管之间对CEO职位的竞争激烈程度,从而导致了更高水平盈余管理程度。

1.4.9 薪酬差距与企业创新绩效

基于2006年至2015年上海和深圳A股上市公司数据,Gu和Yang(2018)考察了外部薪酬差距对企业创新的影响,并进一步探讨了高管能力与产权配置的权变效应。研究发现,高管外部薪酬差距不仅对企业的创新绩效有积极影响,而且高层次的人才面对较高的外部薪酬差距时,该促进效应更为显著。此外,与国有企业相比,非国有企业高管的外部薪酬差距对企业绩效的影响更显著。

1.5 研究展望:企业内部薪酬鸿沟研究任重道远

综上所述,既有研究并没有将薪酬鸿沟作为独立的学术概念进行研究,而是将其视同为薪酬差距开展形成机理与治理对策研究。当前对薪酬差距与组织结果关系的研究远未达成一致结论,对于薪酬差距的清晰界定和分类的缺乏是一个关键因素(Nina Gupta等,2012)。企业内薪酬差距分为高管团队内部薪酬差距、高管－员工薪酬差距,以及性别薪酬差距。其中,前两种薪酬差距的相关研究,尤其是在CEO自主权理论视角下二者的形成机理研究,在上文以及母欣(2017)、高灼琴(2017)的学位论文中进行了详细综述,而性别薪酬差距作为一个天生带有伦理色彩的概念,实际上可以视同为"性别薪酬鸿沟"。

高管团队内部薪酬差距,其英文术语经常译为"Executive Compensation Dispersion",而高管－员工薪酬差距,其英文术语经常翻译为"Executive-

Worker Pay Ratio"。从其英文含义来看，二者均是中性词汇，并没有必然体现无法逾越的、超越合理的"鸿沟"之意。换言之，高管薪酬差距和高管－员工薪酬差距可能是合理的，能够促进锦标赛激励效应，也可能是具有"薪酬鸿沟"，可能导致公平失衡而伴随的绩效降低与效率下降。与二者不同，性别薪酬差距，其英文术语通常为"Gender Pay Gap"。而"gap"一词本身具有鸿沟的含义，意味着不合理、难以弥补的不公平，再加上该词与性别交织在一起，天生具有伦理的色彩。因此，性别薪酬差距通常意味着性别薪酬鸿沟。

因此，本研究将从以下三个方面对薪酬鸿沟的研究进行论述：（1）性别薪酬鸿沟研究；（2）薪酬差距研究中发现"薪酬鸿沟"效应；（3）本项目研究中基于相关文献的薪酬鸿沟界定。

1.5.1 高管团队内部性别薪酬鸿沟研究

既有研究系统地分析了高管薪酬中的性别鸿沟。很多研究通过经济计量模型估计了高管薪酬各决定因素的影响效应（Blau & Lawrence，2000）。整体上，这些研究有两个重要的发现：第一，男性和女性高管之间的薪酬鸿沟的确存在，而且数量巨大，堪称"薪酬鸿沟"；其次，部分鸿沟可以由个人或企业层面的经济因素来解释。例如，Blau 和 Lawrence（2000）分析了从 1992 到 1997 的高管薪酬数据，发现女性高管的薪酬比男性高管平均低了 45%。这种鸿沟的很大一部分是由公司特征（比如，公司规模）和高管特征（例如，头衔、年龄和任期）来解释。与男性高管相比，女性高管倾向于管理规模较小的公司，而且更不太可能担任首席执行官、主席或总裁等关键职位。整体上，女性高管也更年轻，在公司的资历也普遍较低（Bertrand & Hallock，2001）。Muñoz 和 Fernando（2010）发现在绩效薪酬部分存在未被解释的性别鸿沟。

除薪酬水平外，高管薪酬绩效敏感性在主流的高管薪酬研究文献中经常被关注（比如，Finkelstein 等，2009）。Kulich 等（2010）应用英国上市公司的数据研究高管薪酬对企业绩效的敏感性的性别鸿沟，并发现男性高管的薪酬绩效敏感性明显高于女性高管。基于这一发现，Kulich 等（2010）认为与男性高管相比，在相同水平的企业绩效情境下，女性高管的能力与努力程度被低估，从而被赋予了更低的薪酬水平。虽然现有的高管薪酬性别鸿沟研究，客观描述了在高管层面上的性别薪酬鸿沟，并为其形成机理提供了宝贵的理论视角与深刻洞察力，但是仍然缺乏文献从社会心理学视角探讨高管薪酬性别鸿沟的形成机理。

根据委托代理理论，信托责任将要求董事们为了协调管理激励与股东利益,与高管谈判确定最有效的高管薪酬契约。但是充分的证据表明,在薪酬谈判的过程中,董事会成员,特别是薪酬委员会成员,将不得不受到各种社会、心理和政治因素的影响,以至于合理薪酬契约的达成受到扭曲(Devers等,2007;Finkelstein等,2009)。例如,在其他条件等同的情况下,自主权越大的高管人员其薪酬水平要明显高于那些控制权较小的同事;Westphal和Zajac(1995)发现,当CEO与董事会成员在人口统计学变量上具有更强的相似性时,CEO薪酬水平增加;Yung和Buchholtz(2002)则发现,CEO与薪酬委员会成员的任期交错提升了性别薪酬鸿沟,而二者之间的性别相似性与性别薪酬鸿沟无关。

社会认同理论表明,相比较于群体外成员(Out-group members),人们倾向于对群体内成员(In-group members)的能力给予较高的评价(Hogg & Terry,2000)。根据此理论,董事会成员往往根据性别将高管分为群体外成员和群体内成员。这就意味着,男性董事对男性高管的评价更为有利。因此,男性董事主导的董事会来评估女性高管与男性高管绩效与能力的情况下,男性高管薪酬要高于女性;相反,女性董事对女性高管的评价要比男性董事评价她们更有利。以此逻辑,当董事会或薪酬委员会中女性董事比例较高,女性高管将获得更有利的评价,从而女性高管的薪酬水平将更高。

1.5.2　高管－员工薪酬差距研究中发现"薪酬鸿沟"效应

虽然现有文献并没有严格遵循"薪酬鸿沟"概念开展相关研究,但是在研究高管－员工薪酬的影响效应时,在为数众多的支持锦标赛理论的研究成果之外,仍然有少量国内外研究文献证实了高管－员工薪酬差距过大的负面影响效应,亦即"薪酬鸿沟"现象已经在文献中初露端倪,有待进一步挖掘和探索。

第一,魏芳和耿修林(2018)发现了过高的内部薪酬差距在实际上增加了高管采取自利行为的动机和冒险倾向,容易诱发其不正当努力的倾向,加大了企业发生违规行为的概率。该研究表明了"薪酬鸿沟"不仅可能来自员工的不公平感受,也可能来自高管为了更高的薪酬收入而采取的过度冒险的不正当努力。

第二,Kong等(2017)发现,在高管－员工薪酬差距较高时,加大差距反而抑制企业创新;而且,杨婵等(2017)基于世界银行2004年对中国120座城市所做的经营环境抽样调查数据,采用Tobit回归模型分析发现,当高管－员工薪酬差距过大时,企业创新精神会受到抑制,从而强化了Kong等(2017)的结论。这两个文献表明,过高的薪酬差距所带来的

"薪酬鸿沟"，或许能够促进高管和员工更为努力地工作和竞争，但是很大概率上抑制双方的创新能力和创新精神，毕竟"创新需要内在的激情而非外在的金钱刺激"。

第三，刘张发等（2017）证实国有上市公司内部高管－员工薪酬差距持续拉大将抑制企业生产效率的提升。与此同时，杨竹清和陆松开（2018）发现高管－员工间相对薪酬差距与企业全要素生产率存在典型的"倒 U 型"关系。这两个研究结果表明，全要素生产率不仅仅靠高管的努力投入，更要靠全体员工，包括最广大的基层操作工人、服务人员在内。没有全员投入的企业，全要素生产率的增长很快会触碰上线。

第四，Deborah 和 Ann（2002）基于战略性人力资源管理理论，发现过大的高管－员工薪酬差距破坏员工的关系性心理契约，从而不利于企业战略目标的达成；与此同时，杜晶和张茜（2018）发现过大的高管－员工薪酬差距会造成高管更严重的盈余管理行为，从而损害公司价值。可见，过高的高管－员工薪酬差距所带来的"薪酬鸿沟"效应已经开始在战略层面和公司价值层面带来负面影响。

综上，虽然表面上，文献中对绩效有提升效应的高管－员工薪酬差距仍然有上升的空间和必要性，但实际上，该差距已经接近甚至超过了薪酬不公平"阈值"，"薪酬鸿沟"现象已经频频出现，有待研究者的关注。

1.5.3 企业微观层面的高管－员工薪酬差距会破坏社会宏观层面经济增长质量改善

本研究认为，过高的高管－员工薪酬差距不仅在微观企业层面可能带来企业内的薪酬鸿沟效应，从而对企业短期利润，尤其是长期竞争力会带来负面效应，而且在宏观层面可以形成社会收入过度分层，形成在社会公众心理上的"薪酬鸿沟"，从而对宏观经济的正常运行产生不良影响。为验证本研究这一假设，本章测算了中国上市公司 1998—2016 年非金融上市公司高管－员工薪酬差距的均值，并收集了同一时期对应的全要素生产率增长率数据，见表 1.5-1。

应用 EVIEWS7.2 软件，对以上数据进行统计处理，采用格兰杰因果检验方法探讨企业层面的高管－员工薪酬差距（LNEEPD）与宏观层面全要素生产率增长率（GRTFP）的因果关系，结果见表 1.5-2。

表 1.5-1　中国上市公司平均高管 - 员工薪酬差距与全要素生产率增长率数据
（1998—2016）

年份	平均高管 - 员工薪酬差距[a]（EEPD）	高管 - 员工薪酬差距对数（LNEEPD）	全要素生产率增长率[b]（GRTFP）
1998	149 430.42	11.915	.763
1999	162 884.23	12.001	.974
2000	167 636.22	12.030	2.03
2001	173 811.64	12.066	2.042
2002	200 547.85	12.209	2.741
2003	210 995.45	12.260	2.722
2004	222 319.58	12.312	2.942
2005	235 701.29	12.370	4.262
2006	291 339.13	12.582	5.693
2007	428 040.71	12.967	7.241
2008	460 487.14	13.040	2.813
2009	495 351.22	13.113	1.33
2010	596 507.85	13.299	2.76
2011	681 157.15	13.432	1.682
2012	710 820.5	13.474	.343
2013	757 932.45	13.538	.511
2014	785 367.64	13.574	.41
2015	761 038.08	13.542	.591
2016	799 168.8	13.591	.27

a. 本研究测算数据系根据锐思和国泰安数据库中非金融类上市公司前三高管薪酬与普通员工薪酬的差值进行的测算，个别公司的数据来自年报数据的手工收集。
b.1998—2015 年数据引自：陆旸 . 中国全要素生产率变化趋势 [J]. 中国金融，2016，20：40-42. 其中，2016 年数据系对 2013、2014 与 2015 年三年数据进行平滑测算得到的。

　　注：本书表格内小数点前位的"0"遵从数据处理软件的呈现习惯，均予以合理省略。下同。

表 1.5-2　高管－员工薪酬差距（LNEEPD）与全要素生产率增长率（GRTFP）
格兰杰因果检验结果

原假设	Obs	F 统计量	相伴概率	结论
GRTFP 不是 LNEEPD 的格兰杰成因	17	2.07365	.1685	接受原假设
LNEEPD 不是 GRTFP 的格兰杰成因	–	4.89687	.0279	拒绝原假设

　　表 1.5-2 第二行中，由于 $P=0.1685>0.05$，接受原假设，即 GRTFP 不是 LNEEPD 变化的 Granger 原因；第三行中，$P=0.0279<0.05$，不接受原假设，即 LNEEPD 是 GRTFP 变化的 Granger 原因。因此，可认为 LNEEPD 是因，GRTFP 是果。也就是说，企业层面的高管－员工薪酬差距（LNEEPD）与宏观层面全要素生产率增长率（GRTFP）存在明确的因果关系，前者是后者的格兰杰原因。

　　进一步，应用 EVIEWS7.2 软件，以 LNEEPD 为自变量，以 GRTFP 为因变量，做基于 OLS 的回归估计，结果见公式 1.5-1：

$$GRTFP=12.53347-0.804549LNEEPD$$
$$(1.421082)\quad(-1.169558)$$
$$R^2=0.074471\quad R^2_{adj}=0.020028\quad DW=0.618942\quad F=1.367866$$

（公式 1.5-1）

　　公式 1.5-1 显示，高管－员工薪酬差距将显著降低全要素生产率增长率，从而抑制宏观经济增长质量的改善。这表明，过高的高管－员工薪酬差距不仅在企业层面可能形成微观"薪酬鸿沟"，更能够在社会层面聚合成宏观"薪酬鸿沟"，从而对我国经济增长质量的提升造成显著负向影响。该结论值得政府决策部门关注。

1.5.4 基于相关文献的薪酬鸿沟界定

　　本课题所说的"薪酬鸿沟"现象，是指企业内部过大的高管－员工薪酬差距状态下，员工所感受到的不公平、被剥夺感占据其主导心态模式，从而对其行为产生的负面影响超过薪酬差距的锦标赛激励效应。超过薪酬公平差别阈的高管－员工薪酬差距（余璇、陈维政，2017），本研究称之为薪酬鸿沟。换句话说，超过员工心目当中"合理水平"的高管－员工薪酬差距，就是薪酬鸿沟。然而，高管－员工薪酬差距与企业绩效之间表面上强正相关的关系掩盖了薪酬鸿沟研究的急迫性和必要性。

目前,与薪酬鸿沟研究最为贴切的一篇文献来自 Shelly 和 Rebecca (2016)。他们认为,同样的薪酬差距,因为薪酬沟通的质量不同,可能对员工产生的感受有本质性区别。薪酬沟通能够让薪酬差距中的合理成分得以被员工所接纳和承认,则锦标赛理论所宣扬的激励效应就有更大的可能性会发生;而薪酬差距中的不合理成分有可能得到美化或者适度合理化,则组织公平理论所主张的不公平感及由此而导致的怠工、破坏、缺勤甚至离职的行为,都可能得到适度抑制。也就是说,高管 – 员工薪酬差距转化成被员工感知到的"薪酬鸿沟"的阈值将被薪酬沟通变大。

1.6 本章小结

回顾了 CEO 自主权对高管薪酬水平、高管薪酬结构和高管薪酬差距操纵效应的相关研究,综合归纳了高管薪酬差距的影响效应研究。在此基础上,统剖析了 CEO 自主权对高管 – 员工薪酬差距影响效应相关的研究成果与观点。文献综述显示,作为与高管 – 员工薪酬差距紧密相关但又显著不同的学术概念——"薪酬鸿沟",虽然已经在现实中凸显其重要性,但在文献中仍然被视同于"高管 – 员工薪酬差距"。与高管 – 员工薪酬差距密切相关的概念"薪酬鸿沟",在现有文献中尚未得到足够的重视,缺乏实证文献将其作为一个独立的学术概念,从 CEO 自主权的视角探索其形成机理。这一事实导致,目前很多文献将高管 – 员工薪酬差距这一客观现象等同于"薪酬鸿沟"在员工心目中的主观感受,从而在治理企业内部薪酬政策改革的过程中,盲目进行"限薪",在限制了高管与核心员工积极性的同时,并没有改善员工心目中的"薪酬鸿沟"现象。薪酬鸿沟研究的缺位是我国企业内薪酬鸿沟治理实践低效的直接原因。从 CEO 自主权视角的薪酬鸿沟研究具有理论的必要性和现实的迫切性。公司治理改革与薪酬分配改革是国企改革的两个关键内容,本研究将二者有机结合在一起,寻求国企改革新的突破口,有利于促进国企改革举措的系统性和针对性,在提升国企改革综合效果、强化国企整体竞争力和示范效应的同时,有利于在社会层面上促进收入差距缩小,构建和谐社会。

1.7 参考文献

[1]Bertrand, Marianne, Kevin F.Hallock.The gender gap in top corporate jobs[J].Industrial and Labor Relations Review,2001,55（1）: 3-21.

[2]Blau Francine D, Lawrence M.Kahn.Gender differences in pay[J]. Journal of Economic Perspectives,2000,14（4）: 75-99.

[3]Carpenter, M.A., Geletkanycz, M.A., &Sanders, W.G.Upper Echelons Research Revisited: Antecedents, Elements and Consequences of Top Management Team Composition[J].Journal of Management,2004,30: 749-778.https: //doi.org/10.1016/j.jm.2004.06.001

[4]Chen J J, Liu X, Li W.The effect of insider control and global benchmarks on Chinese executive compensation[J].Corporate Governance: An International Review,2010,18（2）: 107-123.

[5]Chia-Wei Chen, Bingsheng Yi, J.Barry Lin.Media coverage, board structure and CEO: Evidence from Taiwan[J].Journal of Multinational Financial Management,2013,23（5）: 434-445.

[6]Core J E, Holthausen R W, Larcker D F.Corporate governance, chief executive officer compensation, and firm performance[J].Journal of Financial Economics,1999,51（3）: 371-406.

[7]Cowherd D. M, D I Levine.Product quality and pay equity between lower-level employees and top management: an investigation of distributive justice theory[J].Adm.Sci.Q.,1992,37: 302-320.

[8]David Zhu, Westphal, J D.How directors' prior experience with other demographically similar CEOs affects their appointments onto corporate boards and the consequences for CEO compensation[J].Academy of Management Journal,2014,57,791-813.

[9]Deborah L Kidder, Ann K Buchholtz1.Can excess bring success? CEO compensation and the psychological contract[J].Human Resource Management Review, Volume 12, Issue 4, Winter 2002, Pages 599-617.

[10]Devers, Cynthia E., Albert A.Cannella, Gregory P.Reilly, &Michele E.Yoder.Executive compensation: A multidisciplinary review of recent developments[J].Journal of Management,2007,33（6）: 1016-72.

[11]Drago R., &G.T.Garvey.Incentives for helping on the job: theory and evidence[J].J.Labor Econ.,1998,16（1）:1-25.

[12]Faleye Olubunmi, Ebru Reis, &Anand Venkateswarana.The determinants and effects of CEO - employee pay ratios[J].Journal of Banking & Finance,2013,37（8）: 3258-3272.

[13]Faulkender, M., &Yang, J.Inside the Black Box: The Role and Composition of Compensation Peer Groups[J].Journal of Financial Economics,2007,96: 257-270.https://doi.org/10.1016/j.jfineco.2010.01.006.

[14]Finkelstein, &Brian K.Boyd.How much does the CEO matter? The role of managerial discretion in the setting of CEO Compensation[J].Academy of Management Journal,1998,41（2）:179-199.

[15]Finkelstein, Sydney, Donald C.Hambrick, &Albert A.Cannella. Strategic leadership: Theory and research on executives, top management teams, and boards[M].New York, NY: Oxford University Press,2009.

[16]Fredrickson J.W., A.Davis-Blake, &W.M.Sanders.Sharing the wealth: social comparisons and pay dispersion in the CEO's top team[J]. Strateg.Manage.J.,2000,31（10）:1031-1053.

[17]Garner J.L.&Harrison, T.D.Boards, Executive Excess Compensation, and Shared power: Evidence from Non-profit Firms[J]. Financial Review,2013,48（4）: 617-643.

[18]Gu, Y.Y.&Yang, Z.J.Research on the Relationship between External Compensation Gap of Executives and Enterprise Innovation[J]. Open Journal of Social Sciences,2018（6）: 261-282.

[19]Hibbs D.A.Jr., &H.Locking.Wage dispersion and productive efficiency: evidence for Sweden[J].J.Labor Econ.,2000,18（4）: 755-782.

[20]Hogg, Michael A., &Deborah J.Terry.Social identity and self-categorization process in organizational contexts[J].Academy of Management Review,2000,25（1）: 121-40.

[21]Jensen M C.Remuneration: Where We've Been, How We Got to Here, What are the Problems, and How to Fix Them[J].Ssrn Electronic Journal,2004,2（17）:1-16.

[22]Jiraporn P.Chintrakarn P.How do powerful CEOs view corporate social responsibility（CSR）? An empirical note[J].Economics Letters,2013, 119（3）: 344-347.

[23]Kale J.R., E.Reis, &A.Venkateswaran.Rank–order tournaments and incentive alignment：the effect on firm performance[J].J.Financ.,2009,64（3）: 1479–1512.

[24]KoEun Park.Pay disparities within top management teams and earning management[J].Journal of Accounting and Public Policy,2017,36（1）: 59–81.

[25]Kong D.M, Xu Y.L., &Kong G.W.Internal pay gap and innovation in the enterprise[J].Economic Research,2017（10）: 144–157.

[26]Lambert R.A., D.F.Larcker, &K.Weigelt.The structure of organizational incentives[J].Adm.Sci.Q.,1993（38）: 438–461.

[27]Lazear, E.Rank–order tournaments as optimal labor contracts[J]. Journal of Political Economy, 1981, 89: 841–864. https://doi. org/10.1086/261010

[28]Kulich, Clara, Grzegorz Trojanowski, Michelle K.Ryan, S.Alexander Haslam, &Luc D.R.Renneboog.Who gets the carrot and who gets the stick? Evidence of gender disparities in executive remuneration[J].Strategic Management Journal,2010,32（3）: 301–21.

[29]Lin J., Z.Huang, and Y.Sun.TMT pay gap, firm performance and corporate governance[J].Econ.Res.,2003（4）: 31–41.

[30]Luo, Yongli. Executive Compensation in Emerging Markets： Theoretical Developments and Empirical Evidence[Z].May 30,2013. Available at SSRN: http://ssrn.com/abstract=2245223.

[31]Main B.G., O'Reilly III C.A., &J.Wade.Top executive pay: tournament or teamwork? [J].J.Labor Econ.,1993,11（4）: 606–628.

[32]Martin Bugeja, Zoltan Matolcsy, &Helen Spiropoulos.The CEO pay slice: Managerial power or efficient contracting? Some indirect evidence[J]. Journal of Contemporary Accounting & Economics,2017,13（1）: 69–87.

[33]Muñoz-Bullón, &Fernando.Gender-compensation differences among high–level executives in the United States[J].Industrial Relations, 2000,49（3）: 346–70.

[34]Nina Gupt, Samantha A.Conroy, &John E.Delery.The many faces of pay variation[J].Human Resource Management Review,2012,22（2）: 100–115.

[35]O'Reilly III, B.G.Main, G.S.Crystal.CEO compensation as tournament and social comparison: a tale of two theories[J].Adm.Sci.Q., 1988,33（2）: 257–274.

[36]Pfeffer J., &N.Langton.The effect of wage dispersion on satisfaction, productivity, and working collaboratively: evidence from college and university faculty[J].Adm.Sci.Q.,1993,38: 382–407.

[37]Rashid, Afzalur.Corporate governance, executive pay and firm performance: evidence from Bangladesh[J].International Journal of Management,2013,30（2）: 556–571.

[38]Ricardo Correa, Ugur Lel. Say on Pay Laws, Executive Compensation, CEO Pay Slice, and Firm Value around the World[Z]. International Finance Discussion Papers, Number 1084, July 2013.

[39]Shao J, &Wei L I.Does executive pay gap promote enterprise strategic change?—An empirical study based on China's fund industry[J]. Journal of Capital University of Economics & Business,2017,3（11）: 267–276.（In Chinese）

[40]Shelly Marasi, &Rebecca J.Bennett.Pay communication: Where do we go from here?[J].Human Resource Management Review,2016,26（1）: 50–58.

[41]Siegel P.A, &Hambrick D.C.Pay disparities within top management groups: evidence of harmful effects on performance of high–technology firms[J].Organization Science,2005,3（16）: 259–274.

[42]Stephen P.Ferris, Kenneth A.Kim, Pattanaporn Kitsabunnarat, &Takeshi Nishikawa.Managerial Power in the Design of Executive Compensation: Evidence from Japan [J].Advances in Financial Economics, 2007（12）: 3–26.

[43]Trevor, C.O., Reilly, G., &Gerhart, B.Reconsidering Pay Dispersion's Effect on the Performance of Interdependent Work: Reconciling Sorting and Pay Inequality[J].Academy of Management Journal, 2012,55: 585–610.https: //doi.org/10.5465/amj.2006.0127.

[44]Vieito, J.P.T.Gender, Top Management Compensation Gap and Company Performance: Tournament versus Behavioral Theory[J].Corporate Governance an International Review,2012,20: 46–63.

[45]Waldron T L, Graffin S D, &Porac J F, et al.Third–party endorsements of CEO quality, managerial discretion, and stakehseniorer reactions[J].General Information,2013,66（12）: 2592–2599.

[46]Wang, H., Xiang, X.H., &Yin, F.Y.Executive Power, External Pay Gap and Company Performance Forecast Behavior—Based on Empirical

Evidence of China's Securities Market[J].Journal of Huazhong University of Science and Technology（Social Science Edition）,2015（6）: 92-104.

[47]Westphal, James D., &Edward J.Zajac.Who shall govern？ CEO/board power, demographic similarity, and new director selection[J]. Administrative Science Quarterly,1995,40: 60-83.

[48]Wright Peter, Kroll Mark, &Elenkov Detelin.Acquisition Returns, Increase in Firm Size, and Chief Executive Officer Compensation: The Moderation Role of Monitoring [J].Academy of Management Journal.2002,45（3）: 599-608.

[49]Xu, X.X., &Tan, W.Executive Compensation Contract, Reference Point Effect and Its Governance Effect: Theoretical Interpretation and Empirical Evidence Based on Behavioral Economics[J].Nankai Management Review,2014,17: 36-45.

[50]Yang, Z.Q., &Wang, H.Internal Compensation Gap, Equity Concentration and Earnings Management Behavior——Based on Comparative Analysis of Compensation between Executive Teams and Executives and Employees[J].Accounting Research,2014（6）: 57-65.

[51]Yue Xu, Yunguo Liu, &Gerald J.Lobo.Troubled by unequal pay rather than low pay: The incentive effects of a top management team pay gap[J].China Journal of Accounting Research, China Journal of Accounting Research,2016,9（2）: 115-135.

[52]Young, Michael N., &Ann K.Buchholtz.Firm performance and CEO pay: Relational demography as a moderator[J].Journal of Managerial Issues, 2002,14（3）: 296-313.

[53]Zhang, R.H., &Guan, K.L.Will the Executive Pay Gap Induce an Occupational Duty Crime?——Evidence from Chinese Listed Companies[J]. Accounting Research,2016,9: 47-54.

[54] 曹慧. 市场化水平、管理层权力与高管薪酬激励 [J]. 科技管理研究,2014（15）: 124-128.

[55] 陈红,胡耀丹,纳超洪. 党组织参与公司治理、管理者权力与薪酬差距 [J]. 山西财经大学学报,2018（2）: 84-97.

[56] 代彬,刘星,郝颖. 高管权力、薪酬契约与国企改革——来自国有上市公司的实证研究 [J]. 当代经济科学,2011,33（4）: 90-98.

[57] 杜晶,张茜. 薪酬差距、会计稳健性与盈余管理 [J]. 会计之友, 2018（11）: 27-35.

[58] 段艳霞. 管理层权力视角下民营企业 CEO 薪酬份额与公司绩效实证研究 [D]. 沈阳: 辽宁大学, 2014.

[59] 方军雄. 高管权力与企业薪酬变动的非对称性 [J]. 经济研究, 2011（4）: 107-120.

[60] 高灼琴. 国有企业 CEO 自主权与高管 – 员工薪酬差距 [D]. 西安: 西安理工大学, 2017.

[61] 何奇学, 张昊民. 激励还是抑制？高管薪酬差距影响企业绩效的边界条件——人力资本破产成本视角下企业负债和通货膨胀的作用 [J]. 中国人力资源开发, 2017（12）: 20-32.

[62] 李玉霞. 高管薪酬差距、内部控制和盈余管理——基于公平感知度的经验证据 [J]. 财会通讯, 2017（3）: 69-74.

[63] 刘诚, 杨继东, 周斯洁. 社会关系、独立董事任命与董事会独立性 [J]. 世界经济, 2012（12）: 83-101.

[64] 刘张发, 田存志, 张潇. 国有企业内部薪酬差距影响生产效率吗 [J]. 经济学动态, 2017（11）: 46-57.

[65] 李四海, 江新峰, 张敦力. 组织权力配置对企业业绩和高管薪酬的影响 [J]. 经济管理, 2015（7）: 105-115.

[66] 罗可. 董事会特征对会计稳健性的影响研究——基于我国 A 股上市公司的经验数据 [D]. 成都: 西南财经大学, 2014.

[67] 卢锐. 管理层权力、薪酬差距与绩效 [J]. 南方经济, 2007（7）: 60-70.

[68] 母欣. 知识型企业新 – 老 CEO 自主权对高管薪酬差距的操纵效应比较研究 [D]. 西安: 西安理工大学, 2017.

[69] 邵剑兵, 李威. 高管薪酬差距、战略变革与企业绩效: 管理层权力的调节作用 [J]. 商业研究, 2017（11）: 88-96.

[70] 邵剑兵, 朱芳芳. CEO 继任来源、高管团队重组与薪酬差距的激励效应 [J]. 广东财经大学学报, 2017（4）: 82-91

[71] 盛明泉, 郭倩梅, 张春强. 高管团队内部薪酬差距对企业竞争力的影响——基于锦标赛视角下的实证研究 [J]. 云南财经大学学报, 2017（5）: 150-160.

[72] 树友林. 高管权力、货币报酬与在职消费关系实证研究 [J]. 经济学动态, 2011（5）: 86-89.

[73] 佟爱琴, 陈蔚. 产权性质、管理层权力与薪酬差距激励效应——基于政府补助的中介作用 [J]. 管理科学, 2017（2）: 106-118.

[74] 王子怡. 管理层权力、公司业绩与高管薪酬 [J]. 合作经济与科技,

2017（4）：105-106.

[75] 魏芳,耿修林 . 高管薪酬差距的阴暗面——基于企业违规行为的研究 [J]. 经济管理,2018（3）：57-73.

[76] 吴建祖,陈丽玲 . 高管团队并购经验与企业海外并购绩效：高管团队薪酬差距的调节作用 [J]. 管理工程学报,2017（4）：8-14.

[77] 熊婷,程博 . 高管团队薪酬差距与企业过度投资 [J]. 软科学,2017（1）：101-104.

[78] 杨婵,贺小刚,朱丽娜,王博霖 . 垂直薪酬差距与新创企业的创新精神 [J]. 财经研究,2017（7）：32-69.

[79] 杨竹清,陆松开 . 企业内部薪酬差距、股权激励与全要素生产率 [J]. 商业研究,2018（2）：65-72.

[80] 闫嘉琪 . 高管团队特征对中小板上市公司绩效的影响研究 [D]. 长沙：湖南大学,2016.

[81] 余璇,陈维政 . 薪酬差距与公平差别阈差异对员工心理和行为的影响——基于员工"分配公平感""任务绩效"和"偏离行为"的实证检验 [J]. 西部论坛,2017（2）：107-115.

[82] 张长征,李怀祖 . 公司治理中的 CEO 自主权研究综述 [J]. 软科学,2008,22（5）：33-38.

[83] 张长征,王硕,高灼琴等 . CEO 自主权对高管薪酬水平的操纵效应研究评述与展望,2015（4）：1-8.

[84] 张金若,陈逢文 . CEO 权力、最终控制人性质与 CEO 薪酬权重 [J]. 中大管理研究,2012（4）：57-76.

[85] 张涛,朱学义,刘梅玲 . 资本市场业绩压力会导致企业创新投入不足吗？——基于我国制造业上市公司的实证研究 [J]. 山东社会科学,2017,（2）：135-141.

[86] 张正堂 . 高层管理团队协作需要,薪酬差距和企业绩效：竞赛理论的视角 [J]. 南开管理评论,2007,10（2）：4-11.

[87] 张志宏,朱晓琳 . 产权性质、高管外部薪酬差距与企业风险承担 [J]. 中南财经政法大学学报,2018（3）：14-22（转 258）.

[88] 朱芳芳 . 利益一致和利益冲突——高管团队薪酬差距的激励效应研究 [J]. 经济与管理评论,2017（4）：153-160.

[89] 朱晓琳,方拥军 . CEO 权力、高管团队薪酬差距与企业风险承担 [J]. 经济经纬,2018（1）：100-107.

第 2 章　国有企业内部薪酬鸿沟度量及其 CEO 自主权视角下形成机理检验

遵循现有文献中所倡导和实践开发的全新学术概念度量指标体系的基本步骤和原则(Churchill,1979；Crossley 等,2007；韩维贺等,2006),本章通过指标体系构建、预测试、指标精简、小规模研究和法则效度检验等步骤,以中国沪深两市 A 股制造业为样本,建立可靠的薪酬鸿沟度量指标体系,并针对其现状与分布特征进行了描述与刻画。本章还探讨和比较了 CEO 自主权对高管 – 员工薪酬差距和薪酬鸿沟这一对密切相关但各有其差异化本质特征的概念的影响效应,在验证了内部薪酬鸿沟度量指标体系合理性的同时,论证了 CEO 自主权是内部薪酬鸿沟的直接形成原因。

2.1　国有企业薪酬鸿沟度量指标体系初步生成

由于薪酬鸿沟在学术上目前尚未形成独立的研究变量,无法借鉴现有的度量指标体系进行度量。因此,本研究在对薪酬鸿沟的概念进行深刻剖析和把握的基础上,尝试采用演绎法生成薪酬鸿沟的度量指标体系。演绎法是根据概念的逻辑划分或自顶向下的分类,借助专家的经验与智慧,直接根据理论基础的推演生成初试度量指标。此方法虽然非常耗时,但是有助于确保最终量表的结构效度和内容效度(Churchill,1979；Hinkin,1995；王兴起等,2015)。

2.1.1 基于薪酬水平比较法的薪酬鸿沟度量

本研究发现,当员工薪酬水平低于行业平均薪酬水平时,更容易对薪酬差距产生负面的不公平感知。此时,同样的客观薪酬差距更可能导致"薪酬鸿沟"的产生。

同样的逻辑,当员工薪酬水平低于区域平均薪酬水平时,更容易产生对薪酬差距的不公平感知。此时,同样的客观薪酬差距更可能导致“薪酬鸿沟”的产生。

同样的逻辑,基于前期的数据收集与分析,虽然整体上高管－员工薪酬差距与企业绩效是正相关的,但是当利用 TOP10% 的高管－员工薪酬差距样本,进行高管－员工薪酬差距与企业绩效的相关性分析时,结果开始呈现负相关关系。基于以上发现构建以下度量指标:

第一个度量指标(C_HPG1):员工薪酬水平低于行业平均薪酬水平,且高管－员工薪酬差距高于本行业高管－员工薪酬差距的 60% 分位水平时,则 C_HPG1 为 1,否则为 0。

员工薪酬水平如果低于行业平均薪酬水平,则意味着企业对员工的人力资本认可度不高,对其绩效评价结果亦偏低,不论客观与否,都会在员工心目中产生不满的情绪。如果此时,高管－员工薪酬差距还比 65% 的同行业企业的高管－员工薪酬差距要大,则将进一步叠加放大其对薪酬水平的不满,并将该不满情绪延伸到对薪酬差距的主观感受上。哪怕此时的高管－员工薪酬差距为“合理”,从员工的主观感知而言,更可能感受到的是认知上的“被轻视”、评价上的“不公平”和结果上的“被剥削”。此时,出现“薪酬鸿沟”的概率非常高。

第二个度量指标(C_HPG2):员工薪酬水平低于地区平均薪酬水平,且高管－员工薪酬差距高于本地区高管－员工薪酬差距的 60% 分位水平时,则 C_HPG2 为 1,否则为 0。

员工在衡量其收入水平合理性时,其亲戚朋友是最为直接的比较对象。员工的亲戚朋友多居住在同一地区,员工薪酬水平如果低于地区平均薪酬水平,则意味着受到其亲戚朋友较低的评价,从情感上来讲“非常没有面子”。因此,员工内心自然对薪酬产生不满的情绪。如果此时,高管－员工薪酬差距还比 65% 的同地区企业的高管－员工薪酬差距要大,则将进一步叠加放大其对薪酬水平的不满,并将该不满情绪延伸到对薪酬差距的主观感受上。同样的道理,哪怕此时的高管－员工薪酬差距为“合理”,从员工的主观感知而言,更可能感受到的是认知上的“被轻视”、评价上的“不公平”和结果上的“被剥削”。此时,出现“薪酬鸿沟”的概率非常高。

第三个度量指标(C_HPG3):员工薪酬水平低于本地区 40% 分位的薪酬水平,且高管薪酬水平高于本行业高管薪酬水平的 60% 分位水平时,则 C_HPG3 为 1,否则为 0。

如果员工薪酬水平低于本地区 40% 分位的薪酬水平,除了情感上来讲"非常没有面子"之外,与地区生活水平相比过低的薪酬水平,也可能导致员工需要承受来自生活的更高经济压力。因此,员工自然容易对薪酬产生不满的情绪。如果此时,自身所在企业的高管却享受着比同地区 60% 企业高管还要高的薪酬,多数员工在情感上接受不了这一"过大"的差距。"朱门酒肉臭,路有冻死骨"的感受自然会被叠加放大,从而对薪酬水平的不满延伸到对薪酬差距的主观感受上。同样的逻辑,哪怕此时高管 – 员工薪酬差距为"合理",从员工的主观感知而言,更可能感受到的是认知上的"被轻视"、评价上的"不公平"和结果上的"被剥削"。此时,出现"薪酬鸿沟"的概率更高。

第四个度量指标(C_HPG4):员工薪酬水平低于本行业 40% 分位的薪酬水平,且高管薪酬水平高于本地区高管薪酬水平的 60% 分位水平时,则 C_HPG4 为 1,否则为 0。与以上逻辑相似,C_HPG4 为 1 时,"薪酬鸿沟"的概率非常高。

第五个度量指标(C_HPG5):员工薪酬水平低于地区平均薪酬水平 40% 分位,且高管 – 员工薪酬差距高于本行业高管 – 员工薪酬差距的 60% 分位水平时,则 C_HPG5 为 1,否则为 0。

2.1.2 基于回归估计比较法的薪酬鸿沟度量

根据现有的研究文献,高管 – 员工薪酬差距公认度最高的影响因素是行业平均薪酬差距(IPG)、地区平均薪酬差距(RPG)、企业规模(FSIZE)、员工数量(NEM)、公司绩效(ROA、ROE、EPS)和股权集中度(LSR、FSR、TSR)。其中,LSR 为第一大股东持股比例,FSR 为前五大股东持股比例的平方和,TSR 为前十大股东持股比例之和。

分别构建五个回归模型,用以估计企业高管 – 员工薪酬差距的合理值。其中,PG_i 为每个样本公司的实际高管 – 员工薪酬差距。

$$PG_i = \alpha_0 + \alpha_1 IPG_i + \alpha_2 FSIZE_i + \alpha_3 ROA_i + \alpha_4 FSR_i \qquad (\text{模型 2.1-1})$$

$$PG_i = \beta_0 + \beta_1 RPG_i + \beta_2 NEM_i + \beta_3 ROE_i + \beta_4 TSR_i \qquad (\text{模型 2.1-2})$$

$$PG_i = \gamma_0 + \gamma_1[(ZRPG_i + ZIPG_i)/2] + \gamma_2[(ZFSIZE_i + ZNEM_i)/2] + \gamma_3 EPS_i + \gamma_4 LSR_i$$
$$(\text{模型 2.1-3})$$

$$PG_i = \eta_0 + \eta_1 IPG_i + \eta_2 NEM_i + \eta_3[(ZEPS_i + ZROA_i + ZROE_i)/3]$$
$$+ \eta_4[(ZLSR_i + ZTSR_i + ZFSR_i)/3]$$
$$(\text{模型 2.1-4})$$

$$PG_i = \pi_0 + \pi_1 RPG_i + \pi_2 FSIZE_i + \pi_3 ZEPS_i + \pi_4[(ZLSR_i + ZTSR_i + ZFSR_i)/3]$$
$$(\text{模型 2.1-5})$$

　　由于行业平均薪酬差距与地区平均薪酬差距之间的相关系数、企业规模与员工数量的相关系数都超过了 0.5,若这些影响因素出现在一个模型里,容易出现严重的多重共线性问题。因此,模型 2.1-1 将行业平均薪酬差距、企业规模纳入回归方程,模型 2.1-2 将地区平均薪酬差距、员工数量纳入回归方程,而模型 2.1-3 则将行业平均薪酬差距与地区平均薪酬差距标准化值的平均值、企业规模与员工数量标准化值的平均值纳入回归方程,这样既有效利用了重要的决定因素,又规避了潜在的多重共线性的问题。

　　企业绩效常见的度量指标分别是资产收益率(ROA)、净资产收益率(ROE)和每股收益(EPS),每个指标都在一定程度上衡量企业绩效,但是都不能够完整地衡量,而且如果将三者共同纳入一个回归方程,则会发生严重的多重共线性问题。因而,为了体现公司绩效对高管－员工薪酬差距的决定作用,又符合线性回归分析的基本要求,本研究将三者分别纳入到模型 2.1-1、模型 2.1-2 和模型 2.1-3 中,而将三者标准化值的平均数纳入到模型 2.1-4、模型 2.1-5 中。

　　同样的逻辑,股权集中度的常见指标分别是第一大股东持股比例、前五大股东持股比例的平方和、前十大股东持股比例。每个指标都在一定程度上衡量股权集中度,但是都不能够完整的衡量,而且如果将三者共同纳入一个回归方程,则会发生严重的多重共线性问题。因而,为了体现股权集中度对高管－员工薪酬差距的影响效应,又符合线性回归分析的基本要求,本研究将三者分别纳入模型 2.1-1、模型 2.1-2 和模型 2.1-3 中,而将三者标准化值的平均数纳入模型 2.1-4、模型 2.1-5 中。

　　将选择的样本数据分别应用以上三个模型进行数据拟合。根据数据拟合的结果,模型 2.1-1、模型 2.1-2、模型 2.1-3、模型 2.1-4、模型 2.1-5 都能得到各影响因素对高管－员工薪酬差距的非标准化回归系数。其中,模型 2.1-1 的回归系数为 α_0、α_1、α_2、α_3、α_4;模型 2 的回归系数为 β_0、β_1、β_2、β_3、β_4;模型 3 的回归系数为 γ_0、γ_1、γ_2、γ_3、γ_4;模型 2.1-4 的回归系数为 η_1、η_2、η_3、η_4,模型 2.1-5 的回归系数为 π_1、π_2、π_3、π_4。

　　根据数据拟合得到的五个高管－员工薪酬差距决定模型,针对每一个样本企业,将具体的自变量值带入模型中,可以得到每一个企业相对"合理"的高管－员工薪酬差距水平(SPG1$_i$, SPG2$_i$, SPG3$_i$, SPG4$_i$, SPG5$_i$)。此时,薪酬鸿沟就可以用该企业实际的高管－员工薪酬差距水平与"合理"的高管－员工薪酬差距水平之间的差值来衡量。

　　模型 2.1-1、模型 2.1-2、模型 2.1-3、模型 2.1-4、模型 2.1-5 拟合而成的"合理"的高管－员工薪酬差距水平,可以标记为 SPG1、SPG2、

SPG3、SPG4、SPG5。

回归估计法用以测度薪酬鸿沟的第一个指标是 R_HPG1,由以下公式表示:

$$P\_HPGl_i=PG_i-SPGl_i \qquad (公式2.1-1)$$

进一步,如果 R_HPG1 大于 0,则设定为 1;如果 R_HPG1 小于 0,则设定为 0。

回归估计法用以测度薪酬鸿沟的第二个指标是 R_HPG2,由以下公式表示:

$$P\_PHG2_i=PG_i-SPG2_i \qquad (公式2.1-2)$$

进一步,如果 R_HPG2 大于 0,则设定为 1;如果 R_HPG2 小于 0,则设定为 0。

回归估计法用以测度薪酬鸿沟的第三个指标是 R_HPG3,由以下公式表示:

$$P\_PHG3_i=PG_i-SPG3_i \qquad (公式2.1-3)$$

进一步,如果 R_HPG3 大于 0,则设定为 1;如果 R_HPG3 小于 0,则设定为 0。

回归估计法用以测度薪酬鸿沟的第四个指标是 R_HPG4,由以下公式表示:

$$P\_PHG4_i=PG_i-SPG4_i \qquad (公式2.1-4)$$

进一步,如果 R_HPG4 大于 0,则设定为 1;如果 R_HPG4 小于 0,则设定为 0。

回归估计法用以测度薪酬鸿沟的第五个指标是 R_HPG5,由以下公式表示:

$$P\_PHG5_i=PG_i-SPG5_i \qquad (公式2.1-5)$$

进一步,如果 R_HPG5 大于 0,则设定为 1;如果 R_HPG5 小于 0,则设定为 0。

回归估计比较法测算的薪酬鸿沟分别用 R_HPG1、R_HPG2、R_HPG3、R_HPG4 和 R_HPG5 来共同表示。

2.1.3 基于薪酬增长比较法的薪酬鸿沟度量

根据本研究的界定,感知到的薪酬不公,即为薪酬鸿沟。当员工与高管的薪酬在动态增长的过程中,由于各自增长速度的过度差异,将导致薪酬鸿沟的产生。依据此原理,设计五种基于薪酬增长比较法的薪酬鸿沟度量指标。

基于薪酬增长法的薪酬鸿沟指标 1(G_HPG1):如果员工薪酬的增

长比例小于本企业高管薪酬的增长比例,或者员工薪酬的降低比例高于本企业高管薪酬的降低比例,考虑到二者绝对薪酬水平的差异,则员工可能会感知到薪酬不公的存在。此时,G_HPG1 设为 1;否则,G_HPG1 为 0。

基于薪酬增长法的薪酬鸿沟指标 2（G_HPG2）：如果员工薪酬的增长比例小于本地区员工薪酬增长比例的 40% 分位数,而高管薪酬的增长比例高于本地区高管薪酬增长比例均值,则员工更可能会感知到薪酬不公的存在。此时,G_HPG2 设为 1;否则,G_HPG2 为 0。

基于薪酬增长法的薪酬鸿沟指标 3（G_HPG3）：如果员工薪酬的增长比例小于本行业员工薪酬增长比例的 40% 分位数,而高管薪酬的增长比例高于本行业高管薪酬增长比例的 60% 分位数,则员工更可能会感知到薪酬不公的存在。此时,G_HPG3 设为 1;否则,G_HPG3 为 0。

基于薪酬增长法的薪酬鸿沟指标 4（G_HPG4）：如果员工薪酬的增长比例小于本行业员工薪酬增长比例的 40% 分位数,而高管薪酬的增长比例高于本地区高管薪酬增长比例的 60% 分位数,则员工更可能会感知到薪酬不公的存在。此时,G_HPG4 设为 1;否则,G_HPG4 为 0。

基于薪酬增长法的薪酬鸿沟指标 5（G_HPG5）：如果员工薪酬的增长比例小于本地区员工薪酬增长比例的 40% 分位数,而高管薪酬的增长比例高于本行业高管薪酬增长比例的 60% 分位数,则员工更可能会感知到薪酬不公的存在。此时,G_HPG5 设为 1;否则,G_HPG5 为 0。

表 2.1–1　薪酬鸿沟度量指标体系生成结果

编号	指标生成方法	指标维度代码	具体指标代码	属性值
1	基于薪酬水平比较法	C_HPG	C_HPG1	取值为 0 或者 1 的虚拟变量
			C_HPG2	取值为 0 或者 1 的虚拟变量
			C_HPG3	取值为 0 或者 1 的虚拟变量
			C_HPG4	取值为 0 或者 1 的虚拟变量
			C_HPG5	取值为 0 或者 1 的虚拟变量
2	基于回归估计比较法	R_HPG	R_HPG1	取值为 0 或者 1 的虚拟变量
			R_HPG2	取值为 0 或者 1 的虚拟变量

编号	指标生成方法	指标维度代码	具体指标代码	属性值
			R_HPG3	取值为 0 或者 1 的虚拟变量
			R_HPG4	取值为 0 或者 1 的虚拟变量
			R_HPG5	取值为 0 或者 1 的虚拟变量
3	薪酬增长比较法	G_HPG	G_HPG1	取值为 0 或者 1 的虚拟变量
			G_HPG2	取值为 0 或者 1 的虚拟变量
			G_HPG3	取值为 0 或者 1 的虚拟变量
			G_HPG4	取值为 0 或者 1 的虚拟变量
			G_HPG5	取值为 0 或者 1 的虚拟变量

2.2　国有企业薪酬鸿沟度量指标体系预测试

2.2.1　内容效度的专家预测试

根据专家预测试的需要,结合项目主持人的社会及学界关系,选择 9 名专家对表 2.1-1 中的指标体系进行内容效度的判断。9 名专家基本信息如表 2.2-1 所示。参考 Hinkin(1995)的建议,选择三名企业界专家,主要从实务的角度对指标体系的现实意义进行判断,五名高校研究型专家,主要从理论的角度对指标体系与薪酬鸿沟内涵的匹配性进行判断。此外,为了保证预测试过程的顺利进行,请项目主持人的研究生全程参与了指标预测试,并作为秘书对最终结果进行数据的整理与初步处理工作。

表 2.2-1　专家基本信息表

专家编号	专家年龄	单位性质	研究方向(任职职位)	专家职称
1	42	国有企业	财务管理	高级经济师
2	45	民营咨询公司	公司经理	高级经济师

专家编号	专家年龄	单位性质	研究方向（任职职位）	专家职称
3	46	民营企业	人力资源部经理	一级人力资源师
4	52	985 大学	知识管理/公司治理	教授
5	55	985 大学	人力资源管理/组织行为学	教授
6	43	211 大学	企业管理	副教授
7	44	211 大学	公司治理	副教授
8	35	省属院校	人力资源管理	副教授
9	24	省属院校	人力资源管理/公司治理	研究生（秘书）

提前一周将薪酬鸿沟的定义（一页纸）和国家社科基金的申请书发送到各位专家的邮箱，并邀请各位专家在了解薪酬鸿沟内涵和课题基本目标的情况下，自主思考可能的薪酬鸿沟度量方法和指标。一周后，由秘书将指标及其具体内涵与操作界定带给各位专家，邀请各位专家当面对指标进行判断。针对每个指标，对指标与薪酬鸿沟定义的符合度进行评价，按照李克特 5 级量表进行打分，具体结果如表 2.2-2 所示。

2.2.2 基于上市公司数据的度量指标体系内容效度预测试

2.2.2.1 样本选择

以 2006—2016 年间 CSMAR 国泰安金融数据库中水利、环境和公共设施管理业、租赁和商务服务业和综合三个行业的国有上市公司为对象，选择符合以下条件的上市公司数据为样本：（1）非 ST、PT 公司；（2）报表信息披露完全的公司，能够得到本研究所需要的所有数据；（3）剔除有极端值数据的样本公司，比如当年度严重亏损的企业；（4）具有国有企业性质。根据以上条件在 CSMAR 进行筛选，最终得到沪深两市 332 条观测数据作为研究对象，进行薪酬鸿沟度量指标体系的结构与内容效度的预测试。研究过程中主要使用了 Spss 和 Excel 等统计软件。

表 2.2-2 内容效度专家预测试结果

编号	指标代码	与薪酬鸿沟定义符合度(即指标合理性)最小值	与薪酬鸿沟定义符合度(即指标合理性)最大值	与薪酬鸿沟定义符合度(即指标合理性)均值
1	C_HPG1	4	5	4.556
2	C_HPG2	4	5	4.444
3	C_HPG3	4	5	4.778
4	C_HPG4	3	5	4.000
5	C_HPG5	4	5	4.556
6	R_HPG1	3	5	4.556
7	R_HPG2	2	5	3.889
8	R_HPG3	4	5	4.333
9	R_HPG4	3	5	4.222
10	R_HPG5	3	5	4.111
11	G_HPG1	4	5	4.778
12	G_HPG2	3	5	4.667
13	G_HPG3	3	5	4.111
14	G_HPG4	3	5	4.333
15	G_HPG5	3	5	4.222

2.2.2.2 变量设计与数据说明

高管薪酬水平(EPL):前三名高级管理人员年度薪酬平均值,其对数值记为 LNEPL。

员工薪酬水平(WPL):领取薪酬的普通员工的范围,本研究采用企业年报数据中的员工总数,减去高管人数,以此为普通员工总数。其中,"支付给职工以及为职工支付的现金"来自现金流量表,"期初、期末应付职工薪酬"来自资产负债表,"高管的人数和薪酬"来自财务报表附注。具体测算公式如下:

普通员工平均薪酬 = 本期员工总薪酬 / 普通员工数 = (本期支付给职工以及为职工支付的现金 + 期末应付职工薪酬 - 期初应付职工薪酬 - 高管薪酬)/(员工总数 - 高管人数)。

员工薪酬水平对数记为(LNWPL)。

高管 - 员工薪酬差距(EEPG):高管薪酬水平与员工薪酬水平的差值,其对数记为 LNEEPG。

地区高管薪酬水平（RLNEPL）：此处，考虑到各省份的样本数量相对较少，将所有省份根据我国目前的行政区划分为东部地区、中部地区和西部地区三个地区。各地区高管薪酬水平分别等于该地区样本企业的高管薪酬水平的平均值，最后取对数。

地区员工薪酬水平（RLNWPL）：考虑到各省份的样本数量相对较少，将所有省份根据我国目前的行政区划分为东部地区、中部地区和西部地区三个地区。各地区员工薪酬水平分别等于该地区样本企业的员工薪酬水平的平均值，最后取对数。

地区高管 – 员工薪酬差距（RLNEEPG）：此处，考虑到各省份的样本数量相对较少，将所有省份根据我国目前的行政区划分为东部地区、中部地区和西部地区三个地区。三个地区高管薪酬水平等于各地区样本企业的高管薪酬水平的平均值，最后取对数。在正式大样本的测算中，地区平均值按照省份（自治区）进行划分。

行业高管薪酬水平（ILNEPL）：各行业的高管薪酬水平分别等于样本中各行业所有企业的高管薪酬水平的平均值，最后取对数。

行业员工薪酬水平（ILNWPL）：各行业的员工薪酬水平分别等于样本中各行业所有企业的员工薪酬水平的平均值，最后取对数。

行业高管 – 员工薪酬差距（RLNEEPG）：各行业的高管 – 员工薪酬差距分别等于样本中各行业所有企业的高管 – 员工薪酬差距的平均值，最后取对数。

企业规模（FSIZE）：企业总资产的对数值。

员工数量（NEM）：企业员工数量的对数值。

公司绩效（ROA、ROE、EPS）：ROA 为资产净收益率，ROE 为净资产回报率，EPS 为每股收益。

股权集中度（LSR、FSR、TSR）：LSR 为第一大股东持股比例，FSR 为前五大股东持股比例平方之和，TSR 为前十大股东持股比例之和。

员工薪酬水平增长率（RGWPL）：用本年度员工薪酬水平与前一年度员工薪酬水平的差值，除以前一年度员工薪酬水平，所得值即为员工薪酬水平增长率。

高管薪酬水平增长率（RGEPL）：用本年度高管薪酬水平与前一年度高管薪酬水平的差值，除以前一年度高管薪酬水平，所得值即为高管薪酬水平增长率。

本地区员工薪酬水平增长率（RRGWPL）：本地区所有企业的 RGWPL 的平均值。

本行业员工薪酬水平增长率（IRGWPL）：本行业所有企业的 RGWPL

的平均值。

本地区高管薪酬水平增长率（RRGEPL）：本地区所有企业的 RGEPL
的平均值。

本行业高管薪酬水平增长率（IRGEPL）：本行业所有企业的 RGEPL
的平均值。

地区高管薪酬水平的 X 百分位数，记为 X%_RLNEPL。其他以此类
推。比如，地区高管薪酬水平增长率 60 分位数，记为 60%_RRGEPL。行
业高管薪酬水平的 X 百分位数，以此类推。

基于以上变量设计，根据薪酬鸿沟测量指标的计算方法，应用 332 条
观测数据，得到薪酬鸿沟各指标的具体数值。描述性统计结果见表 2.2-3。

表 2.2-3　薪酬鸿沟指标描述性统计结果（预测试）

	N	Minimum	Maximum	Mean	Std.Deviation
C_HPG1	332	.00	1.00	.2982	.45816
C_HPG2	332	.00	1.00	.3373	.47352
C_HPG3	332	.00	1.00	.2380	.42647
C_HPG4	332	.00	1.00	.2801	.44974
C_HPG5	332	.00	1.00	.2952	.45681
R_HPG1	332	.00	1.00	.2681	.44362
R_HPG2	332	.00	1.00	.3102	.46329
R_HPG3	332	.00	1.00	.3313	.47140
R_HPG4	332	.00	1.00	.3373	.47352
R_HPG5	332	.00	1.00	.3705	.48366
G_HPG1	332	.00	1.00	.4096	.49251
G_HPG2	332	.00	1.00	.4187	.49409
G_HPG3	332	.00	1.00	.3675	.48284
G_HPG4	332	.00	1.00	.3795	.48600
G_HPG5	332	.00	1.00	.4006	.49076
Valid N（listwise）	332				

表 2.2-4　基于薪酬水平比较法的薪酬鸿沟（C_HPG）指标相关系数检验（$N=332$）

	C_HPG1	C_HPG2	C_HPG3	C_HPG4	C_HPG5	C_HPG
C_HPG1	1					
C_HPG2	.547**	1				
C_HPG3	.829**	.578**	1			
C_HPG4	.391	.565**	.440**	1		
C_HPG5	.738**	.582**	.862**	.330**	1	
C_HPG	.860**	.803**	.906**	.661**	.859**	1

　　表 2.2-4 显示，C_HPG4 与五个指标的总分数 C_HPG 的相关系数（0.661**）低于 0.7，不符合度量指标的基本要求。因此，需要从五个指标里删除 C_HPG4。

表 2.2-5　基于回归估计比较法的薪酬鸿沟（R_HPG）指标相关系数检验（$N=332$）

	R_HPG1	R_HPG2	R_HPG3	R_HPG4	R_HPG5	R_HPG
R_HPG1	1					
R_HPG2	.517**	1				
R_HPG3	.733**	.410**	1			
R_HPG4	.637**	.275**	.745**	1		
R_HPG5	.444**	.348**	.696**	.649**	1	
R_HPG	.835**	.640**	.898**	.829**	.786**	1

　　表 2.2-5 显示，R_HPG2 与五个指标的总分数 R_HPG 的相关系数（0.640**）低于 0.7，不符合度量指标的基本要求。因此，需要从五个指标里删除 R_HPG2。

表 2.2-6　基于薪酬增长比较法的薪酬鸿沟（G_HPG）指标相关系数检验（$N=332$）

	G_HPG1	G_HPG2	G_HPG3	G_HPG4	G_HPG5	G_HPG
G_HPG1	1					
G_HPG2	.882**	1				
G_HPG3	.372**	.426**	1			
G_HPG4	.748**	.653**	.417**	1		
G_HPG5	.762**	.735**	.313**	.711**	1	
G_HPG	.919**	.904**	.602**	.845**	.855**	1

表 2.2-6 显示, G_HPG3 与五个指标的总分数 G_HPG 的相关系数
(0.602**)低于 0.7,不符合度量指标的基本要求。因此,需要从五个指标
里删除 G_HPG3。

2.3　国有企业薪酬鸿沟度量指标体系项目精简

2.3.1　样本选择

以 2006-2016 年间 CSMAR 国泰安金融数据库中房地产业和建筑业
两个行业的上市公司为对象,选择符合以下条件的国有上市公司数据为
样本:(1)非 ST、PT 公司;(2)报表信息披露完全的公司,能够得到本研
究所需要的所有数据;(3)剔除有极端值数据的样本公司,比如当年度严
重亏损的企业;(4)具有国有企业性质。

根据以上条件在 CSMAR 进行筛选,最终得到沪深两市 848 条观测
数据作为研究对象(其中,房地产业 536 家,建筑业 312 家),采用探索性
因子分析和信度分析对测试后的薪酬鸿沟度量指标体系进行进一步精
简和有效性确认。所有变量的设计见本章 2.2。借鉴 Cunningham(2005)
和张红琪等(2013)等文献的建议,采用探索性因子分析对薪酬鸿沟度量
指标体系进行项目精简。

2.3.2　探索性因子分析

2.3.2.1　基于薪酬水平比较法的薪酬鸿沟的探索性因子分析

针对基于薪酬水平比较法的薪酬鸿沟(C_HPG)指标进行探索性因
子分析,结果见表 2.3-1。

表 2.3-1　基于薪酬水平比较法的薪酬鸿沟（C_HPG）指标的探索性因子分析结果

	因子	Extraction Sums of Squared Loadings
	1	Cumulative（%）
C_HPG1	.904	
C_HPG2	.898	69.186
C_HPG3	.862	
C_HPG5	.634	

注: Extraction Method: Principal Component Analysis.

根据度量指标开发时，因子载荷大于 0.7 的标准，删除 C_HPG5（0.634）。将删除后的三个指标再次进行探索性因子分析，结果见表 2.3-2。

表 2.3-2 基于薪酬水平比较法的薪酬鸿沟（C_HPG）指标的探索性因子分析与信度系数（删除 C_HPG5 后）

	因子	Extraction Sums of Squared Loadings	Cronbach's Alpha
	1	Cumulative（%）	
C_HPG1	.908		
C_HPG2	.928	82.248	.872
C_HPG3	.885		

注：Extraction Method：Principal Component Analysis.

2.3.2.2 基于回归估计比较法的薪酬鸿沟的探索性因子分析

针对基于薪酬水平比较法的薪酬鸿沟（R_HPG）指标进行探索性因子分析，结果见表 2.3-3。

表 2.3-3 基于薪酬水平比较法的薪酬鸿沟（R_HPG）指标的探索性因子分析结果

	因子	Extraction Sums of Squared Loadings
	1	Cumulative（%）
R_HPG1	.858	
R_HPG3	.920	69.708
R_HPG4	.919	
R_HPG5	.600	

注：Extraction Method：Principal Component Analysis.

根据度量指标开发时，因子载荷大于 0.7 的标准，删除 R_HPG5（0.600）。将删除后的三个指标再次进行探索性因子分析，结果见表 2.3-4。

表 2.3-4 基于薪酬水平比较法的薪酬鸿沟（R_HPG）指标的探索性因子分析与信度系数（删除 R_HPG5 后）

	因子	Extraction Sums of Squared Loadings	Cronbach's Alpha
	1		
R_HPG1	.877		
R_HPG3	.940	84.107	.905
R_HPG4	.932		

注：Extraction Method：Principal Component Analysis.

2.3.2.3 基于薪酬增长比较法的薪酬鸿沟的探索性因子分析

针对基于薪酬水平比较法的薪酬鸿沟（G_HPG）指标进行探索性因子分析，结果见表 2.3-5。

表 2.3-5　基于薪酬水平比较法的薪酬鸿沟（G_HPG）指标的探索性因子分析结果

	因子	Extraction Sums of Squared Loadings
	1	Cumulative（%）
G_HPG1	.862	64.789
G_HPG3	.799	
G_HPG4	.661	
G_HPG5	.878	

注：Extraction Method：Principal Component Analysis.

根据度量指标开发时，因子载荷大于 0.7 的标准，删除 G_HPG4（0.661）。将删除后的三个指标再次进行探索性因子分析，结果见表 2.3-6。

表 2.3-6　基于薪酬水平比较法的薪酬鸿沟（G_HPG）指标的探索性因子分析与
信度系数（删除 G_HPG4 后）

	因子	Extraction Sums of Squared Loadings	Cronbach's Alpha
	1	Cumulative（%）	
G_HPG1	.908	75.681	.873
G_HPG2	.780		
G_HPG5	.915		

注：Extraction Method：Principal Component Analysis.

2.4　国有企业薪酬鸿沟度量指标体系小规模研究

2.4.1 样本选择

以 2006—2016 年间 CSMAR 国泰安金融数据库中交通运输、仓储和邮政业和采矿业两个行业的上市公司为对象，选择符合以下条件的国有上市公司数据为样本：（1）非 ST、PT 公司；（2）报表信息披露完全的公司，能够得到本研究所需要的所有数据；（3）剔除有极端值数据的样本公司，比如当年度严重亏损的企业；（4）具有国有企业性质。

根据以上条件在 CSMAR 进行筛选，最终得到沪深两市 242 条观测数据为研究对象（其中，采矿业 140 条，交通运输、仓储和邮政业 102 条）。采用验证性因子分析和信度分析对精简试后的薪酬鸿沟度量指标体系进行进最终的有效性确认。借鉴 Cunningham（2005）和赵斌等（2014）等文献的建议，采用验证性因子分析和信度检验对薪酬鸿沟度量指标体系进行小规模研究。

2.4.2　验证性因子分析

将上述步骤选择的 C_HPG1、C_HPG2、C_HPG3、R_HPG1、R_HPG3、R_HPG4、G_HPG1、G_HPG2、G_HPG5 九个指标，应用 SPSS 统计软件的验证性因子分析功能，采用主成分分析法，指定生成结果为三个因子，其解释总方差和旋转后的矩阵分别见表 2.4-1 和表 2.4-2。

表 2.4-1　验证性因子分析结果：解释的总方差

成分	初始特征值			提取平方和载入			旋转平方和载入		
	合计	方差的 %	累积 %	合计	方差的 %	累积 %	合计	方差的 %	累积 %
1	2.834	31.491	31.491	2.834	31.491	31.491	2.478	27.534	27.534
2	2.285	25.394	56.885	2.285	25.394	56.885	2.126	23.619	51.152
3	1.513	16.808	73.694	1.513	16.808	73.694	2.029	22.541	73.694
4	.626	6.952	80.646						
5	.460	5.114	85.760						
6	.396	4.399	90.159						
7	.384	4.269	94.429						
8	.351	3.898	98.327						
9	.151	1.673	100.000						

提取方法：主成分分析。

此外，还应用结构方程软件 AMOS 对该度量指标体系进行了一阶验证性因子分析，结果显示，C_HPG1、C_HPG2、C_HPG3、R_HPG1、R_HPG3、R_HPG4、G_HPG1、G_HPG2、G_HPG5 九个指标很好的拟合了基于薪酬水平比较的薪酬鸿沟、基于回归估计比较的薪酬鸿沟和基于薪酬增长比较的薪酬鸿沟三个薪酬鸿沟子维度,并且能够很好聚合成薪酬鸿沟这一潜变量。所有的因子载荷(路径系数)均大于 0.65。测量方程的整体拟合优度指标均符合要求(比如,RMSEA=0.0042,NFI-=0.92,RFI=0.93,CFI=0.92)。因此,本章构建的薪酬鸿沟度量指标体系在结构效度上符合要求。

表 2.4-2　验证性因子分析结果: 旋转成分矩阵 a

	成分		
	1	2	3
C_HPG1			.820
C_HPG2			.859
C_HPG3			.736
R_HPG1	.868		
R_HPG3	.935		
R_HPG4	.912		
G_HPG1		.860	
G_HPG2		.837	
G_HPG5		.807	

a. 提取方法:主成分;旋转法:具有 Kaiser 标准化的正交旋转法;旋转在 4 次迭代后收敛。

2.4.3 小规模研究的信度检验

应用房地产业和建筑业的样本,进行小规模研究的信度检验,结果见表 2.4-3。可见,各维度指标的内在一致性系数均符合要求,因此该指标体系具有可信性。

表 2.4-3　小规模研究的信度检验结果(最终的指标体系结果)

		Cronbach's Alpha	N of Items
C_HPG	C_HPG1	.833	3
	C_HPG2		
	C_HPG3		
R_HPG	R_HPG1	.894	3
	R_HPG3		
	R_HPG4		

续表

		Cronbach's Alpha	N of Items
	G_HPG1		
G_HPG	G_HPG2	.795	3
	G_HPG5		

2.5　国有企业薪酬鸿沟度量指标体系法则效度检验

　　法则效度是构建有效指标体系或者度量量表的基本步骤,是检验度量有效性的关键方法(钟帅,章启宇,2015;杨百寅等,2013)。为了最终检验薪酬鸿沟度量指标体系的有效性,也是为了检验薪酬鸿沟的影响效应,本章进一步考察薪酬鸿沟与企业绩效和员工离职的关系。从薪酬鸿沟的内涵上可以符合逻辑的推断,薪酬鸿沟与企业绩效负相关,而与员工离职正相关。下文的研究试图证实这一推断,并厘清其影响程度的大小和显著性,见表2.5-1。

2.5-1　样本行业分布情况

行业名称	Frequency	Percent	Valid Percent	Cumulative Percent
采矿业	395	4.6	4.6	4.6
电力、热力、燃气及水生产和供电业	713	8.3	8.3	12.9
房地产业	536	6.3	6.3	19.2
建筑业	312	3.6	3.6	22.8
交通运输、仓储和邮政业	639	7.5	7.5	30.3
教育、科学研究和技术服务业	53	.6	.6	30.9
农、林、牧、渔业	149	1.7	1.7	32.6
批发和零售业	657	7.7	7.7	40.3
水利、环境和公共设施管理业	102	1.2	1.2	41.5
文化、体育和娱乐业	176	2.1	2.1	43.5

行业名称	Frequency	Percent	Valid Percent	Cumulative Percent
信息传输、软件和信息技术服务业	222	2.6	2.6	46.1
制造业	4315	50.3	50.3	96.5
住宿和餐饮业	73	.9	.9	97.3
综合	106	1.2	1.2	98.6
租赁和商务服务业	124	1.4	1.4	100.0
Total	8572	100.0	100.0	

2.5.1 样本选择

本章此后分析数据基本来自 CSMAR 国泰金融数据库,个别数据手工摘取自于上市公司年报。具体而言,本研究拟以 2006–2016 年共 11 年间沪深两市发行 A 股的国有上市公司(其具体界定为:终极控股股东具有国有性质,即认定为国有上市公司)所披露的数据为样本框,按照以下原则剔除不符合本章研究要求的公司,选择本章下文的研究样本:

(1)剔除 ST、PT 公司;(2)剔除金融、保险行业类的上市公司;(3)剔除年报信息披露不全的公司。如年报中没详细披露高管报酬的公司;(4)剔除具有极端值的样本公司。

根据以上标准在 CSMAR 内进行筛选,最终得到沪深两市 8572 条观测数据作为研究样本。研究过程中主要使用了 Spss 和 Excel 等统计软件。

2.5.2 变量设计

资产规模对数(FSIZE)、员工规模对数(NEMP)、第一大持股比例(FSR)、高管薪酬差距对数(ECP)、企业绩效(ROE、ROA、EPS)具体定义见本章前文内容。

员工离职率(TURNOVER):借鉴孙晓云(2016)的做法,将员工离职行为定义为虚拟变量,衡量企业是否发生员工离职,通过比较 T 期和 T-1 期的员工人数进行判断。若上一期的员工总规模比当期的员工总规模大,则认为有离职现象发生取 1,否则为 0。整体上,1 代表较高的离职率,而0 代表较低的离职率。

薪酬鸿沟(HPG):薪酬鸿沟指数是 C_HPG、R_HPG、G_HPG 三者的加权平均值,衡量薪酬鸿沟程度,也可以认为是薪酬鸿沟出现的概率,记为 HPG；薪酬鸿沟存在性，是根据样本公司薪酬鸿沟指数是否高于全体样本薪酬鸿沟指数均值进行判断，如果是，赋值为 1，否则为 0，记为 HPG01。薪酬鸿沟存在性主要是从定性的角度判断某样本公司是否存在薪酬鸿沟。

其他变量的界定如下：独立董事比例（RID）：独立董事数量与董事会规模的比值；监事会比例（RSB）：监事个数与高管团队规模的比值；股权制衡度（BDE）：第二大股东持股比例与第一大股东持股比例的比值；女性高管比例（NFE）：女性高管个数与高管团队规模的比值；上市时间（TIME）：企业自上市至今所经历的年份数，结果四舍五入取整；是否东部地区（EAST）：如果属于东部地区，则设为 1，否则为 0；是否央企（CENT）：如果属于央企，则设为 1，否则为 0；资产负债率（DEBT）：负债总额与总资产的比值；股价（PRICE）：总市值与股份数的比值；综合绩效（CFP4）：是 ROA、ROE、EPS、PRICE 四个指标经过因子旋转而生成的综合性绩效指标。

2.5.3 变量描述性统计与相关性分析

对 8572 条国有企业观测数据，按照上述变量设计进行描述性统计和相关性分析，结果分解见表 2.5-2 和表 2.5-3。表 2.5-2 显示，样本企业平均薪酬鸿沟指数为 0.357，独立董事比例平均为 36.5%，监事会比例平均为 24.6%，资产收益率平均为 3.7%。

表 2.5-2　研究变量描述统计

	N	极小值	极大值	均值	标准差
FSIZE	8572	17.430	28.510	22.373	1.400
NEMP	8572	2.890	13.220	7.995	1.360
FSR	8572	.050	.870	.400	.154
RID	8572	.090	.800	.365	.054
RSB	8572	.070	.450	.246	.058
BDE	8572	.000	1.000	.252	.269
NFE	8572	.000	7.000	.790	.931
TIME	8572	1.000	26.000	12.060	5.644
EAST	8572	.000	1.000	.561	.496
CENT	8572	.000	1.000	.356	.479
DEBT	8572	.010	2.529	.517	.215

	N	极小值	极大值	均值	标准差
ROE	8572	−1.830	.985	.068	.156
ROA	8572	−.873	.686	.037	.063
EPS	8572	−3.860	14.580	.326	.626
PRICE	8572	.630	5.810	2.430	.639
CFP4	8572	−8.876	10.749	.000	1.000
TURNOVER	8572	.000	1.000	.362	.481
C_HPG	8572	.000	1.000	.239	.347
S_HPG	8572	.000	1.000	.523	.482
G_HPG	8572	.000	1.000	.310	.371
HPG	8572	.000	1.000	.357	.275
有效的 N（列表状态）	8572				

2.5.4 薪酬鸿沟指数与企业绩效关系回归分析

为了检验薪酬鸿沟与企业绩效指标 ROE 的关系，构建基于 OLS 的多元回归模型 2.5-1。应用该模型进行数据拟合，结果见表 2.5-4。其中，控制变量的选择，参考了李增泉（2000）、陈小悦和徐晓东（2001）、魏立群和王智慧（2002）、罗党论和刘晓龙（2009）、张正堂（2007），以及高雷和宋顺林（2007）等文献的研究成果。

$$ROE_{i(t+1)} = \alpha + \sigma_1 FSIZE_{it} + \sigma_2 FSR_{it} + \sigma_3 RID_{it} + \sigma_4 RSB_{it} + \sigma_5 BDE_{it}$$
$$+ \sigma_6 NFE_{it} + \sigma_7 TIME_{it} + \sigma_8 EAST_{it} + \sigma_9 CENT_{it} + \sigma_{10} DEBT_{it}$$
$$+ \sigma_{11} NEMP_{it} + \sigma_{12} ECP_{it} + \sigma_{13} HPG_{it} + \varepsilon_{it}$$

（模型 2.5-1）

表 2.5-4 显示，HPG 对 ROE 的回归系数显著为负（Beta=−0.387, T=−38.325），表明本章测度的薪酬鸿沟指数对净资产收益率具有显著抑制作用。该结果既在一定程度上证实了本章测度指标的有效性，又在一定程度上证实薪酬鸿沟现象在当前企业中真实存在。

表 2.5-3　法则效度检验样本的变量相关性系数

	FSIZE	NEMP	FSR	RID	RSB	BDE	NFE	TIME	EAST	CENT	ECP	DEBT	ROE	ROA	EPS	PRICE	CFP4	TURNOVER	C_HPG	S_HPG	G_HPG	HPG
FSIZE	1																					
NEMP	.708**	1																				
FSR	.299**	.232**	1																			
RID	.165**	.092**	.059**	1																		
RSB	.039**	.053**	.017	-.001	1																	
BDE	.005	.002	-.518**	-.018	.018	1																
NFE	-.029*	-.098**	-.086**	-.037**	.033**	.001	1															
TIME	.087**	-.016	-.172**	.047**	.016	-.054**	.090**	1														
EAST	.113**	-.033	.057**	.001	-.037**	.033**	.063**	.015	1													
CENT	.083**	.104**	.015	.026*	.008	.077**	-.010	.064**	.119**	1												
ECP	.321**	.141**	.042**	.010	.081**	-.107**	.141**	-.122**	.150**	.281**	1											
DEBT	.288**	.188**	.055**	.028	-.004	-.038	.124**	.150**	.107**	-.031*	-.083**	1										
ROE	.117**	.052**	.090**	-.025*	-.007	.044**	-.073**	-.127**	-.090**	.007	-.182**	.688**	1									
ROA	.062**	.037*	.111**	-.053**	-.014	.040**	-.044**	-.090**	.001	.259**	-.387**	.586**	.671**	1								
EPS	.206**	.146**	-.016	-.023	.000	.066**	-.073**	-.044**	.077**	.232**	-.182**	.315**	.385**	.486**	1							
PRICE	-.082**	-.044**	.032	-.057**	-.015	.061**	-.099**	-.031*	.107**	.192**	-.228**	-.255**	-.245**	-.154**	.485**	1						
CFP4	.297**	.203**	.172**	-.005	.003	.054**	-.094**	.092**	.029*	.325**	-.269**	.302	.838**	.880**	.858**	.485**	1					
TURNOVER	-.203**	-.245**	.021	-.092**	.124**	.101**	.085**	.023**	-.005	-.018	.022	-.245**	-.255**	-.101**	-.302	-.066**	.087**	1				
C_HPG	.186**	.203**	.032	.099**	-.025*	.052**	.101**	.085**	.023**	-.005	.022	.093**	-.137**	-.113**	-.033	-.007	-.066**	.087**	1			
S_HPG	-.074**	-.203**	-.014	-.076**	.003	.044**	-.097**	.052**	.067**	-.012	.035*	.027*	-.195**	-.216**	-.154**	-.014	-.214**	.203**	.232**	1		
G_HPG	-.017	.006	-.072**	.016	-.008	.003	-.032*	.097**	-.028*	.035*	-.022	.119**	-.381**	-.403**	-.356**	-.242**	-.421**	.295**	.076**	.263**	1	
HPG	.027*	.080**	-.123**	.036*	-.025*	.039**	.041**	.033**	.137**	.039**	.007	.108**	-.342**	-.354**	-.263**	-.120**	-.341**	.287**	.590**	.799**	.635**	1

表 2.5-4 法则效度检验：薪酬鸿沟指数（HPG）与企业绩效（ROE）关系分析
结果

模型	变量	非标准化系数		标准系数	T	Sig.	共线性统计量	
		B	标准误差	Beta			容差	VIF
2.5-1	（常量）	−.609	.032		−19.212	.000		
	FSIZE	.010	.002	.086	5.454	.000	.362	2.762
	FSR	−.024	.013	−.023	−1.861	.063	.571	1.751
	RID	−.044	.028	−.015	−1.577	.115	.964	1.038
	RSB	−.001	.026	−.001	−.057	.954	.990	1.010
	BDE	−.014	.007	−.024	−2.026	.043	.664	1.506
	NFE	.003	.002	.019	1.943	.052	.945	1.058
	TIME	−.002	.000	−.077	−7.520	.000	.857	1.167
	EAST	−.008	.003	−.026	−2.604	.009	.895	1.118
模型拟合参数	CENT	−.009	.003	−.029	−2.991	.003	.941	1.062
	DEBT	−.099	.008	−.137	−13.194	.000	.834	1.199
	NEMP	.002	.002	.018	1.268	.205	.463	2.159
	ECP	.052	.002	.283	25.099	.000	.704	1.421
	HPG	−.219	.006	−.387	−38.325	.000	.881	1.135
	R^2	.232	F	199.169	Sig.		0.000	

为了检验薪酬鸿沟与企业绩效指标 ROA 的关系，构建基于 OLS 的多元回归模型 2.5-2。应用该模型进行数据拟合，结果见表 2.5-5。

$$ROA_{i(t+1)} = \alpha + \sigma_1 FSIZE_{it} + \sigma_2 FSR_{it} + \sigma_3 RID_{it} + \sigma_4 RSB_{it} + \sigma_5 BDE_{it}$$
$$+ \sigma_6 NFE_{it} + \sigma_7 TIME_{it} + \sigma_8 EAST_{it} + \sigma_9 CENT_{it} + \sigma_{10} DEBT_{it}$$
$$+ \sigma_{11} NEMP_{it} + \sigma_{12} ECP_{it} + \sigma_{13} HPG_{it} + \varepsilon_{it}$$

（模型 2.5-2）

表 2.5-5 显示，HPG 对 ROA 的回归系数显著为负（Beta=−0.376，T=−40.491），表明本章测度的薪酬鸿沟指数对资产收益率具有显著抑制作用。该结果既在一定程度上证实了本章测度指标的有效性，又在一定程度上证实薪酬鸿沟现象在当前企业中真实存在。

表 2.5-5　法则效度检验：薪酬鸿沟指数（HPG）与企业绩效（ROA）关系分析结果

模型	变量	非标准化系数		标准系数	T	Sig.	共线性统计量	
		B	标准误差	Beta			容差	VIF
2.5-2	（常量）	−.194	.012		−16.342	.000		
	FSIZE	.003	.001	.057	3.950	.000	.362	2.762
	FSR	−.003	.005	−.007	−.574	.566	.571	1.751
	RID	−.037	.010	−.031	−3.507	.000	.964	1.038
	RSB	−.003	.010	−.003	−.322	.747	.990	1.010
	BDE	−.005	.003	−.019	−1.813	.070	.664	1.506
	NFE	.001	.001	.008	.885	.376	.945	1.058
	TIME	−.001	.000	−.087	−9.182	.000	.857	1.167
	EAST	−.003	.001	−.022	−2.374	.018	.895	1.118
	CENT	−.006	.001	−.048	−5.299	.000	.941	1.062
	DEBT	−.100	.003	−.339	−35.519	.000	.834	1.199
	NEMP	.003	.001	.057	4.472	.000	.463	2.159
	ECP	.022	.001	.291	27.997	.000	.704	1.421
	HPG	−.087	.002	−.376	−40.491	.000	.881	1.135
模型拟合参数	R^2	.348	F	351.952	Sig.		0.000	

为了检验薪酬鸿沟与企业绩效指标 EPS 的关系，构建基于 OLS 的多元回归模型 2.5-3。应用该模型进行数据拟合，结果见表 2.5-6。

$$EPS_{i(t+1)} = \alpha + \sigma_1 FSIZE_{it} + \sigma_2 FSR_{it} + \sigma_3 RID_{it} + \sigma_4 RSB_{it} + \sigma_5 BDE_{it}$$
$$+ \sigma_6 NFE_{it} + \sigma_7 TIME_{it} + \sigma_8 EAST_{it} + \sigma_9 CENT_{it} + \sigma_{10} DEBT_{it}$$
$$+ \sigma_{11} NEMP_{it} + \sigma_{12} ECP_{it} + \sigma_{13} HPG_{it} + \varepsilon_{it}$$

（模型 2.5-3）

表 2.5-6 显示，HPG 对 EPS 的回归系数显著为负（Beta=−0.311，T=−30.831），表明本章测度的薪酬鸿沟指数对每股收益具有显著抑制作用。该结果既在一定程度上证实了本章测度指标的有效性，又在一定程度上证实薪酬鸿沟现象在当前企业中真实存在。

为了检验薪酬鸿沟与企业绩效指标 PRICE 的关系，构建基于 OLS 的多元回归模型 2.5-4。应用该模型进行数据拟合，结果见表 2.5-7。

$$PRICE_{i(t+1)} = \alpha + \sigma_1 FSIZE_{it} + \sigma_2 FSR_{it} + \sigma_3 RID_{it} + \sigma_4 RSB_{it} + \sigma_5 BDE_{it}$$
$$+ \sigma_6 NFE_{it} + \sigma_7 TIME_{it} + \sigma_8 EAST_{it} + \sigma_9 CENT_{it} + \sigma_{10} DEBT_{it}$$
$$+ \sigma_{11} NEMP_{it} + \sigma_{12} ECP_{it} + \sigma_{13} HPG_{it} + \varepsilon_{it}$$

（模型 2.5-4）

表 2.5-6　法则效度检验：薪酬鸿沟指数（HPG）与企业绩效（EPS）关系分析结果

模型	变量	非标准化系数		标准系数	T	Sig.	共线性统计量	
		B	标准误差	Beta			容差	VIF
2.5-3	（常量）	−3.206	.127		−25.146	.000		
	FSIZE	.067	.007	.149	9.495	.000	.362	2.762
	FSR	−.077	.051	−.019	−1.513	.130	.571	1.751
	RID	−.264	.112	−.023	−2.362	.018	.964	1.038
	RSB	−.220	.103	−.020	−2.137	.033	.990	1.010
	BDE	−.070	.027	−.030	−2.568	.010	.664	1.506
	NFE	.029	.007	.043	4.395	.000	.945	1.058
	TIME	−.008	.001	−.074	−7.206	.000	.857	1.167
	EAST	−.074	.013	−.059	−5.888	.000	.895	1.118
	CENT	−.074	.013	−.056	−5.781	.000	.941	1.062
	DEBT	−.487	.030	−.167	−16.087	.000	.834	1.199
	NEMP	.032	.006	.070	5.047	.000	.463	2.159
	ECP	.215	.008	.290	25.725	.000	.704	1.421
	HPG	−.708	.023	−.311	−30.831	.000	.881	1.135
模型拟合参数	R^2	.232	F	198.988	Sig.		0.000	

表 2.5-7 显示，HPG 对 PRICE 的回归系数显著为负（Beta=−0.160，T=−15.026），表明本章测度的薪酬鸿沟指数对股票价格具有显著抑制作用。该结果既在一定程度上证实了本章测度指标的有效性，又在一定程度上证实薪酬鸿沟现象在当前企业中真实存在。

表 2.5-7　法则效度检验：薪酬鸿沟指数（HPG）与企业绩效（PRICE）关系分析结果

模型	变量	非标准化系数		标准系数	T	Sig.	共线性统计量	
		B	标准误差	Beta			容差	VIF
2.5-4	（常量）	1.753	.138		12.743	.000		
	FSIZE	−.070	.008	−.154	−9.260	.000	.362	2.762
	FSR	.058	.055	.014	1.048	.294	.571	1.751
	RID	−.295	.121	−.025	−2.445	.015	.964	1.038
	RSB	−.018	.111	−.002	−.158	.875	.990	1.010
	BDE	−.065	.029	−.027	−2.228	.026	.664	1.506
	NFE	.032	.007	.046	4.492	.000	.945	1.058
	TIME	−.008	.001	−.071	−6.537	.000	.857	1.167
	EAST	−.129	.014	−.101	−9.491	.000	.895	1.118
	CENT	.110	.014	.082	7.967	.000	.941	1.062
	DEBT	−.430	.033	−.145	−13.184	.000	.834	1.199
	NEMP	.026	.007	.056	3.784	.000	.463	2.159
	ECP	.213	.009	.283	23.686	.000	.704	1.421
	HPG	−.372	.025	−.160	−15.026	.000	.881	1.135
模型拟合参数	R^2	.140	F	107.453	Sig.		0.000	

为了检验薪酬鸿沟与企业综合绩效指标 CFP4 的关系，构建基于 OLS 的多元回归模型 2.5-5。应用该模型进行数据拟合，结果见表 2.5-8。

$$CFP_{4\ i(t+1)} = \alpha + \sigma_1 FSIZE_{it} + \sigma_2 FSR_{it} + \sigma_3 RID_{it} + \sigma_4 RSB_{it} + \sigma_5 BDE_{it}$$
$$+ \sigma_6 NFE_{it} + \sigma_7 TIME_{it} + \sigma_8 EAST_{it} + \sigma_9 CENT_{it} + \sigma_{10} DEBT_{it}$$
$$+ \sigma_{11} NEMP_{it} + \sigma_{12} ECP_{it} + \sigma_{13} HPG_{it} + \varepsilon_{it}$$

（模型 2.5-5）

表 2.5-8 显示，HPG 对 PRICE 的回归系数显著为负（Beta=-0.386，T=-43.488），表明本章测度的薪酬鸿沟指数对企业综合绩效指数具有显著抑制作用。该结果既在一定程度上证实了本章测度指标的有效性，又在一定程度上证实薪酬鸿沟现象在当前企业中真实存在。

表 2.5-8　法则效度检验：薪酬鸿沟指数（HPG）与企业绩效（CFP4）关系分析结果

模型	变量	非标准化系数		标准系数	T	Sig.	共线性统计量	
		B	标准误差	Beta			容差	VIF
2.5-5	（常量）	−7.586	.179		−42.347	.000		
	FSIZE	.183	.010	.256	18.462	.000	.362	2.762
	FSR	−.015	.072	−.002	−.206	.837	.571	1.751
	RID	−.387	.157	−.021	−2.460	.014	.964	1.038
	RSB	−.128	.145	−.007	−.884	.377	.990	1.010
	BDE	−.056	.038	−.015	−1.477	.140	.664	1.506
	NFE	.032	.009	.029	3.432	.001	.945	1.058
	TIME	−.014	.002	−.080	−8.926	.000	.857	1.167
	EAST	−.075	.018	−.037	−4.206	.000	.895	1.118
	CENT	−.075	.018	−.036	−4.182	.000	.941	1.062
	DEBT	−1.292	.042	−.277	−30.402	.000	.834	1.199
	NEMP	.049	.009	.066	5.401	.000	.463	2.159
	ECP	.383	.012	.325	32.689	.000	.704	1.421
	HPG	−1.403	.032	−.386	−43.488	.000	.881	1.135
模型拟合参数	R^2	.406	F	449.248	Sig.		.000	

此外,改变模型 2.5-1 至模型 2.5-4 中的自变量 HPG,应用基于薪酬水平比较的薪酬鸿沟指数 C_HPG,构建模型 2.5-1* 至模型 2.5-4*。回归结果汇总为表 2.5-9。结果未发生性质变化。

$$ROE_{i(t+1)} = \alpha + \sigma_1 FSIZE_{it} + \sigma_2 FSR_{it} + \sigma_3 RID_{it} + \sigma_4 RSB_{it} + \sigma_5 BDE_{it}$$
$$+ \sigma_6 NFE_{it} + \sigma_7 TIME_{it} + \sigma_8 EAST_{it} + \sigma_9 CENT_{it} + \sigma_{10} DEBT_{it}$$
$$+ \sigma_{11} NEMP_{it} + \sigma_{12} ECP_{it} + \sigma_{13} C\_HPG_{it} + \varepsilon_{it}$$

（模型 2.5-1*）

$$ROA_{i(t+1)} = \alpha + \sigma_1 FSIZE_{it} + \sigma_2 FSR_{it} + \sigma_3 RID_{it} + \sigma_4 RSB_{it} + \sigma_5 BDE_{it}$$
$$+ \sigma_6 NFE_{it} + \sigma_7 TIME_{it} + \sigma_8 EAST_{it} + \sigma_9 CENT_{it} + \sigma_{10} DEBT_{it}$$
$$+ \sigma_{11} NEMP_{it} + \sigma_{12} ECP_{it} + \sigma_{13} C\_HPG_{it} + \varepsilon_{it}$$

（模型 2.5-2*）

$$EPS_{i(t+1)} = \alpha + \sigma_1 FSIZE_{it} + \sigma_2 FSR_{it} + \sigma_3 RID_{it} + \sigma_4 RSB_{it} + \sigma_5 BDE_{it}$$
$$+ \sigma_6 NFE_{it} + \sigma_7 TIME_{it} + \sigma_8 EAST_{it} + \sigma_9 CENT_{it} + \sigma_{10} DEBT_{it}$$
$$+ \sigma_{11} NEMP_{it} + \sigma_{12} ECP_{it} + \sigma_{13} C\_HPG_{it} + \varepsilon_{it}$$

（模型 2.5-3*）

$$PRICE_{i(t+1)} = \alpha + \sigma_1 FSIZE_{it} + \sigma_2 FSR_{it} + \sigma_3 RID_{it} + \sigma_4 RSB_{it} + \sigma_5 BDE_{it}$$
$$+ \sigma_6 NFE_{it} + \sigma_7 TIME_{it} + \sigma_8 EAST_{it} + \sigma_9 CENT_{it} + \sigma_{10} DEBT_{it}$$
$$+ \sigma_{11} NEMP_{it} + \sigma_{12} ECP_{it} + \sigma_{13} C\_HPG_{it} + \varepsilon_{it}$$

（模型 2.5-4*）

表 2.5-9　模型 2.5-1* 至模型 2.5-4* 回归结果汇总表

	模型 2.5-1* ROE 为解释变量			模型 2.5-2* ROA 为解释变量			模型 2.5-3* EPS 为解释变量			模型 2.5-4* CFP4 为解释变量		
	标准化回归系数	Sig.	VIF	标准化回归系数	Sig.	VIF	标准化回归系数	Sig.	VIF	标准化回归系数	Sig.	VIF
（常量）		.000			.000			.000			.000	
FSIZE	.151	.000	2.717	.124	.000	2.717	.206	.000	2.717	.323	.000	2.717
FSR	−.002	.862	1.750	.019	.135	1.750	.003	.801	1.750	.023	.058	1.750
RID	−.029	.004	1.036	−.046	.000	1.036	−.035	.000	1.036	−.036	.000	1.036
RSB	.000	.981	1.010	−.002	.852	1.010	−.019	.053	1.010	−.006	.477	1.010
BDE	−.005	.683	1.505	−.002	.878	1.505	−.015	.205	1.505	.003	.781	1.505
NFE	.023	.029	1.059	.011	.263	1.059	.045	.000	1.059	.032	.000	1.059
TIME	−.113	.000	1.161	−.120	.000	1.161	−.101	.000	1.161	−.115	.000	1.161
EAST	−.015	.149	1.117	−.011	.274	1.117	−.050	.000	1.117	−.026	.007	1.117
CENT	−.035	.001	1.062	−.053	.000	1.062	−.061	.000	1.062	−.042	.000	1.062
DEBT	−.168	.000	1.190	−.374	.000	1.190	−.197	.000	1.190	−.312	.000	1.190
NEMP	−.006	.683	2.174	.026	.064	2.174	.041	.005	2.174	.035	.008	2.174
ECP	.255	.000	1.487	.248	.000	1.487	.250	.000	1.487	.283	.000	1.487
C_HPG	−.229	.000	1.216	−.182	.000	1.216	−.137	.000	1.216	−.194	.000	1.216
R^2	.144			.251			.162			.305		
$Aj\text{-}R^2$	.142			.249			.161			.304		
F 值	110.417			220.177			127.461			289.170		

此外,改变模型 2.5-1 至模型 2.5-4 中的自变量 HPG,应用基于薪酬水平比较的薪酬鸿沟指数 R_HPG,构建模型 2.5-1** 至模型 2.5-4**。回归结果汇总为表 2.5-10。结果未发生性质变化。

$$ROE_{i(t+1)} = \alpha + \sigma_1 FSIZE_{it} + \sigma_2 FSR + \sigma_3 RID_{it} + \sigma_4 RSB_{it} + \sigma_5 BDE_{it}$$
$$+ \sigma_6 NFE_{it} + \sigma_7 TIME_{it} + \sigma_8 EAST_{it} + \sigma_9 CENT_{it} + \sigma_{10} DEBT_{it}$$
$$+ \sigma_{11} NEMP_{it} + \sigma_{12} ECP_{it} + \sigma_{13} R\_HPG_{it} + \varepsilon_{it}$$

（模型 2.5-1**）

$$ROA_{i(t+1)} = \alpha + \sigma_1 FSIZE_{it} + \sigma_2 FSR_{it} + \sigma_3 RID_{it} + \sigma_4 RSB_{it} + \sigma_5 BDE_{it}$$
$$+ \sigma_6 NFE_{it} + \sigma_7 TIME_{it} + \sigma_8 EAST_{it} + \sigma_9 CENT_{it} + \sigma_{10} DEBT_{it}$$
$$+ \sigma_{11} NEMP_{it} + \sigma_{12} ECP_{it} + \sigma_{13} R\_HPG_{it} + \varepsilon_{it}$$

（模型 2.5-2**）

表 2.5-10　模型 2.5-1** 至模型 2.5-4** 回归结果汇总表

	模型 2.5-1** ROE 为解释变量			模型 2.5-2** ROA 为解释变量			模型 2.5-3** EPS 为解释变量			模型 2.5-4** CFP4 为解释变量		
	标准化回归系数	Sig.	VIF	标准化回归系数	Sig.	VIF	标准化回归系数	Sig.	VIF	标准化回归系数	Sig.	VIF
（常量）		.000			.000			.000			.000	
FSIZE	.100	.000	2.810	.064	.000	2.810	.160	.000	2.810	.267	.000	2.810
FSR	.016	.214	1.735	.031	.010	1.735	.013	.320	1.735	.037	.002	1.735
RID	-.024	.016	1.037	-.039	.000	1.037	-.030	.003	1.037	-.030	.001	1.037
RSB	.001	.910	1.010	-.002	.870	1.010	-.019	.053	1.010	-.006	.510	1.010
BDE	-.015	.207	1.506	-.012	.270	1.506	-.023	.051	1.506	-.007	.494	1.506
NFE	.021	.042	1.059	.010	.287	1.059	.044	.000	1.059	.031	.001	1.059
TIME	-.093	.000	1.165	-.101	.000	1.165	-.086	.000	1.165	-.096	.000	1.165
EAST	-.027	.012	1.121	-.024	.014	1.121	-.060	.000	1.121	-.038	.000	1.121
CENT	-.032	.002	1.063	-.050	.000	1.063	-.059	.000	1.063	-.039	.000	1.063
DEBT	-.169	.000	1.187	-.368	.000	1.187	-.192	.000	1.187	-.308	.000	1.187
NEMP	-.023	.109	2.141	.021	.123	2.141	.038	.009	2.141	.027	.040	2.141
ECP	.245	.000	1.442	.262	.000	1.442	.261	.000	1.442	.290	.000	1.442
R_HPG	-.228	.000	1.121	-.247	.000	1.121	-.187	.000	1.121	-.240	.000	1.121
R^2	.147			.278			.178			.326		

续表

	模型 2.5-1** ROE 为解释变量			模型 2.5-2** ROA 为解释变量			模型 2.5-3** EPS 为解释变量			模型 2.5-4** CFP4 为解释变量		
	标准化回归系数	Sig.	VIF	标准化回归系数	Sig.	VIF	标准化回归系数	Sig.	VIF	标准化回归系数	Sig.	VIF
Aj-R^2	.146			.277			.177			.325		
F 值	113.515			253.644			142.623			317.820		

$$EPS_{i(t+1)} = \alpha + \sigma_1 FSIZE_{it} + \sigma_2 FSR_{it} + \sigma_3 RID_{it} + \sigma_4 RSB_{it} + \sigma_5 BDE_{it}$$
$$+ \sigma_6 NFE_{it} + \sigma_7 TIME_{it} + \sigma_8 EAST_{it} + \sigma_9 CENT_{it} + \sigma_{10} DEBT_{it}$$
$$+ \sigma_{11} NEMP_{it} + \sigma_{12} ECP_{it} + \sigma_{13} R\_HPG_{it} + \varepsilon_{it}$$

（模型 2.5-3**）

$$PRICE_{i(t+1)} = \alpha + \sigma_1 FSIZE_{it} + \sigma_2 FSR_{it} + \sigma_3 RID_{it} + \sigma_4 RSB_{it} + \sigma_5 BDE_{it}$$
$$+ \sigma_6 NFE_{it} + \sigma_7 TIME_{it} + \sigma_8 EAST_{it} + \sigma_9 CENT_{it} + \sigma_{10} DEBT_{it}$$
$$+ \sigma_{11} NEMP_{it} + \sigma_{12} ECP_{it} + \sigma_{13} R\_HPG_{it} + \varepsilon_{it}$$

（模型 2.5-4**）

此外，改变模型 2.5-1 至模型 2.5-4 中的自变量 HPG，应用基于薪酬水平比较的薪酬鸿沟指数 G_HPG，构建模型 2.5-1*** 至模型 2.5-4***。回归结果汇总为表 2.5-11。结果未发生性质变化。

$$ROE_{i(t+1)} = \alpha + \sigma_1 FSIZE_{it} + \sigma_2 FSR_{it} + \sigma_3 RID_{it} + \sigma_4 RSB_{it} + \sigma_5 BDE_{it}$$
$$+ \sigma_6 NFE_{it} + \sigma_7 TIME_{it} + \sigma_8 EAST_{it} + \sigma_9 CENT_{it} + \sigma_{10} DEBT_{it}$$
$$+ \sigma_{11} NEMP_{it} + \sigma_{12} ECP_{it} + \sigma_{13} G\_HPG_{it} + \varepsilon_{it}$$

（模型 2.5-1***）

表 2.5-11 模型 2.5-1*** 至模型 2.5-4*** 回归结果汇总表

	模型 2.5-1*** ROE 为解释变量			模型 2.5-2*** ROA 为解释变量			模型 2.5-3*** EPS 为解释变量			模型 2.5-4*** CFP4 为解释变量		
	标准化回归系数	Sig.	VIF	标准化回归系数	Sig.	VIF	标准化回归系数	Sig.	VIF	标准化回归系数	Sig.	VIF
（常量）		.000			.000			.000			.000	
FSIZE	.163	.000	2.710	.133	.000	2.710	.211	.000	2.710	.333	.000	2.710
FSR	-.018	.158	1.750	-.002	.874	1.750	-.019	.129	1.750	.001	.906	1.750

续表

	模型 2.5-1*** ROE 为解释变量			模型 2.5-2*** ROA 为解释变量			模型 2.5-3*** EPS 为解释变量			模型 2.5-4*** CFP4 为解释变量		
RID	−.024	.015	1.036	−.039	.000	1.036	−.029	.003	1.036	−.029	.001	1.036
RSB	.007	.490	1.010	.004	.635	1.010	−.014	.133	1.010	.000	.992	1.010
BDE	−.026	.028	1.508	−.022	.044	1.508	−.034	.004	1.508	−.018	.078	1.508
NFE	.010	.310	1.059	−.001	.931	1.059	.035	.000	1.059	.020	.020	1.059
TIME	−.068	.000	1.175	−.077	.000	1.175	−.062	.000	1.175	−.070	.000	1.175
EAST	−.008	.458	1.117	−.004	.684	1.117	−.044	.000	1.117	−.018	.040	1.117
CENT	−.035	.000	1.062	−.053	.000	1.062	−.060	.000	1.062	−.041	.000	1.062
DEBT	−.162	.000	1.184	−.364	.000	1.184	−.184	.000	1.184	−.302	.000	1.184
NEMP	−.040	.004	2.122	.001	.945	2.122	.025	.070	2.122	.009	.480	2.122
ECP	.133	.000	1.339	.144	.000	1.339	.165	.000	1.339	.173	.000	1.339
G_HPG	−.337	.000	1.058	−.332	.000	1.058	−.306	.000	1.058	−.351	.000	1.058
R^2	.208			.328			.236			.391		
$Aj\text{-}R^2$	.207			.327			.234			.390		
F 值	173.061			320.840			202.853			422.214		

$$ROA_{i(t+1)} = \alpha + \sigma_1 FSIZE_{it} + \sigma_2 FSR_{it} + \sigma_3 RID_{it} + \sigma_4 RSB_{it} + \sigma_5 BDE_{it}$$
$$+ \sigma_6 NFE_{it} + \sigma_7 TIME_{it} + \sigma_8 EAST_{it} + \sigma_9 CENT_{it} + \sigma_{10} DEBT_{it}$$
$$+ \sigma_{11} NEMP_{it} + \sigma_{12} ECP_{it} + \sigma_{13} G\_HPG_{it} + \varepsilon_{it}$$

（模型 2.5-2***）

$$EPS_{i(t+1)} = \alpha + \sigma_1 FSIZE_{it} + \sigma_2 FSR_{it} + \sigma_3 RID_{it} + \sigma_4 RSB_{it} + \sigma_5 BDE_{it}$$
$$+ \sigma_6 NFE_{it} + \sigma_7 TIME_{it} + \sigma_8 EAST_{it} + \sigma_9 CENT_{it} + \sigma_{10} DEBT_{it}$$
$$+ \sigma_{11} NEMP_{it} + \sigma_{12} ECP_{it} + \sigma_{13} G\_HPG_{it} + \varepsilon_{it}$$

（模型 2.5-3***）

$$PRICE_{i(t+1)} = \alpha + \sigma_1 FSIZE_{it} + \sigma_2 FSR_{it} + \sigma_3 RID_{it} + \sigma_4 RSB_{it} + \sigma_5 BDE_{it}$$
$$+ \sigma_6 NFE_{it} + \sigma_7 TIME_{it} + \sigma_8 EAST_{it} + \sigma_9 CENT_{it} + \sigma_{10} DEBT_{it}$$
$$+ \sigma_{11} NEMP_{it} + \sigma_{12} ECP_{it} + \sigma_{13} G\_HPG_{it} + \varepsilon_{it}$$

（模型 2.5-4***）

以上所有结果均表明,薪酬鸿沟比企业规模、高管薪酬激励、资产负债率等传统的企业绩效决定指标更能够决定企业绩效水平,而且其影响效应是负向的。进一步,据此结果可推断,本章基于上市公司客观数据,开发的薪酬鸿沟度量指标体系可信且可靠。

2.5.5 基于薪酬鸿沟的企业绩效方差分析：独立样本 T 检验

在薪酬鸿沟均值处,将样本分为高薪酬鸿沟样本和低薪酬鸿沟样本,采用独立样本 T 检验,进行企业绩效方差分析。结果见表 2.5-12 和表 2.5-13。

表 2.5-12　基于薪酬鸿沟差异的独立样本 T 检验分组统计特征

	薪酬鸿沟指数	N	Mean	Std.Deviation	Std.Error Mean
ROE	>= .32	5103	.047 930 26	.180 459 213	.002 526 192
	< .32	3469	.097 027 66	.102 530 508	.001 740 808
ROA	>= .32	5103	.028 307 32	.066 415 386	.000 929 728
	< .32	3469	.050 587 26	.056 237 348	.000 954 823
EPS	>= .32	5103	.283 334	.692 740 1	.009 697 5
	< .32	3469	.389 544	.506 365 6	.008 597 3
PRICE	>= .32	5103	2.439 9	.633 03	.008 86
	< .32	3469	2.416 0	.646 65	.010 98
CFP4	>= .32	5103	−.117 739 0	1.083 599 17	.015 168 96
	< .32	3469	.173 197 5	.832 842 30	.014 140 37

独立样本 T 检验结果显示,高薪酬鸿沟状态下,样本平均绩效(不论采用何种指标)均明显低于低薪酬鸿沟状态下的绩效水平。再次验证了薪酬鸿沟的指标体系可靠性以及薪酬鸿沟对绩效的负向影响效应。

2.5.6 薪酬鸿沟与员工离职关系线性回归分析检验

为了检验薪酬鸿沟与员工离职率(TURNOVER)的关系,构建基于 OLS 的多元回归模型 2.5-6。应用该模型进行数据拟合,结果见表 2.5-14。其中,控制变量的选择,参考了郝冬梅等(2016)、石冠峰和雷良军(2016)、赵西萍等(2003)、张勉等(2003)以及叶仁荪等(2005)等文献的研究成果。

$$TURNOVER_{i(t+1)} = \alpha + \sigma_1 FSIZE_{it} + \sigma_2 FSR_{it} + \sigma_3 RID_{it} + \sigma_4 RSB_{it} + \sigma_5 BDE_{it}$$
$$+ \sigma_6 NFE_{it} + \sigma_7 TIME_{it} + \sigma_8 EAST_{it} + \sigma_9 CENT_{it} + \sigma_{10} DEBT_{it}$$
$$+ \sigma_{11} NEMP_{it} + \sigma_{12} ECP_{it} + \sigma_{13} HPG_{it} + \varepsilon_{it}$$

（模型 2.5-6）

表 2.5-13　基于薪酬鸿沟差异的企业绩效独立样本 T 检验结果

		Levene's Test for Equality of Variances		t-test for Equality of Means		
		F	Sig.	T	Sig.（2-tailed）	Mean Difference
ROE	Equal variances assumed	42.608	.000	−14.511	.000	−.049 097 404
	Equal variances not assumed			−16.004	.000	−.049 097 404
ROA	Equal variances assumed	.739	.390	−16.201	.000	−.022 279 935
	Equal variances not assumed			−16.718	.000	−.022 279 935
EPS	Equal variances assumed	10.917	.001	−7.734	.000	−.106 209 8
	Equal variances not assumed			−8.195	.000	−.106 209 8
PRICE	Equal variances assumed	6.653	.010	1.698	.090	.0238 6
	Equal variances not assumed			1.691	.091	.023 86
CFP4	Equal variances assumed	8.927	.003	−13.357	.000	−.290 936 52
	Equal variances not assumed			−14.029	.000	−.290 936 52

　　表 2.5-14 显示,HPG 对 TURNOVER 的回归系数显著为正(Beta=0.347,T=33.982),表明本章测度的薪酬鸿沟指数对员工离职率具有显著正向促进作用,不利于人才保留。该结果既在一定程度上证实了本章测度指标的有效性,又在一定程度上证实薪酬鸿沟现象在当前企业中真实存在。

表 2.5-14　法则效度检验:薪酬鸿沟指数（HPG）与员工离职（TURNOVER）
关系分析结果

模型	变量	非标准化系数		标准系数	T	Sig.	共线性统计量	
		B	标准误差	Beta			容差	VIF
2.5-5	（常量）	1.093	.099		11.055	.000		
	FSIZE	.002	.005	.007	.409	.682	.362	2.762

模型	变量	非标准化系数		标准系数	T	Sig.	共线性统计量	
		B	标准误差	Beta			容差	VIF
2.5–5	FSR	–.068	.005	–.193	–13.684	.000	.463	2.159
	RID	–.451	.040	–.145	–11.398	.000	.571	1.751
	RSB	.251	.087	.028	2.894	.004	.964	1.038
	BDE	–.567	.080	–.068	–7.082	.000	.990	1.010
	NFE	.062	.021	.035	2.964	.003	.664	1.506
	TIME	.030	.005	.059	5.992	.000	.945	1.058
	EAST	.001	.001	.009	.893	.372	.857	1.167
	CENT	.034	.010	.035	3.492	.000	.895	1.118
	DEBT	.024	.010	.024	2.416	.016	.941	1.062
	NEMP	–.027	.006	–.048	–4.192	.000	.704	1.421
	ECP	.051	.023	.023	2.178	.029	.834	1.199
	HPG	.605	.018	.347	33.982	.000	.881	1.135
模型拟合参数	R^2	.214	F	178.791	Sig.		.000	

为了检验基于薪酬水平比较的薪酬鸿沟指数（C_HPG）与员工离职率 TURNOVER 的关系，构建基于 OLS 的多元回归模型 2.5–7。应用该模型进行数据拟合，结果见表 2.5–15。

$$TURNOVER_{i(t+1)} = \alpha + \sigma_1 FSIZE_{it} + \sigma_2 FSR_{it} + \sigma_3 RID_{it} + \sigma_4 RSB_{it} + \sigma_5 BDE_{it}$$
$$+ \sigma_6 NFE_{it} + \sigma_7 TIME_{it} + \sigma_8 EAST_{it} + \sigma_9 CENT_{it} + \sigma_{10} DEBT_{it}$$
$$+ \sigma_{11} NEMP_{it} + \sigma_{12} ECP_{it} + \sigma_{13} C\_HPG_{it} + \varepsilon_{it}$$

（模型 2.5–7）

表 2.5–15 显示，C_HPG 对 TURNOVER 的回归系数显著为正（Beta=0.171，T=15.421），表明本章测度的基于薪酬比较的薪酬鸿沟指数（C_HPG）对员工离职率具有显著正向促进作用，不利于人才保留。该结果既在一定程度上证实了本章测度指标的有效性，又在一定程度上证实薪酬鸿沟现象在当前企业中真实存在。

表 2.5-15　法则效度检验：薪酬鸿沟指数（C_HPG）与员工离职（TURNOVER）
关系的分析结果

模型	变量	非标准化系数		标准系数	T	Sig.	共线性统计量	
		B	标准误差	Beat			容差	VIF
2.5-6	（常量）	1.307	.107		12.266	.000		
	FSIZE	−.019	.006	−.055	−3.289	.001	.368	2.717
	FSR	−.058	.005	−.164	−11.062	.000	.460	2.174
	RID	−.522	.042	−.167	−12.555	.000	.572	1.750
	RSB	.370	.091	.042	4.062	.000	.966	1.036
	BDE	−.574	.084	−.069	−6.829	.000	.990	1.010
	NFE	.033	.022	.019	1.502	.133	.665	1.505
	TIME	.029	.005	.056	5.443	.000	.944	1.059
	EAST	.003	.001	.040	3.721	.000	.861	1.161
	CENT	.024	.010	.025	2.371	.018	.896	1.117
	DEBT	.029	.010	.029	2.814	.005	.942	1.062
	NEMP	−.006	.007	−.010	−.791	.429	.672	1.487
	ECP	.121	.025	.054	4.920	.000	.841	1.190
	C_HPG	.237	.015	.171	15.421	.000	.822	1.216
模型拟合参数	R^2	.132	F	99.763	Sig.		.000	

为了检验基于回归估计比较的薪酬鸿沟指数（R_HPG）与员工离职率 TURNOVER 的关系，构建基于 OLS 的多元回归模型 2.5-8。应用该模型进行数据拟合，结果见表 2.5-16。

$$TURNOVER_{i(t+1)} = \alpha + \sigma_1 FSIZE_{it} + \sigma_2 FSR_{it} + \sigma_3 RID_{it} + \sigma_4 RSB_{it} + \sigma_5 BDE_{it}$$
$$+ \sigma_6 NFE_{it} + \sigma_7 TIME_{it} + \sigma_8 EAST_{it} + \sigma_9 CENT_{it} + \sigma_{10} DEBT_{it}$$
$$+ \sigma_{11} NEMP_{it} + \sigma_{12} ECP_{it} + \sigma_{13} R\_HPG_{it} + \varepsilon_{it}$$

（模型 2.5-8）

表 2.5-16 显示，R_HPG 对 TURNOVER 的回归系数显著为正（Beta=0.240，T=22.876），表明本章测度的基于回归估计的薪酬鸿沟指数（R_HPG）对员工离职率，具有显著正向促进作用，不利于人才保留。该结果既在一定程度上证实了本章测度指标的有效性，又在一定程度上证实薪酬鸿沟现象在当前企业中真实存在。

表2.5–16 法则效度检验：薪酬鸿沟指数（R_HPG）与员工离职（TURNOVER）
关系分析结果

模型	变量	非标准化系数		标准系数	T	Sig.	共线性统计量	
		B	标准误差	Beta			容差	VIF
2.5–7	（常量）	.934	.102		9.143	.000		
	FSIZE	.001	.006	.004	.247	.805	.356	2.810
	FSR	–.057	.005	–.161	–11.077	.000	.467	2.141
	RID	–.558	.041	–.179	–13.711	.000	.576	1.735
	RSB	.311	.090	.035	3.464	.001	.964	1.037
	BDE	–.575	.083	–.069	–6.954	.000	.990	1.010
	NFE	.052	.022	.029	2.375	.018	.664	1.506
	TIME	.029	.005	.057	5.592	.000	.945	1.059
	EAST	.002	.001	.021	2.009	.045	.859	1.165
	CENT	.037	.010	.038	3.623	.000	.892	1.121
	DEBT	.026	.010	.026	2.514	.012	.941	1.063
	NEMP	–.014	.007	–.025	–2.064	.039	.694	1.442
	ECP	.107	.024	.048	4.432	.000	.842	1.187
	R_HPG	.239	.010	.240	22.876	.000	.892	1.121
模型拟合参数	R^2	.159	F	124.371	Sig.		.000	

为了检验基于薪酬增长比较的薪酬鸿沟指数（G_HPG）与员工离职
率TURNOVER的关系，构建基于OLS的多元回归模型2.5–9。应用该模
型进行数据拟合，结果见表2.5–17。

$$TURNOVER_{i(t+1)} = \alpha + \sigma_1 FSIZE_{it} + \sigma_2 FSR_{it} + \sigma_3 RID_{it} + \sigma_4 RSB_{it} + \sigma_5 BDE_{it}$$
$$+ \sigma_6 NFE_{it} + \sigma_7 TIME_{it} + \sigma_8 EAST_{it} + \sigma_9 CENT_{it} + \sigma_{10} DEBT_{it}$$
$$+ \sigma_{11} NEMP_{it} + \sigma_{12} ECP_{it} + \sigma_{13} G\_HPG_{it} + \varepsilon_{it}$$

（模型2.5–9）

表2.5–17 法则效度检验：薪酬鸿沟指数（G_HPG）与员工离职（TURNOVER）
关系分析结果

模型	变量	非标准化系数		标准系数	T	Sig.	共线性统计量	
		B	标准误差	Beta			容差	VIF
2.5–8	（常量）	.632	.101		6.258	.000		

模型	变量	非标准化系数		标准系数	T	Sig.	共线性统计量	
		B	标准误差	Beta			容差	VIF
2.5–8	FSIZE	–.022	.006	–.063	–3.935	.000	.369	2.710
	FSR	–.049	.005	–.140	–9.843	.000	.471	2.122
	RID	–.472	.040	–.151	–11.726	.000	.571	1.750
	RSB	.325	.088	.037	3.680	.000	.965	1.036
	BDE	–.619	.081	–.075	–7.605	.000	.990	1.010
	NFE	.065	.021	.036	3.013	.003	.663	1.508
	TIME	.034	.005	.067	6.635	.000	.944	1.059
	EAST	.000	.001	.003	.281	.779	.851	1.175
	CENT	.018	.010	.019	1.843	.065	.896	1.117
	DEBT	.029	.010	.029	2.864	.004	.942	1.062
	NEMP	.048	.006	.086	7.573	.000	.747	1.339
	ECP	.106	.024	.047	4.457	.000	.845	1.184
	G_HPG	.370	.013	.286	28.535	.000	.945	1.058
模型拟合参数	R^2	.185	F	149.442		Sig.	.000	

表 2.5–17 显示，G_HPG 对 TURNOVER 的回归系数显著为正
（Beta=0.286，T=28.535），表明本章测度的基于薪酬增长比较的薪酬鸿沟
指数（G_HPG）对员工离职率具有显著正向促进作用，不利于人才保留。
该结果既在一定程度上证实了本章测度指标的有效性，又在一定程度上
证实薪酬鸿沟现象在当前企业中真实存在。

2.5.7　薪酬鸿沟与员工离职关系二元逻辑回归分析

由于员工离职率（TURNOVER）是一个 0、1 取值的虚拟变量，因此以
TURNOVER 为因变量的线性回归可能存在较大误差，更适合的回归模型
应该是二元逻辑回归。

因此，选择模型 2.5–6 中的自变量和控制变量，仍然沿用 TURNOVER
为因变量，构建二元逻辑回归模型 2.5–5*。数据拟合的结果间表 2.5–18。
结果显示，薪酬鸿沟仍然对员工离职有显著正向影响。二者关系不随数
据分析方法的改变而改变。

表2.5-18　薪酬鸿沟与员工离职关系二元逻辑回归分析结果（模型2.5-5*）

变量	B	S.E.	Wald	df	Sig.	Exp（B）
FSIZE	−.051	.031	2.762	1	.097	.950
NEMP	−.439	.028	248.230	1	.000	.645
FSR	−2.832	.222	163.102	1	.000	.059
RID	1.819	.503	13.071	1	.000	6.163
RSB	−3.757	.453	68.765	1	.000	.023
BDE	.319	.113	8.006	1	.005	1.375
NFE	.179	.027	43.070	1	.000	1.196
TIME	.014	.005	8.374	1	.004	1.014
EAST	.169	.054	9.697	1	.002	1.184
CENT	.125	.055	5.258	1	.022	1.134
ECP	−.217	.036	36.488	1	.000	.805
DEBT	.398	.130	9.391	1	.002	1.489
HPG	2.705	.104	682.725	1	.000	14.961
Constant	6.248	.569	120.511	1	.000	516.792
Model Summary	−2 Log likelihood	9229.927	Cox & Snell R Square	.208	Nagelkerke R Square	.284

2.6　CEO自主权视角下国有企业薪酬鸿沟形成机理检验：公司治理机制的调节效应

拟以国有上市公司的研究背景，试图验证CEO自主权在薪酬鸿沟形成过程中的作用，并检验独立董事比例、女性高管比例、股权集中度、公司规模等与公司治理相关的因素在调节CEO自主权与高管－员工薪酬差距、CEO自主权与薪酬鸿沟关系中的作用。

2.6.1 研究设计

2.6.1.1 样本数据和来源

本章研究数据均来自CSMAR国泰安金融数据库。为了使我们的研究结果更具有现实的借鉴意义,我们选取 2007-2015 年共 9 年沪深两市发行 A 股的国有企业上市公司所披露的数据为研究样本,剔除掉不符合本章研究范畴的公司,以剩下的公司为研究对象,剔除原则如下:

（1）剔除 ST 公司;（2）鉴于金融、保险类企业资产结构及经营管理的特殊性,剔除金融、保险行业类的上市公司;（3）剔除年报信息披露不全的公司。如年报中没披露高管报酬的公司;（4）剔除有极端值的样本公司。如果样本公司的数据过高或过低,将严重影响模型的有效性,因此剔除上述数据;（5）剔除数据不连续的公司。为了方便统计数据,我们要求样本企业是 2006 年前上市的公司,并且没有退市。

由于本章的研究样本需要跨年度,所以在数据筛选时,需要样本公司所有指标在跨年度内存在。根据 CSMAR 并经过筛选,最终得到沪深两市 485 家国有上市公司为研究对象,9 年总计 4365 条观测值。研究过程中主要使用了 Spss23 和 Excel 等统计软件。

2.6.1.2 变量操作定义

（1）CEO 自主权操作定义。CEO 自主权由职位权（SPP）、声望权（ERP）、专家权（EP）和所有权（OSP）共同衡量,具体见表 2.6-1。

表 2.6-1　CEO 自主权衡量指标汇总[①]

名称	变量代码	说明
职位权指数	SPP	两职兼任（SPP）与否来测量,兼任则设为 1,否则为 0
声望权指数	ERP	选取 CEO 年龄,高于平均年龄记为 1,否则为 0
专家权指数	EP	选取 CEO 任期,高于平均任期记为 1,否则为 0
所有权指数	OSP	采用 CEO 是否持股（OSP1）,拥有股份则设为 1,否则为 0
CEO 自主权指数	MDI	（SPP+ERP+EP+OSP）/4

来源:本研究整理所得。

（2）高管－员工薪酬差距操作定义。高管－员工薪酬差距（GAP）。国内外对高管－员工薪酬差距的定义有很多,但其中绝大多数是以高管平均薪酬与雇员平均薪酬之差的对数来衡量的,或以高管人员的平均薪

[①] 本部分研究还采用了第三章中构建的行业自主权、第四章构建的所有权、第五章构建的职位权、第六章构建的资源运作权,以及第七章构建的关联权指标体系,共同形成了经理自主权综合度量指标体系,对数据分析结果进行了再检验,实证结果一致。

酬与雇员的平均薪酬比值的对数来表示（王怀明，史晓明2010），绝对的高级管理人员与员工之间的薪酬差距可以用具体的差幅直接表示，而相对的高管－员工薪酬差距在数据处理上可以获得较大的优势，使数值偏差不会产生较大的差距。本章使用吕明月（2016）的见解计算高管与员工之间的薪酬差距，高管的平均工资是前三位高管的平均工资，普通雇员的平均薪酬等于雇员的总工资与普通雇员人数之比，一般雇员的薪酬总额等于支付给雇员和为雇员支付的现金总额减去董事、监事和高管的年薪总额，雇员的平均人数等于雇员总数与高级管理人员人数之差。为使本研究能比较现实地反映出管理层与员工间薪酬差距的绝对差异，在现有研究的基础上，本章以管理层与员工薪酬差距的绝对值作为主要衡量指标，相对高管－员工薪酬差距（eepr）作为替代性指标进行后续的稳健性检验。具体示下：

$$EEPD = \ln（高管平均薪酬 - 员工平均薪酬）$$
$$= \ln\left(\frac{高管前三名薪酬总额}{3} - \frac{员工年度薪酬总额}{员工人数 - 高管人数}\right)$$

$$EEPD = \ln（高管平均薪酬/员工平均薪酬）$$
$$= \ln\left(\frac{高管前三名薪酬总额}{3} \bigg/ \frac{员工年度薪酬总额}{员工人数 - 高管人数}\right)$$

（3）控制变量选择与定义。控制变量的选取情况如表2.6-2所示。

表2.6-2　变量定义表

变量类型	变量代码	变量名称	定义或计算
因变量	EEPD	高管－员工薪酬差距	高管平均薪酬与员工平均薪酬的差额的对数；高管平均薪酬与员工平均薪酬的比值的对数
自变量	MDI	CEO自主权	（SPP+ERP+EP+OSP）/4
控制变量	FSIZE	公司规模	总资产自然对数
	DEBT	资本结构	资产负债率＝负债总额/资产总额
	RID	独立董事比例	独立董事人数/董事会人数
	RFE 女性高管比例		女性高管人数/高管总数
	FSR	股权集中度	第一大股东持股数/股本总数
	BDE	股权制衡度	第二到第十大股东持股比例之和/第一大股东持股比例

变量类型	变量代码	变量名称	定义或计算
	CENT	是否央企	中央国企为 0,否则为 1
	EAST	注册地区(是否东部地区)	公司注册地东部 =1,否则为 0

2.6.1.3 描述性统计分析

（1）行业描述性统计分析

根据本章筛选标准,剔除金融、保险行业后,最终我们选择沪、深两市 A 股国有上市公司 485 家,形成 2007—2015 年共 4365 条的平衡面板数据,分别属于表 2.6-3 所示的几个行业。

表 2.6-3　样本公司所属行业统计

所属行业	数量
采矿业	126
电力、热力、燃气及水生产和供应业	414
房地产业	333
建筑业	135
交通运输、仓储和邮政业	306
科学研究和技术服务业	9
农、林、牧、渔业	72
批发和零售业	387
水利、环境和公共设施管理业	72
文化、体育和娱乐业	54
信息传输、软件和信息技术服务业	90
制造业	2223
住宿和餐饮业	36
综合	63
租赁和商务服务业	45
合计	4365

（2）企业所属地区分布情况

由图 2.6-1 所示,上海地区的企业最多,其次,北京和广东地区的企

业也较多,而青海,新疆等地区所在的企业较少。该样本与我国国有企业
地区分布特征基本吻合。

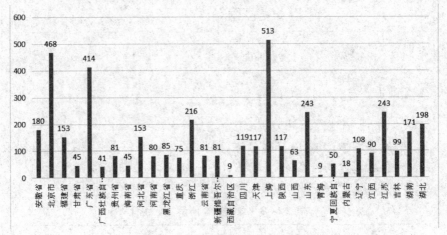

图 2.6-1　企业所属地区分布柱状图

（3）全样本描述性统计分析

如上所述,本章的全部样本包括我国 485 家 A 股国有上市公司连续
11 年的面板数据,数据总计 4365 条。为更好的把握样本数据的特征,继
而对整个样本数据进行了描述性统计分析。

表 2.6-4　全样本描述统计结果

变量名称	个案数	最小值	最大值	平均值	标准差
高管－员工绝对薪酬差距	4365	6.98	15.45	12.5790	.948 14
CEO 自主权	4365	.00	1.00	.3647	.223 78
公司规模	4365	20.3870	24.6224	22.270 405	1.183 230 7
资产负债率	4365	.1762	.8277	.528 783	.187 564 9
独立董事比例	4365	.30	.7143	.365 962	.051 092 6
女性高管比例	4365	.0000	1.0000	.126 767	.150 044 8
股权集中度	4365	.1590	.6324	.380 293	.139 035 5
股权制衡度	4365	.0552	.017018	.523 426	.478 598 8
是否东部地区	4365	0	1	.612	.4873
是否央企	4365	0	1	.610	.469

表 2.6-4 显示,在样本中,资产负债的最高值为 0.8277,最低值为
0.1762,但平均值基本为 0.50,表明中国国有企业的总体债务水平仍在合

理范围内,金融杠杆可以发挥适当的作用,标准差为 0.187,离散程度小,由此得知国有企业资产负债比率差异不大。东部地区国有上市公司占全国国有上市公司的比重为 61.2%,其中独立董事的比重平均为 36.6%,符合证监会发布的《上市公司治理准则》中设立独立董事的要求,90%的国有上市公司实现了两职分离。在本章中,股份集中的程度取最大股东所持股份的比例,平均为 0.380 29,而 0.139 的标准差则表明,国有企业最大股东所持股份比例较小,国有法人最大股东所持股份比例较大,反映了国有企业中国家控制管理的现状。对于长期激励国有企业薪酬结构的股权激励,由于现行的国有垄断企业股权激励制度尚处于试验阶段,大多数高管根本不拥有股权,即使他们持有股票,高管平均也只持有 0.1465% 的股票。在企业市场价值对高管股权激励不明显的情况下,与充分竞争的企业相比,中国国有企业高管通过提高企业价值获得更高报酬的动机较低。

2.6.1.4 相关性分析

在主要研究变量方面,CEO 自主权与薪酬鸿沟、高管 – 员工绝对薪酬差距、高管 – 员工相对薪酬差距在 0.01 的水平上显著相关,与公司所在地区,公司规模,股权集中度都在 0.01 的水平上显著相关;薪酬鸿沟与是否央企、女性高管比例、独立董事比例、股权制衡度、第一大股东持股比例、公司规模和资产负债率均有不同程度的相关性;高管 – 员工绝对薪酬差距与公司所在地区、股权制衡度、公司规模、是否央企在 0.01 的水平上显著相关;高管 – 员工相对薪酬差距与公司所在地区,股权集中度,股权制衡度,公司规模在 0.01 的水平上显著相关,与是否央企在 0.05 的水平上显著相关。

通过以上相关统计分析,可以得出本章中作为主要研究变量的 CEO 自主权与薪酬鸿沟以及高管 – 员工薪酬差距之间在 1% 的显著性水平上显著相关,为本章的后续回归分析提供了前提。此外,大多数控制变量与因变量有显著的相关性,表明本章中控制变量的选择是合理的。总的来说,解释变量与控制变量之间的相位系数不超过 0.5,表明基本上不存在多重共线性的问题。高管与员工之间的绝对薪酬差距与相对薪酬差距的相关性大于 0.5,但两者并不在同一模式中出现。拟作为调节变量的公司治理机制变量与作为自变量的 CEO 自主权、作为因变量的薪酬差距或薪酬鸿沟均呈现低于 0.5 的相关性,从统计分析的视角看,具有进行调节效应分析的前提。

表 2.6-5　主要变量的相关性分析结果

	MDI	EEPD	EEPR	EAST	CENT	RFE	RID	BDE	FSR	FSIZE	DEBT	HPG
MDI	1											
EEPD	.194**	1										
EEPR	.126**	.770**	1									
EAST	.071**	.200**	.049**	1								
CENT	.038*	-.085**	-.034*	.025	1							
RFE	-.009	.011	-.001	.089**	.122**	1						
RID	.019	.022	.000	-.090**	.007	.020	1					
BDE	.037*	.096**	.151**	-.087**	-.062**	.072**	-.063**	1				
FSR	-.114**	.005	-.107**	.109**	-.004	-.098**	.040**	-.675**	1			
FSIZE	.148**	.425**	.185**	.068**	-.066**	-.137**	.085**	-.032*	.234**	1		
DEBT	-.004	.017	-.003	-.094**	.044**	-.073**	.039*	.003	.000	.395**	1	
HPG	.442**	.453**	.407**	.007	.039**	.033*	.041**	.039**	-.123**	.027*	.108**	1

**. 在 0.01 水平（双侧）上显著相关。*. 在 0.05 水平（双侧）上显著相关。

2.6.2 公司治理机制对 CEO 自主权与高管－员工薪酬差距关系的调节效应分析

2.6.2.1 独立董事比例对 CEO 自主权与高管－员工薪酬差距关系的调节作用

以 CEO 自主权（MDI）为自变量，独立董事（RID）为调节变量，以高管－员工绝对薪酬差距（EEPD）为因变量，构建基于 OLS 的多元线性回归模型 2.6-1。其中，"Z"表示对原变量进行了 SPSS 统计软件中的"Z-Score"变化。

$$EEPD_{it} = \alpha + \gamma_1 MDI_{it} + \gamma_2 ZMDI_{it} * ZRID_{it} + \gamma_3 EAST_{it} + \gamma_4 CENT_{it} + \gamma_5 RFE_{it} + \gamma_6 RID_{it} + \gamma_7 BDE_{it} + \gamma_8 FSR_{it} + \gamma_9 FSIZE_{it} + \gamma_{10} DEBT_{it} + \varepsilon_{it}$$

（模型 2.6-1）

表 2.6-6　独立董事对于 CEO 自主权与高管－员工绝对薪酬差距（EEPD）关系的
调节作用

模型 B		非标准化系数		标准系数	T	Sig.
		标准 误差	Beta			
2.6-1	（常量）	4.370	.265		16.472	.000
	CEO 自主权	.182	.024	.105	7.698	.000
	独立董事调节	−.011	.012	−.012	−.920	.358
	是否东部地区	.302	.026	.156	11.439	.000
	是否央企	−.114	.027	−.056	−4.197	.000
	女性高管比例	.302	.086	.048	3.528	.000
	独立董事比例	.124	.250	.007	.497	.619
	股权制衡度	.153	.036	.077	4.200	.000
	股权集中度	−.378	.132	−.055	−2.857	.004
	公司规模	.381	.013	.476	30.167	.000
	资产负债率	−.756	.074	−.150	−10.158	.000

R^2=0.264，F=150.995，Sig.=.000；独立董事调节，即 CEO 自主权与独立董事的乘项。

模型拟合结果如表 2.6-6 所示，独立董事比例对于 CEO 自主权与高管－员工绝对薪酬差距的关系的调节作用在统计意义上不显著（Beta=−0.012，P=0.358）。此外，在考虑独立董事调节效应的条件下，独立董事比例对高管－员工绝对薪酬差距的直接效应亦不显著。因此，目前独立董事在调控企业内部薪酬差距方面，其功能并没有得到有效发挥。独立董事在薪酬决策方面的独立性是受到怀疑的。该研究结果与 Zhang Changzheng（2018）的研究发现是一致的，独立董事制度运行的有效性有待进一步加强。

2.6.2.2 女性高管比例对 CEO 自主权与高管－员工薪酬差距关系的调节作用

以 CEO 自主权（MDI）为自变量，女性高管比例（RFE）为调节变量，以高管－员工绝对薪酬差距（EEPD）为因变量，构建基于 OLS 的多元线性回归模型 2.6-2。

$$EEPD_{it}= \alpha +\gamma_1 MDI_{it}+\gamma_2 ZMDI_{it}*ZRID_{it}+\gamma_3 EAST_{it}+\gamma_4 CENT_{it}+\gamma_5 RFE_{it}+\gamma_6 RID_{it}+\gamma_7 BDE_{it}+ \gamma_8 FSR_{it}+\gamma_9 FSIZE_{it}+\gamma_{10} DEBT_{it}+\varepsilon_{it}$$

（模型 2.6-2）

回归结果如表 2.6-7 所示。女性高管比例对 CEO 自主权与高管 - 员工绝对薪酬差距关系的调节作用在统计意义上不显著（Beta=0.016，P=0.240）。但是，在考虑女性高管调节效应的前提下，女性高管比例对高管 - 员工薪酬差距的直接效应显著为正（Beta=0.048，P=0.000）。不论是女性高管自身，还是致力于管控薪酬差距的相关机构，对于女性高管这一倾向应当给予足够的关注。

表 2.6-7　女性高管对于 CEO 自主权与高管 - 员工绝对薪酬差距（EEPD）关系的调节作用

模型 B		非标准化系数		标准系数	T	Sig.
		标准 误差	Beta			
2.6-2	（常量）	4.377	.265		16.500	.000
	CEO 自主权	.181	.024	.105	7.634	.000
	女性高管调节	.014	.012	.016	1.174	.240
	是否东部地区	.303	.026	.156	11.462	.000
	是否央企	−.114	.027	−.056	−4.202	.000
	女性高管比例	.302	.086	.048	3.525	.000
	独立董事比例	.119	.250	.006	.476	.634
	股权制衡度	.153	.036	.078	4.208	.000
	股权集中度	−.385	.132	−.056	−2.915	.004
	公司规模	.381	.013	.476	30.161	.000
	资产负债率	−.757	.074	−.150	−10.177	.000

R^2=0.264，F=151.267，Sig=.000；女性高管调节，即 CEO 自主权与女性高管比例的乘项。

2.6.2.3 股权集中度对 CEO 自主权与高管 - 员工薪酬差距关系的调节作用

以 CEO 自主权（MDI）为自变量，第一大持股比例（FSR）为调节变量，以高管 - 员工绝对薪酬差距（EEPD）为因变量，构建基于 OLS 的多元线性回归模型 2.6-3。

$$EEPD_{it}=\alpha+\gamma_1 MDI_{it}+\gamma_2 ZMDI_{it}*ZFSR_{it}+\gamma_3 EAST_{it}+\gamma_4 CENT_{it}+\gamma_5 RFE_{it}+\gamma_6 RID_{it}+\gamma_7 BDE_{it}+\gamma_8 FSR_{it}+\gamma_9 FSIZE_{it}+\gamma_{10} DEBT_{it}+\varepsilon_{it}$$

（模型 2.6-3）

回归结果如表 2.6-8 所示。股权集中度对于 CEO 自主权与高管 - 员工绝对薪酬差距的关系的调节作用在 0.05 的水平上有显著负向影响

（Beta=-0.031，P=0.019），股权集中度会负向调节 CEO 自主权与高管 -
员工绝对薪酬差距的关系，即股权集中度越高，CEO 自主权对高管 - 员
工绝对薪酬差距的正向影响越小。显然，股权集中度对薪酬差距的影响，
不仅直接效应显著，而且能够通过影响 CEO 自主权的倾向，间接抑制薪
酬差距的扩张。未来的公司治理实践中，对此效应应当做充分的利用。

表2.6-8　股权集中度对 CEO 自主权与高管 - 员工绝对薪酬差距（EEPD）关系的
调节作用

模型 B		非标准化系数		标准系数	T	Sig.
		标准 误差	Beta			
2.6–3	（常量）	4.385	.265		16.536	.000
	CEO 自主权	.177	.024	.103	7.486	.000
	股权集中度调节	−.029	.012	−.031	−2.343	.019
	是否东部地区	.303	.026	.156	11.499	.000
	是否央企	−.115	.027	−.057	−4.240	.000
	女性高管比例	.314	.086	.050	3.665	.000
	独立董事比例	.126	.250	.007	.506	.613
	股权制衡度	.155	.036	.079	4.263	.000
	股权集中度	−.372	.132	−.054	−2.818	.005
	公司规模	.380	.013	.474	30.086	.000
	资产负债率	−.760	.074	−.150	−10.217	.000

R^2=0.265，F=151.626，Sig=.000；股权集中度调节，即 CEO 自主权与第一大股东持股
比例的乘项。

2.6.2.4 股权制衡度对 CEO 自主权与高管 - 员工薪酬差距关系的调
节作用

以 CEO 自主权（MDI）为自变量，股权制衡度（BDE）为调节变量，以
高管 - 员工绝对薪酬差距（EEPD）为因变量，构建基于 OLS 的多元线性
回归模型 2.6-4。

$EEPD_{it} = \alpha + \gamma_1 MDI_{it} + \gamma_2 ZMDI_{it}*ZBDE_{it} + \gamma_3 EAST_{it} + \gamma_4 CENT_{it} + \gamma_5 RFE_{it} + \gamma_6 RID_{it} + \gamma_7 BDE_{it} + \gamma_8 FSR_{it} + \gamma_9 FSIZE_{it} + \gamma_{10} DEBT_{it} + \varepsilon_{it}$

（模型 2.6-4）

表 2.6-9 股权制衡度对于 CEO 自主权与高管 - 员工绝对薪酬差距（EEPD）关系的调节作用

模型 B		非标准化系数		标准系数	T	Sig.
		标准 误差	Beta			
	（常量）	4.390	.265		16.553	.000
	CEO 自主权	.179	.024	.104	7.566	.000
	股权制衡度调节	.028	.013	.030	2.241	.025
	是否东部地区	.303	.026	.156	11.488	.000
	是否央企	-.111	.027	-.055	-4.111	.000
2.6-4	女性高管比例	.310	.086	.049	3.620	.000
	独立董事比例	.121	.250	.006	.485	.628
	股权制衡度	.153	.036	.077	4.194	.000
	股权集中度	-.382	.132	-.056	-2.893	.004
	公司规模	.380	.013	.475	30.083	.000
	资产负债率	-.757	.074	-.150	-10.171	.000

R^2=0.265, F=151.562, Sig=.000; 股权制衡度调节, 即 CEO 自主权与股权制衡度的乘项。

回归结果如表 2.6-9 所示。股权制衡度对于 CEO 自主权与高管 - 员工绝对薪酬差距的关系的调节作用在 0.05 的水平上有显著正向影响（Beta=0.030, P=0.025），股权制衡度会正向调节 CEO 自主权与高管 - 员工绝对薪酬差距的关系，即股权制衡度越高，CEO 自主权对于高管 - 员工绝对薪酬差距的正向影响越大。股权制衡对高管 - 员工薪酬差距的影响效应与股权集中度相比，是截然相反的。这可以表明，第二大股东与第一大股东之间在很多决策事项上，是持有截然相反观点的。该数据分析结果证实了"制衡"的真实存在性。

2.6.2.5 公司规模对 CEO 自主权与高管 - 员工薪酬差距关系的调节作用

以 CEO 自主权（MDI）为自变量，公司规模（FSIZE）为调节变量，以高管 - 员工绝对薪酬差距（EEPD）为因变量，构建基于 OLS 的多元线性回归模型 2.6-5。

$$EEPD_{it} = \alpha + \gamma_1 MDI_{it} + \gamma_2 ZMDI_{it}*ZFSIZE_{it} + \gamma_3 EAST_{it} + \gamma_4 CENT_{it} + \gamma_5 RFE_{it} + \gamma_6 RID_{it} + \gamma_7 BDE_{it} + \gamma_8 FSR_{it} + \gamma_9 FSIZE_{it} + \gamma_{10} DEBT_{it} + \varepsilon_{it}$$

（模型 2.6-5）

　　回归结果如表 2.6-10 所示。公司规模对 CEO 自主权与高管－
员工绝对薪酬差距的关系的正向调节作用,在 0.01 的水平上显著
(Beta=0.037, P=0.006),公司规模会正向调节 CEO 自主权与高管－员工
绝对薪酬差距的关系,即公司规模越大,CEO 自主权对于高管－员工绝
对薪酬差距的正向影响越大。显然,公司规模不仅对薪酬差距有着直接
促进效应,其通过 CEO 自主权的间接促进效应也显著。目前为止,从影
响效应强度上看,公司规模对薪酬差距的影响效应是所有控制变量当中
最强的。

表 2.6-10　公司规模对于 CEO 自主权与高管－员工绝对薪酬差距(EEPD)关系
的调节作用

模型 B		非标准化系数		标准系数	T	Sig.
		标准 误差	Beta			
2.6-5	(常量)	4.389	.265		16.556	.000
	CEO 自主权	.182	.024	.105	7.703	.000
	公司规模调节	.035	.013	.037	2.754	.006
	是否东部地区	.306	.026	.158	11.599	.000
	是否央企	-.114	.027	-.057	-4.211	.000
	女性高管比例	.298	.086	.047	3.474	.001
	独立董事比例	.102	.249	.005	.408	.683
	股权制衡度	.151	.036	.076	4.148	.000
	股权集中度	-.369	.132	-.054	-2.797	.005
	公司规模	.380	.013	.475	30.100	.000
	资产负债率	-.753	.074	-.149	-10.129	.000

R^2=0.265, F=151.911, Sig=.000;公司规模调节,即 CEO 自主权与企业总资产对数的
乘项。

2.6.2.6 资产负债率对 CEO 自主权与高管－员工薪酬差距关系的调节作用

　　以 CEO 自主权(MDI)为自变量,资产负债率(DEBT)为调节变量,
以高管－员工绝对薪酬差距(EEPD)为因变量,构建基于 OLS 的多元线
性回归模型 2.6-6。

$$EEPD_{it}= \alpha +\gamma_1 MDI_{it}+\gamma_2 ZMDI_{it}*ZDEBT_{it}+\gamma_3 EAST_{it}+\gamma_4 CENT_{it}+\gamma_5 RFE_{it}+\gamma_6 RID_{it}+\gamma_7 BDE_{it}+\gamma_8 FSR_{it}+\gamma_9 FSIZE_{it}+\gamma_{10} DEBT_{it}+\varepsilon_{it}$$

(模型 2.6-6)

如表 2.6-11 所示,资产负债率对于 CEO 自主权与高管 - 员工绝对薪酬差距的关系的调节作用在统计意义上无显著影响(Beta=0.015,P=0.259)。可见,资产负债率对高管 - 员工薪酬差距只有直接影响效应且显著为负(Beta=-0.150,P=0.000)。即资产负债率越高,企业内部薪酬差距越高,债权人能够对薪酬差距产生直接影响。

表 2.6-11　资产负债率对于 CEO 自主权与高管 - 员工绝对薪酬差距（EEPD）关系的调节作用

模型 B		非标准化系数		标准系数	T	Sig.
		标准 误差	Beta			
	（常量）	4.376	.265		16.495	.000
	CEO 自主权	.182	.024	.105	7.689	.000
	资产负债率调节	.014	.012	.015	1.129	.259
	是否东部地区	.304	.026	.156	11.498	.000
	是否央企	-.114	.027	-.057	-4.213	.000
2.6-6	女性高管比例	.305	.086	.048	3.556	.000
	独立董事比例	.102	.250	.005	.407	.684
	股权制衡度	.154	.036	.078	4.216	.000
	股权集中度	-.375	.132	-.054	-2.833	.005
	公司规模	.381	.013	.476	30.172	.000
	资产负债率	-.758	.074	-.150	-10.179	.000

R^2=0.264,F=151.053,Sig=.000;资产负债率调节,即 CEO 自主权与资产负债率的乘项。

2.6.2.7 是否东部地区对 CEO 自主权与高管 - 员工薪酬差距关系的调节作用

以 CEO 自主权（MDI）为自变量,所在地区（EAST）为调节变量,以高管 - 员工绝对薪酬差距（EEPD）为因变量,构建基于 OLS 的多元线性回归模型 2.6-7。

$$EEPD_{it}= \alpha +\gamma_1 MDI_{it}+\gamma_2 ZMDI_{it}*ZCENT_{it}+\gamma_3 EAST_{it}+\gamma_4 CENT_{it}+\gamma_5 RFE_{it}+\gamma_6 RID_{it}+\gamma_7 BDE_{it}+ \gamma_8 FSR_{it}+\gamma_9 FSIZE_{it}+\gamma_{10} DEBT_{it}+\varepsilon_{it}$$

（模型 2.6-7）

如表 2.6-12 所示,是否东部地区对于 CEO 自主权与高管 - 员工绝对薪酬差距的关系的调节作用在统计意义上无显著影响(Beta=0.013,

P=0.331）。即公司所在地区无论是否在东部，其对于 CEO 自主权对高管 –
员工绝对薪酬差距的正向效应无影响。东部地区的国有企业确实拥有相
对更高水平的高管 – 员工薪酬差距。

表 2.6–12　是否东部地区对于 CEO 自主权与高管 – 员工绝对薪酬差距（EEPD）
关系的调节作用

模型 B		非标准化系数		标准系数	T	Sig.
		标准 误差	Beta			
2.6–7	（常量）	4.357	.266		16.391	.000
	CEO 自主权	.181	.024	.105	7.653	.000
	地区调节	.012	.013	.013	.973	.331
	是否东部地区	.304	.026	.157	11.507	.000
	是否央企	–.112	.027	–.056	–4.121	.000
	女性高管比例	.301	.086	.048	3.507	.000
	独立董事比例	.121	.250	.006	.484	.628
	股权制衡度	.153	.036	.077	4.188	.000
	股权集中度	–.383	.132	–.056	–2.898	.004
	公司规模	.381	.013	.477	30.194	.000
	资产负债率	–.758	.074	–.150	–10.183	.000

R^2=0.264，F=151.009，Sig.=.000；地区调节，即 CEO 自主权与是否东部地区的乘项。

2.6.2.8 是否央企对 CEO 自主权与高管 – 员工薪酬差距关系的调节
作用

以 CEO 自主权（MDI）为自变量，是否央企（CENT）为调节变量，以
高管 – 员工绝对薪酬差距（EEPD）为因变量，构建基于 OLS 的多元线性
回归模型 2.6–8。

$$EEPD_{it}= \alpha +\gamma_1 MDI_{it}+\gamma_2 ZMDI_{it}*ZNSB_{it}+\gamma_3 EAST_{it}+\gamma_4 CENT_{it}+\gamma_5 RFE_{it}+\gamma_6 RID_{it}+\gamma_7 BDE_{it}+ \gamma_8 FSR_{it}+\gamma_9 FSIZE_{it}+\gamma_{10} DEBT_{it}+\varepsilon_{it}$$

（模型 2.6–8）

如表 2.6–13 所示，是否央企对于 CEO 自主权与高管 – 员工绝对
薪酬差距的关系的调节作用在统计意义上无显著影响（Beta=0.012，
P=0.381）。即公司无论是否是央企，其对于 CEO 自主权对高管 – 员工绝
对薪酬差距的正向效应无影响。因为对央企的编码设为 0，而对地方国
企的编码为 1。所以，表 2.6–13 中的结果意味着，央企身份将提升其高管 –

员工绝对薪酬差距。

表 2.6–13　是否央企对于 CEO 自主权与高管－员工绝对薪酬差距（EEPD）关系
的调节作用

模型B		非标准化系数		标准系数	T	Sig.
		标准	误差 Beta			
2.6–8	（常量）	4.368	.265		16.465	.000
	CEO 自主权	.180	.024	.104	7.608	.000
	是否央企调节	.011	.013	.012	.876	.381
	是否东部地区	.305	.026	.157	11.511	.000
	是否央企	−.112	.027	−.056	−4.151	.000
	女性高管比例	.302	.086	.048	3.519	.000
	独立董事比例	.115	.250	.006	.461	.645
	股权制衡度	.155	.037	.079	4.252	.000
	股权集中度	−.374	.132	−.054	−2.827	.005
	公司规模	.381	.013	.476	30.171	.000
	资产负债率	−.759	.074	−.150	−10.197	.000

R^2=0.264, F=150.984, Sig.=.000；是否央企调节，即 CEO 自主权与是否央企的乘项。

2.6.2.9 监事会规模对 CEO 自主权与高管－员工薪酬差距关系的调节作用

以 CEO 自主权（MDI）为自变量，监事会规模（NSB）为调节变量，以高管－员工绝对薪酬差距（EEPD）为因变量，构建基于 OLS 的多元线性回归模型 2.6–9。

$EEPD_{it} = \alpha + \gamma_1 MDI_{it} + \gamma_2 ZMDI_{it}*ZRID_{it} + \gamma_3 EAST_{it} + \gamma_4 CENT_{it} + \gamma_5 RFE_{it} + \gamma_6 RID_{it} + \gamma_7 BDE_{it} + \gamma_8 FSR_{it} + \gamma_9 FSIZE_{it} + \gamma_{10} DEBT_{it} + \varepsilon_{it}$

（模型 2.6–9）

如表 2.6–14 所示，监事会规模对于 CEO 自主权与高管－员工绝对薪酬差距的关系的调节作用在 0.01 的水平上具有显著正向影响（Beta=0.038，P=0.004）。即监事会规模越大，CEO 自主权对于高管－员工绝对薪酬差距的正向影响越大。

此外，本研究还运用监事比例，即监事会规模与高管团队规模的比值，来考察监事会对 CEO 自主权与高管－员工薪酬差距关系的调节效应。结果表明，监事比例对于 CEO 自主权与高管－员工绝对薪酬差距的关系的调节作用在 0.01 的水平上亦具有显著正向影响。

表 2.6-14　监事会规模对于 CEO 自主权与高管 - 员工绝对薪酬差距（EEPD）关系的调节作用

模型 B		非标准化系数		标准系数	T	Sig.
		标准 误差	Beta			
2.6-9	（常量）	4.391	.265		16.544	.000
	CEO 自主权	.181	.024	.105	7.685	.000
	监事会调节	.034	.012	.038	2.896	.004
	是否东部地区	.301	.027	.155	11.312	.000
	是否央企	-.113	.027	-.056	-4.184	.000
	女性高管比例	.290	.086	.046	3.384	.001
	独立董事比例	.103	.250	.006	.413	.679
	股权制衡度	.156	.037	.079	4.282	.000
	股权集中度	-.372	.132	-.054	-2.812	.005
	公司规模	.381	.013	.476	29.559	.000
	资产负债率	-.747	.074	-.148	-10.028	.000
	监事会人数	-.008	.010	-.011	-.766	.444

R^2=0.265, F=138.232, Sig=.000；监事会调节，即 CEO 自主权与监事会规模的乘项。

2.6.3 公司治理机制对 CEO 自主权与薪酬鸿沟关系的调节效应分析

2.6.3.1 独立董事比例对 CEO 自主权与薪酬鸿沟关系的调节效应分析

以 CEO 自主权（MDI）为自变量，独立董事（RID）为调节变量，以薪酬鸿沟（HPG）为因变量，构建基于 OLS 的多元线性回归模型 2.6-10。

$$HPG_{it}= \alpha +\gamma_1 MDI_{it}+\gamma_2 ZMDI_{it}*ZRID_{it}+\gamma_3 EAST_{it}+\gamma_4 CENT_{it}+\gamma_5 RFE_{it}+\gamma_6 RID_{it}+\gamma_7 BDE_{it}+\gamma_8 FSR_{it}+\gamma_9 FSIZE_{it}+\gamma_{10} DEBT_{it}+\varepsilon_{it}$$

（模型 2.6-10）

模型拟合结果如表 2.6-15 所示，独立董事比例对于 CEO 自主权与薪酬鸿沟的关系的调节作用在统计意义上不显著（Beta=-0.005，P=0.723）。此外，在考虑独立董事调节效应的条件下，独立董事比例对薪酬鸿沟的直接效应亦不显著。因此，目前独立董事在抑制企业内部薪酬鸿沟方面毫无作用。

表2.6-15　独立董事对CEO自主权与薪酬鸿沟（HPG）关系的调节作用

模型 B		非标准化系数		标准系数	T	Sig.
		标准 误差	Beta			
2.6-10	（常量）	−.188	.060		−3.165	.002
	EAST	.008	.007	.015	1.101	.271
	CENT	.021	.007	.038	2.914	.004
	RFE	.019	.004	.064	4.854	.000
	RID	.080	.068	.016	1.182	.237
	BDE	−.018	.016	−.018	−1.124	.261
	FSR	−.185	.030	−.104	−6.158	.000
	FSIZE	.009	.003	.049	3.184	.001
	DEBT	.304	.021	.232	14.626	.000
	MDI	.579	.016	.536	35.214	.000
	ZRID*ZMDI	−.001	.003	−.005	−.355	.723

$R^2=0.265$，$F=157.325$，Sig.=.000。

2.6.3.2 女性高管比例对CEO自主权与薪酬鸿沟关系的调节作用

以CEO自主权（MDI）为自变量，女性高管比例（RFE）为调节变量，以薪酬鸿沟（HPG）为因变量，构建基于OLS的多元线性回归模型2.6-11。

$$HPG_{it}=\alpha+\gamma_1 MDI_{it}+\gamma_2 ZMDI_{it}*ZRFE_{it}+\gamma_3 EAST_{it}+\gamma_4 CENT_{it}+\gamma_5 RFE_{it}+\gamma_6 RID_{it}+\gamma_7 BDE_{it}+\gamma_8 FSR_{it}+\gamma_9 FSIZE_{it}+\gamma_{10} DEBT_{it}+\varepsilon_{it}$$

（模型2.6-11）

回归结果如表2.6-16所示。女性高管比例对CEO自主权与薪酬鸿沟关系的调节作用在统计意义上不显著（Beta=−0.002，P=0.876）。但是，在考虑女性高管调节效应的前提下，女性高管比例对薪酬鸿沟的直接效应显著为正（Beta=0.065，P=0.000）。不论是女性高管自身，还是致力于管控薪酬差距的相关机构，对于女性高管这一倾向应当给予足够的关注。

表2.6-16　女性高管对于CEO自主权与薪酬鸿沟（HPG）关系的调节作用

模型 B		非标准化系数		标准系数	T	Sig.
		标准 误差	Beta			
2.6-11	（常量）	−.188	.060		−3.165	.002
	EAST	.008	.007	.015	1.113	.266

续表

模型 B		非标准化系数		标准系数	T	Sig.
		标准 误差	Beta			
2.6–11	CENT	.021	.007	.038	2.915	.004
	RFE	.019	.004	.065	4.814	.000
	RID	.079	.067	.015	1.164	.244
	BDE	−.018	.016	−.018	−1.129	.259
	FSR	−.185	.030	−.104	−6.157	.000
	FSIZE	.009	.003	.049	3.190	.001
	DEBT	.304	.021	.232	14.619	.000
	MDI	.579	.016	.536	35.216	.000
	ZRFE*ZMDI	.000	.003	−.002	−.157	.876

$R^2=0.265$, $F=157.311$, Sig=.000。

2.6.3.3 股权集中度对CEO自主权与薪酬鸿沟关系的调节作用

以CEO自主权（MDI）为自变量，第一大持股比例（FSR）为调节变量，以薪酬鸿沟（HPG）为因变量，构建基于OLS的多元线性回归模型2.6–12。

$$HPG_{it}= \alpha +\gamma_1 MDI_{it}+\gamma_2 ZMDI_{it}*ZFSR_{it}+\gamma_3 EAST_{it}+\gamma_4 CENT_{it}+\gamma_5 RFE_{it}+\gamma_6 RID_{it}+\gamma_7 BDE_{it}+\gamma_8 FSR_{it}+\gamma_9 FSIZE_{it}+\gamma_{10} DEBT_{it}+\varepsilon_{it}$$

（模型2.6–12）

回归结果如表2.6–17所示。股权集中度对CEO自主权与薪酬鸿沟的关系的调节作用在0.05的水平上有显著负向影响（Beta=-0.069，$P=0.000$），股权集中度会显著负向调节CEO自主权与薪酬鸿沟的关系，即股权集中度越高，CEO自主权对于薪酬鸿沟的正向影响越小。显然，股权集中度不仅直接效应显著，而且能够通过影响CEO自主权的倾向间接抑制薪酬鸿沟的扩张。未来的公司治理实践中，对此效应做充分的利用。

表2.6–17 股权集中度对CEO自主权与薪酬鸿沟（HPG）关系的调节作用

模型 B		非标准化系数		标准系数	T	Sig.
		标准 误差	Beta			
2.6–12	（常量）	−.180	.059		−3.041	.002
	EAST	.009	.007	.017	1.258	.208
	CENT	.021	.007	.038	2.867	.004

续表

模型 B		非标准化系数		标准系数	T	Sig.
		标准 误差	Beta			
2.6-12	RFE	.020	.004	.068	5.125	.000
	RID	.087	.067	.017	1.291	.197
	BDE	−.015	.016	−.015	−.938	.348
	FSR	−.175	.030	−.098	−5.844	.000
	FSIZE	.008	.003	.044	2.907	.004
	DEBT	.307	.021	.234	14.839	.000
	MDI	.574	.016	.532	35.018	.000
	ZFSR*ZMDI	−.017	.003	−.069	−5.292	.000

$R^2 = 0.270$, $F = 161.120$, Sig. = .000。

2.6.3.4 股权制衡度对于CEO自主权与薪酬鸿沟关系的调节作用

以CEO自主权（MDI）为自变量，股权制衡度（BDE）为调节变量，以薪酬鸿沟（HPG）为因变量，构建基于OLS的多元线性回归模型2.6-13。

$$HPG_{it} = \alpha + \gamma_1 MDI_{it} + \gamma_2 ZMDI_{it} * ZBDE_{it} + \gamma_3 EAST_{it} + \gamma_4 CENT_{it} + \gamma_5 RFE_{it} + \gamma_6 RID_{it} + \gamma_7 BDE_{it} + \gamma_8 FSR_{it} + \gamma_9 FSIZE_{it} + \gamma_{10} DEBT_{it} + \varepsilon_{it}$$

（模型2.6-13）

回归结果如表2.6-18所示。股权制衡度对于CEO自主权与薪酬鸿沟的关系的调节作用在0.05的水平上有显著正向影响（Beta=0.030，P=0.025），股权制衡度会正向调节CEO自主权与薪酬鸿沟的关系，即股权制衡度越高，CEO自主权对于薪酬鸿沟的正向影响越大。股权制衡对薪酬鸿沟的影响效应与股权集中度相比，是相反的。这可以表明，第二大股东与第一大股东在很多决策事项上，是持有截然相反观点的。该事实再次证实了大股东之间"制衡"的真实存在性。

表2.6-18　股权制衡度对CEO自主权与薪酬鸿沟（HPG）关系的调节作用

模型 B		非标准化系数		标准系数	T	Sig.
		标准 误差	Beta			
2.6-13	（常量）	−.185	.059		−3.117	.002
	EAST	.008	.007	.015	1.153	.249
	CENT	.022	.007	.038	2.935	.003

模型 B		非标准化系数		标准系数	T	Sig.
		标准 误差	Beta			
2.6–13	RFE	.019	.004	.065	4.930	.000
	RID	.079	.067	.015	1.172	.241
	BDE	−.018	.016	−.018	−1.116	.265
	FSR	−.184	.030	−.103	−6.141	.000
	FSIZE	.009	.003	.047	3.111	.002
	DEBT	.306	.021	.233	14.720	.000
	MDI	.579	.016	.536	35.247	.000
	ZBDE*ZMDI	.009	.003	.037	2.847	.004

R^2=0.267, F=158.411, Sig.=.000; 股权制衡度调节, 即 CEO 自主权与股权制衡度的乘项。

2.6.3.5 公司规模比例对 CEO 自主权与薪酬鸿沟关系的调节作用的稳健性检验

以 CEO 自主权(MDI)为自变量, 公司规模(FSIZE)为调节变量, 以薪酬鸿沟(HPG)为因变量, 构建基于 OLS 的多元线性回归模型 2.6–14。

$$HPG_{it}= \alpha +\gamma_1 MDI_{it}+\gamma_2 ZMDI_{it}*ZFSIZE_{it}+\gamma_3 EAST_{it}+\gamma_4 CENT_{it}+\gamma_5 RFE_{it}+\gamma_6 RID_{it}+\gamma_7 BDE_{it}+\gamma_8 FSR_{it}+\gamma_9 FSIZE_{it}+\gamma_{10} DEBT_{it}+\varepsilon_{it}$$

(模型 2.6–14)

如表 2.6–19 所示, 公司规模对 CEO 自主权与薪酬鸿沟关系的调节作用在 0.01 的水平上有显著负向影响(Beta=−0.041, P=0.002)。即公司规模越大, CEO 自主权对于薪酬鸿沟的正向影响越小, 与我们的预期显著不同。整体上, 公司规模对高管 – 员工薪酬差距的正向影响非常显著, 而对薪酬鸿沟的影响效应不强。这表明, 因为企业规模而适度拉大高管 – 员工薪酬差距在很大程度上是具有合理性。

表 2.6–19　公司规模对 CEO 自主权与薪酬鸿沟(HPG)关系的调节作用

模型 B		非标准化系数		标准系数	T	Sig.
		标准 误差	Beta			
2.6–14	(常量)	−.178	.060		−2.982	.003
	EAST	.007	.007	.013	.954	.340
	CENT	.020	.007	.036	2.747	.006

续表

模型 B		非标准化系数		标准系数	T	Sig.
		标准 误差	Beta			
2.6–14	RFE	.019	.004	.066	4.981	.000
	RID	.081	.067	.016	1.203	.229
	BDE	−.017	.016	−.016	−1.048	.295
	FSR	−.183	.030	−.103	−6.114	.000
	FSIZE	.009	.003	.045	2.974	.003
	DEBT	.308	.021	.235	14.817	.000
	MDI	.578	.016	.536	35.200	.000
	ZFSIZE*ZMDI	−.011	.003	−.041	−3.167	.002

R^2=0.267, F=158.673, Sig=.000。

2.6.3.6 资产负债率对于 CEO 自主权与薪酬鸿沟关系的调节作用

以 CEO 自主权（MDI）为自变量，资产负债率（DEBT）为调节变量，以薪酬鸿沟（HPG）为因变量，构建基于 OLS 的多元线性回归模型 2.6–15。

$$HPG_{it}= \alpha +\gamma_1 MDI_{it}+\gamma_2 ZMDI_{it}*ZDEBT_{it}+\gamma_3 EAST_{it}+\gamma_4 CENT_{it}+\gamma_5 RFE_{it}+\gamma_6 RID_{it}+\gamma_7 BDE_{it}+\gamma_8 FSR_{it}+\gamma_9 FSIZE_{it}+\gamma_{10} DEBT_{it}+\varepsilon_{it}$$

（模型 2.6–15）

如表 2.6–20 所示，资产负债率对于 CEO 自主权与薪酬鸿沟关系的调节作用在统计意义上无显著影响（Beta=0.055，P=0.000）。可见，资产负债率对薪酬鸿沟不仅正的直接影响效应（Beta=0.238，P=0.000），而且可以通过影响 CEO 自主权倾向提升企业内部薪酬鸿沟。因此，对于资产负债率较高的企业，应当更加重视对企业内部高管－员工薪酬差距设置的合理审查，降低薪酬鸿沟出现的概率。

表 2.6–20 资产负债率对于 CEO 自主权与薪酬鸿沟（HPG）关系的调节作用

模型 B		非标准化系数		标准系数	T	Sig.
		标准 误差	Beta			
2.6–15	（常量）	−.161	.060		−2.703	.007
	EAST	.008	.007	.014	1.069	.285
	CENT	.022	.007	.039	2.943	.003
	RFE	.018	.004	.062	4.678	.000

续表

模型 B		非标准化系数		标准系数	T	Sig.
		标准 误差	Beta			
2.6–15	RID	.072	.067	.014	1.069	.285
	BDE	−.017	.016	−.016	−1.039	.299
	FSR	−.185	.030	−.104	−6.169	.000
	FSIZE	.008	.003	.043	2.820	.005
	DEBT	.312	.021	.238	14.979	.000
	MDI	.588	.017	.545	35.531	.000
	ZDEBT*ZMDI	.014	.003	.055	4.182	.000

R^2=0.268，F=159.688，Sig.=.000。

2.6.3.7 是否东部地区对于 CEO 自主权与薪酬鸿沟关系的调节作用

以 CEO 自主权（MDI）为自变量，所在地区（EAST）为调节变量，以薪酬鸿沟（HPG）为因变量，构建基于 OLS 的多元线性回归模型 2.6–16。

$$HPG_{it}= \alpha +\gamma_1 MDI_{it}+\gamma_2 ZMDI_{it}*ZEAST_{it}+\gamma_3 EAST_{it}+\gamma_4 CENT_{it}+\gamma_5 RFE_{it}+\gamma_6 RID_{it}+\gamma_7 BDE_{it}+\gamma_8 FSR_{it}+\gamma_9 FSIZE_{it}+\gamma_{10} DEBT_{it}+\varepsilon_{it}$$

（模型 2.6–16）

如表 2.6–21 所示，是否东部地区对于 CEO 自主权与薪酬鸿沟的关系的调节作用在统计意义上无显著影响（Beta=−0.014，P=0.301）。即公司所在地区无论是否在东部，其对于 CEO 自主权对薪酬鸿沟的正向效应无影响。东部地区的国有企业与西部地区相比，在薪酬鸿沟水平上并没有体现出显著的差异。

表 2.6–21　是否东部地区对于 CEO 自主权与薪酬鸿沟（HPG）关系的调节作用

模型 B		非标准化系数		标准系数	T	Sig.
		标准 误差	Beta			
2.6–16	（常量）	−.183	.060		−3.072	.002
	EAST	.008	.007	.014	1.065	.287
	CENT	.022	.007	.039	2.937	.003
	RFE	.019	.004	.065	4.902	.000
	RID	.077	.067	.015	1.143	.253
	BDE	−.018	.016	−.018	−1.115	.265

续表

模型 B		非标准化系数		标准系数	T	Sig.
		标准 误差	Beta			
2.6-16	FSR	-.184	.030	-.103	-6.112	.000
	FSIZE	.009	.003	.048	3.113	.002
	DEBT	.304	.021	.232	14.644	.000
	MDI	.578	.016	.536	35.196	.000
	ZEAST*ZMDI	-.003	.003	-.014	-1.034	.301

R^2=0.266，F=157.453，Sig.=.000。

2.6.3.8 是否央企对 CEO 自主权与薪酬鸿沟关系的调节作用

以 CEO 自主权（MDI）为自变量，是否央企（CENT）为调节变量，以薪酬鸿沟（HPG）为因变量，构建基于 OLS 的多元线性回归模型 2.6-17。

$$HPG_{it}=\alpha+\gamma_1 MDI_{it}+\gamma_2 ZMDI_{it}*ZCENT_{it}+\gamma_3 EAST_{it}+\gamma_4 CENT_{it}+\gamma_5 RFE_{it}+\gamma_6 RID_{it}+\gamma_7 BDE_{it}+\gamma_8 FSR_{it}+\gamma_9 FSIZE_{it}+\gamma_{10} DEBT_{it}+\varepsilon_{it}$$

（模型 2.6-17）

如表 2.6-22 所示，是否央企对于 CEO 自主权与薪酬鸿沟关系的调节作用在统计意义上无显著影响（Beta=0.012，P=0.381）。即公司无论是否是央企，其身份差别对 CEO 自主权与薪酬鸿沟的正相关性无影响。表 2.6-8 中，是否央企对薪酬鸿沟的直接回归系数显著为负。因为本研究中，对央企的编码设为 0，而对地方国企的编码为 1，所以该结果意味着，相比较地方国企，央企自身的薪酬鸿沟程度反而更低。

表 2.6-22 是否央企对于 CEO 自主权与薪酬鸿沟（HPG）关系的调节作用

模型 B		非标准化系数		标准系数	T	Sig.
		标准 误差	Beta			
2.6-17	（常量）	-.187	.060		-3.145	.002
	EAST	.008	.007	.015	1.115	.265
	CENT	.021	.007	.038	2.919	.004
	RFE	.018	.004	.064	4.849	.000
	RID	.079	.067	.015	1.167	.243
	BDE	-.018	.016	-.018	-1.129	.259
	FSR	-.185	.030	-.104	-6.169	.000

续表

模型 B		非标准化系数		标准系数	T	Sig.
		标准 误差	Beta			
2.6–17	FSIZE	.009	.003	.049	3.172	.002
	DEBT	.304	.021	.232	14.623	.000
	MDI	.579	.016	.536	35.216	.000
	ZCENT*ZMDI	−.001	.003	−.003	−.205	.837

R^2=0.265，F=157.313，Sig.=.000。

2.6.3.9 监事会规模对 CEO 自主权与薪酬鸿沟关系的调节作用

以 CEO 自主权（MDI）为自变量，监事会规模（NSB）为调节变量，以薪酬鸿沟（HPG）为因变量，构建基于 OLS 的多元线性回归模型 2.6–18。

$$HPG_{it} = \alpha + \gamma_1 MDI_{it} + \gamma_2 ZMDI_{it}*ZNSB_{it} + \gamma_3 EAST_{it} + \gamma_4 CENT_{it} + \gamma_5 RFE_{it} + \gamma_6 RID_{it} + \gamma_7 BDE_{it} + \gamma_8 FSR_{it} + \gamma_9 FSIZE_{it} + \gamma_{10} DEBT_{it} + \varepsilon_{it}$$

（模型 2.6–18）

如表 2.6–23 所示，监事会规模对于 CEO 自主权与薪酬鸿沟的关系的调节作用，在 0.05 的水平上不显著（Beta=0.002，P=0.885）。而监事会对薪酬鸿沟具有直接的抑制作用（Beta=−0.038，P=0.004）。监事会规模越大，薪酬鸿沟形成的可能越小。该结论表明，在抑制薪酬鸿沟形成方面，监事会比独立董事起到了更好的作用。因此，如何进一步发挥监事会的功能，强化监事会的权力及其运作机制，对于解决薪酬鸿沟日益扩大的问题，具有重要意义。

表 2.6–23　监事会规模对 CEO 自主权与薪酬鸿沟（HPG）关系的调节作用

模型 B		非标准化系数		标准系数	T	Sig.
		标准 误差	Beta			
2.6–18	（常量）	−.188	.060		−3.158	.002
	EAST	.008	.007	.015	1.111	.267
	CENT	.021	.007	.038	2.874	.004
	RFE	.018	.004	.064	4.846	.000
	RID	.079	.067	.015	1.169	.242
	BDE	−.018	.016	−.018	−1.129	.259
	FSR	−.185	.030	−.104	−6.169	.000

续表

模型 B		非标准化系数		标准系数	T	Sig.
		标准 误差	Beta			
2.6-18	FSIZE	.009	.003	.049	3.187	.001
	DEBT	.304	.021	.232	14.620	.000
	MDI	.579	.016	.536	35.212	.000
	NSB	−.014	.010	−.038	−2.919	.004
	ZNSB*ZMDI	.000	.003	.002	.144	.885

R^2=0.267, F=157.410, Sig=.000。

2.6.4 结果讨论

本章基于国有企业,以 2007-2015 年中国沪、深两市 A 股国有上市企业所披露的相关数据为研究样本,经过筛选,最终得到符合研究条件的485 家国有上市公司,9 年总计4365 条观测数据。以经理自主权为自变量,高管-员工薪酬差距为因变量,应用多元线性回归模型,主要探讨独立董事比例、女性高管比例、股权集中度、股权制衡度、资产负债率、监事会规模等公司治理因素对于国有企业经理自主权与高管-员工薪酬差距、薪酬鸿沟关系的调节作用。下文将对各实证数据回归结果进行理论分析。

2.6.4.1 独立董事比例的调节效应结果分析

回归结果表明,对于经理自主权与高管-员工薪酬差距间的关系,独立董事比例对其无显著调节作用,对经理自主权与薪酬鸿沟的关系亦无显著调节效应。此外,就经理自主权对高管-员工薪酬差距的本质性操纵效应而言,独立董事比例对其并不会产生实质性影响,其自身亦无明显的倾向性。

独立董事在企业中理论上独立于一切关联方,与公司几乎无经济往来。按常理而言,更能从长远发展的角度引导和促进公司的战略决策,代替企业对于高管人员起到更好的监督作用。独立董事制度已然成为加强董事会专业化决策水平,通过董事会成员加强内部监管、规避大股东内部控制导致的对中小股东的利益侵占的重要手段。但是,独立董事制度已成为加强董事会专业决策水平的有效存在,通过董事会成员加强内部监督、隐匿大股东内部控制造成的中小企业股东利益受损的重要手段。然而,独立董事制度的实际效力受到质疑,单纯的程序性工作流程和严重的信息不对称现象,使独立董事有意或无意地背离了"诚实、勤奋、负责任"的工作信条,很难对企业业绩产生稳定和积极的正面影响,最终甚至成为"花瓶董事"。

随着经理自主权的不断扩大,资深 CEO 人脉资源的不断积累,CEO会通过对独立董事的任命来降低对自己的监督力度,甚至是直接通过经理自主权操纵董事会来达到自身利益最大化的目的。因此,目前而言,独立董事一职在企业中在一定程度上相当于形同虚设,独立董事的存在并不会增大企业对于 CEO 的监管强度,也未能真正起到战略咨询、决策参谋的智囊作用。即独立董事对于经理自主权与高管 – 员工薪酬差距的关系、经理自主权与薪酬鸿沟的关系,均无显著调节作用。

2.6.4.2 女性高管比例的调节效应分析

回归结果显示,女性高管比例对经理自主权与高管 – 员工薪酬差距的关系有不稳定的正向调节作用,对经理自主权和薪酬鸿沟的关系没有显著调节效应。此外,女性高管比例对高管 – 员工薪酬差距无直接影响效应,而对薪酬鸿沟有直接且显著的促进效应。

企业中女性高管的比例越高,经理自主权对于高管 – 员工薪酬差距的正向影响就越大。受历来的"男尊女卑"传统观念影响,中国社会普遍忽视女性的职业发展需求。女性职员可以为男性所主导的商业社会增光添彩,但更多的时候应是辅助性或点缀性角色。不论是如何出色的女性,在职业发展中大都会遇到所谓的"天花板效应"。相比较其男性同事,女性管理者在自身的发展过程中更容易遇到多样化的困难和挑战。特别是跻身于高级管理层之后,相比男性高管,女性高管不仅要面对来自职场中各种与工作有关的问题及其所带来的压力,更要面对来自职场内外的许多由于世俗观念及异样眼光所带来的额外的工作和生活压力。因此,客观上,女性高管比男性高管面临更多的约束和压力。如果想要在企业高层团队中占有一席之地,女性高管需要付出比男性高管更多的努力以及精力。而女性高管对于这来之不易的职位也会格外珍惜。为了获得以男性为主导的高管团队的认可和尊重,女性高管更愿意顺从 CEO 所主张的做法,甚至开始模仿男性高管的领导风格、行为方式等,逐渐被男性高管所同化,开始以男性高管的行为特征进行企业日常管理与决策。

加之,女性高管能真正成为高层管理团队中举足轻重的角色,或者能成为 CEO 的女性高管则更是少之又少。女性高管在高管团队中的话语权不足、在较高层级的职位上代表性不足且女性高管职位晋升的门槛值亦都显著高于男性高管职位晋升的门槛值。因此,在大多数企业中,女性高管除了在高层管理团队的具体工作中作为辅助者的角色,还有可能被企业用来装点门面承担"花瓶"的角色。女性高管的参与可以体现高管团队的性别多元化,向外界展示企业对于女性员工职业发展的平等态度,从而树立积极健康的企业形象。但是女性高管真正参与公司治理事务的程度还有待商榷,在受各方面受限的情况下,她们在高管团队中真正能发挥多少作用还存有较大疑问。因此女性高管比例对于经理自主权与高管 - 员工薪酬差距的关系无显著调节作用,甚至有正向调节作用。

2.6.4.3 股权集中度的调节效应结果分析

回归结果显示,股权集中度对经理自主权与高管 - 员工薪酬差距的相关性有显著的负向调节作用,而且对经理自主权与薪酬鸿沟的相关性亦有显著的负向调节作用。也就是说,股权集中度的高低,会弱化经理自主权对高管 - 员工薪酬差距的正向操纵程度,并且降低薪酬鸿沟出现的概率。

可见大股东监督在 CEO 薪酬治理实践中的有效性。第一大股东持股比例越大,对于企业 CEO 的监管程度自然也会提高,股东为了保证自身利益,更好地促使 CEO 为企业创造高收益,会在一定程度上对于 CEO 通过自主权扩大高管 - 员工薪酬差距的行为会加以制止,以更好地避免薪酬鸿沟的出现。另一方面,国有企业的最大股东一般是国有股,国有股份比例越大,经理人自主权对高管 - 员工薪酬差距的正向影响越小,这也表明,国有企业普遍承担着更多的社会责任。国有企业中的各级各类国有性质的股东还是顾及社会民众的心理感受,倾向于抑制高管 - 员工薪酬差距拉大的态势。加之,占国有股份比例较高的上市公司的高管由政府部门任命,并采取"半市场化"的薪酬定价模式,受到政府部门的很大影响,受到国家和人民的监督,对其高管薪酬的增长标准有着明确的规定,员工薪酬的增长速度要比高管薪酬增长速度慢的差距会得到抑制,这也在一定程度上抑制了经理自主权对高管 - 员工薪酬差距的正向影响程度,有效避免了薪酬鸿沟的进一步加剧。

2.6.4.4 股权制衡度的调节效应结果分析

回归结果显示,股权制衡度对于经理自主权与高管 - 员工薪酬差距的相关性有显著的正向调节作用,而且对经理自主权与薪酬鸿沟的相关性有显著的正向调节作用。也就是说,股权制衡度越高,高管 - 员工薪酬差距受经理自主权的正向影响就越大。此外,股权制衡度对高管 - 员工薪酬差距有显著的正向影响,而对薪酬鸿沟没有显著的直接影响效应。

股权的相对集中对解决内部人控制问题有很好的作用。特别是,最大股东持股比例越高,其自身利益的实现和公司的最大价值越接近,这使得大股东更有能力、更有动力监督公司管理层的机会主义行为。但上市公司存在多个股东,股权结构存在多个股东制衡,也就是说,控制权掌握在少数大股东手中,大股东之间的互动使各大股东决策能力不足并限制公司的活动,从而表现出"股权制衡模型"。在有制衡的股票结构时,大股东之间存在权力限制,管理权力未被充分监控,内部控制现象较为明显,这将导致少数高管权力过大,并随着管理自主权的扩大,它对高管 – 员工薪酬差距的积极影响也将随之加大。因此,股权制衡度对于经理自主权对高管 – 员工薪酬差距的关系有显著的正向调节作用。

2.6.4.5 公司规模的调节效应结果分析

回归结果显示,公司规模对于经理自主权与高管 – 员工薪酬差距的相关性有显著的正向调节作用,但是对经理自主权与薪酬鸿沟的相关性有显著的负向调节作用。此外,公司规模对于高管 – 员工薪酬差距有最为直接的正向影响效应,而对薪酬鸿沟的影响效应并不显著,甚至在一定程度上,还以统计上不显著的程度负向抑制了薪酬鸿沟的出现。

随着公司的扩张,高管的薪酬将大幅上升。一方面,公司规模的扩大增加了管理高级管理人员的难度,要求他们在工作中投入更多的努力,同时,高管们需要承担的责任和风险也更大。因此,公司必须提高薪酬水平以保持相应的激励水平,而且公司的支付能力越大,高管就越有可能获得更高的薪酬水平。另一方面,公司越大,组织中的管理层越多,薪酬水平的差异也越大,使得大公司的高管薪酬水平高于小公司。此外,公司规模的扩大也给了首席执行官更多的自主权和对更多资源的控制权,他们获得高薪的机会也更大。因此,公司在确定高管薪酬时,必须考虑到公司规模的具体情况,以便高管薪酬能够更好地反映高管的业绩和努力程度。不难理解,为了有效激励高管、实现股东价值最大化的目标,并为高管所取得的边际利益支付更高的边际报酬,继而使高管能够更好地经营公司,这一举措在一定程度上扩大了高管与员工之间的薪酬差距。因此,公司规模可以正向调节经理自主权对高管 – 员工薪酬差距的积极影响。整体上,公司规模对高管 – 员工薪酬差距的正向影响非常显著,而对薪酬鸿沟的影响效应不强。这表明,因企业规模而适度拉大高管 – 员工薪酬差距在很大程度上具有合理性。

2.6.4.6 资产负债率的调节效应结果分析

回归结果显示,资产负债率对经理自主权与高管－员工薪酬差距的关系有正向调节作用,但在统计意义上不显著,且资产负债率对资产负债率对经理自主权与薪酬鸿沟的关系有显著正向调节作用。此外,资产负债率对高管－员工薪酬差距有显著的负向直接影响效应,而对薪酬鸿沟则能产生显著的正向促进效应。

这是因为国有企业和国有商业银行同受政府控制,两者之间的软约束使得负债的刚性不利于抑制国有企业高管的利己行为。随着经理自主权的扩大,高管们将利用他们的管理权力来调整资本成本、资本结构,并选择他们认为能给他们带来利益的项目和融资方式。高度杠杆化企业面临财务困境的可能性很大,而且由于公司破产,管理层被解雇的可能性增加,这将对承担大量人力资本成本的高级管理人员的声誉和职业生涯产生严重影响,因此,有必要向管理人员支付与其风险相称的报酬。因此,当资产负债比率较高时,股东为高管提供额外的激励。

此外,资产负债比率越高,经营风险越高,公司对投资者的利益亦越高,这也符合高风险和高回报的理论,所以CEO也应该得到更高的报酬。此外,国有企业的特殊优势也使得高管们容易获得良好的企业业绩,这使得为自己设定更高的薪水是合理的。以上种种原因都导致了高管－员工薪酬差距的拉大。所以说,资产负债率对于经理自主权与高管－员工薪酬差距的正向影响有正向调节作用,但在统计意义上不显著。可能由于样本容量有限,加之对于资本结构的衡量方式还不够精益求精,以及数据处理方式等方面的原因,导致这一结果并不显著。

就对薪酬鸿沟的影响而言,资产负债率不仅可以通过促进经理自主权的正向操纵效应间接促进薪酬鸿沟的形成,还能够显著直接促进薪酬鸿沟的出现概率。因此,对于资产负债率较高的企业,应当更加重视对企业内部高管－员工薪酬差距设置的合理审查,降低薪酬鸿沟出现的概率。

2.6.4.7 是否东部地区的调节效应结果分析

回归结果显示,是否东部地区对经理自主权与高管－员工薪酬差距的关系无显著调节作用,而且所处地区对经理自主权与薪酬鸿沟的正相关性亦无显著调节作用。此外,处于东部地区的国有企业整体上拥有更高的高管－员工薪酬水平,而在薪酬鸿沟水平上东部地区企业与其他地区企业并无显著差异。

一方面,东部地区属于中国经济较发达地区。除上述经济优势外,信息开放程度和公司治理略优于中西部地区。东部地区经济发展较快,企业之间的竞争程度较高,首席执行官承受着更大的压力,要求他把公司管理得好,提高公司的业绩,从而公司的工资水平就会高于非东部地区,也在一定程度上增大了高管 – 员工薪酬差距。

另一方面,东部地区的经济发展水平较高,该地区经济发展水平的差异导致居民总体收入水平的差异,为了与居民的整体收入水平保持一致,经济发展水平较高的地区的高管薪酬也相对较高。与此同时,区域经济发展水平的不同导致了不同地区的竞争意识和工资观念的不同。在经济发展水平较高的地区,由于开放时间延长,争取高级人力资本的斗争更加激烈,企业也会提高高管的薪资水平以吸引和留住核心人才,并以高薪换取高绩效,从而增大了高管 – 员工薪酬差距。所以说,是否东部地区对于经理自主权与高管 – 员工薪酬差距间的关系有正向调节作用,但在统计意义上不显著。由于样本容量有限,加之对于地区的划分还不够详细精确,以及数据处理方式等方面的原因,导致这一结果并不显著。

在薪酬鸿沟水平上东部地区企业与其他地区企业并无显著差异,该结果表明,东部地区较高的高管 – 员工薪酬差距,具有经营业绩方面、高管绩效方面以及员工薪酬水平等方面的合理性基础。此外,也有可能是东部地区的薪酬沟通质量更高。因此,较大的薪酬差距并没有导致更高的薪酬鸿沟。这使得东部地区企业其实能够更充分利用较大薪酬差距带来的锦标赛激励效应,而不用过于担心薪酬鸿沟效应的出现。

2.6.4.8 是否央企的调节效应结果分析

回归结果显示,是否央企对经理自主权与高管 – 员工薪酬差距的关系有统计意义上不显著的正向调节作用,而且是否具有央企身份对经理自主权与薪酬鸿沟的关系无显著调节效应。此外,央企中,高管 – 员工薪酬差距明显高于地方国有企业,而央企中薪酬鸿沟则在一定程度上弱于地方国有企业(事实是在统计意义上并无显著差别)。

国有股份比例较高的上市公司的高管由政府部门任命,并采取“半市场化”的薪酬定价模式,受到政府部门的很大影响,受到国家和人民的监督,对于高管薪酬的增长标准有着明确的规定,员工薪酬的增长速度显然要比高管薪酬增长速度更快。加之,自 2013 年以来,国家颁布了适合企业负责人分类管理、与其选择方式相适应的企业高管差异化薪酬分配制度,对国有企业高管薪酬设置了“上限”,并逐步推行工资递延追收制度,最根本的目的是改变一些垄断性国有企业高管薪酬失控的状况。

央企作为国企中的重中之重,更是国家“限薪”的重点锁定对象。所以高管薪酬水平并不会大幅增长,这也在一定程度上抑制了经理自主权对于高管－员工薪酬差距的正向影响程度。而地方国企,相对于中央国企来说,受到的限制与监督相对较弱。此外,地方国有企业的薪酬结构比较单一,主要还是以基本工资和年奖金为主,缺乏激励,绩效评价不突出,导致地方国企高管薪酬水平较低,所以有较大的上升空间,因而地方国企对于经理自主权与高管－员工薪酬差距的正向影响具有正向调节作用。可能是由于样本容量有限,以及数据处理方式等方面的原因,导致这一结果并不显著。

虽然平均而言,央企的高管－员工薪酬差距更高,但是薪酬鸿沟在央企中反而相对更低。可能的原因有两个方面:一是央企的薪资决策机制受到更为严格的政府约束和外部相关利益群体的关注,因此员工对于薪酬策略的合理性有更高的认可度,同等薪酬差距条件下,出现薪酬鸿沟的概率,相较于地方国有企业而言,明显更低;二是央企的规模显著高于地方国有企业,而规模是合理决定企业内部高管－员工薪酬差距的第一大因素,因此,较高水平的薪酬差距由于央企的规模因素而被员工认可,降低了出现薪酬鸿沟的概率。

2.6.4.9 监事会规模的调节效应结果分析

回归结果显示,监事会规模对于经理自主权与高管－员工薪酬差距的正向影响有显著的正向调节作用。即监事会规模越大,经理自主权对高管－员工薪酬差距的正向影响越大。

监事会的监督作用有助于改善公司的内部治理结构,监事会能够有效平衡各方利益,控制经营过程中遇到的风险。当公司确立内部薪酬梯度时,监事会的介入使公司员工充分参与薪酬制定过程,并将管理层的行为置于阳光下,使普通员工得到更合理的薪酬,从而保护普通员工的利益。因此,监事会的存在对于确定合理的薪酬差距是很重要的,有效的监督机制可以减少高管－员工薪酬差距。

理论上,监事会越大,对企业形成的监督就越有效,无论是从监事的积极性还是从监事的工作中,都可以对企业的决策和各类资金的方向形成一定的制衡,影响高级管理层薪酬水平的设定,继而对公司内部的薪酬差距形成一定的限制。然而,在我国仍然没有一个完善的市场环境,监事会的存在并没有实现员工参与决策的结果,监事会没有发挥应有的作用。我国存在监事会虚拟化的现象,也存在"内部人控制"的现象。要充分发挥监事会的作用,还需要深化改革。

2.7　结　论

以中国沪深 A 股主板国有上市公司为样本,基于薪酬水平比较法、回归估计比较法和薪酬增长比较法,构建并验证了包含三个维度的企业内部薪酬鸿沟的综合性间接度量指标体系。应用该指标体系,证实了薪酬鸿沟确实能够降低企业短期财务绩效和长期市场绩效,并倾向于导致较高的员工离职率。

本章主要发现如下:

第一,企业内部薪酬鸿沟可以从三个方面九个指标共同测度。

其中,基于薪酬水平比较的薪酬鸿沟(C_HPG)有 C_HPG1、C_HPG2、C_HPG3 三个指标测度,主要通过员工将高管及其自身薪酬水平分别与行业薪酬水平、地区薪酬水平相比较而确定;基于回归估计的薪酬鸿沟(R_HPG)有 R_HPG1、R_HPG3 和 R_HPG4 三个指标测度,主要通过构建五个包含不同控制变量的回归估计模型用以估计合理的薪酬差距,并将实际薪酬差距与之相比较而确定;基于薪酬增长的薪酬鸿沟(G_HPG)有 G_HPG1、G_HPG2、G_HPG5 三个指标测度,主要通过将高管及其自身薪酬增长情况分别与行业薪酬增长、地区薪酬增长情况相比较而确定。该指标体系在信度和效度上都能够满足度量指标体系的基本要求。

国有企业可以按照本章设计的薪酬鸿沟指标体系对本企业进行薪酬鸿沟的科学测度,尽量避免本企业陷入较高的企业内部薪酬鸿沟漩涡;而国有企业相关监管部门,比如说各级国资委,也可以参照本章设计的薪酬鸿沟指标体系对下属各企业进行薪酬鸿沟的测度与监控,针对薪酬鸿沟指数较高的企业,给予更为密切的关注,并要求其给予更为清晰、透明的薪酬实践披露。

第二,国有企业内部薪酬鸿沟显著负向影响企业财务绩效,并提升离职率。

不论是多元回归分析,亦或者方差分析,其实证分析结果均表明,国有企业内部薪酬鸿沟显著负向影响企业短期财务绩效(ROA、ROE、EPS)和企业市场绩效(股价,PRICE);不论是多元回归分析,还是逻辑回归分析,结果均显示,国有企业内部薪酬鸿沟显著提升企业内部员工离职率。换句话说,以本章度量指标体系测度出来的企业内部薪酬鸿沟,满足法则效度的基本要求,符合“差距拉大—不公平感上升/被剥削感加剧—产生薪酬鸿沟—负面的个体行为和组织结果”这一基本的逻辑链。该结论既是对内部薪酬鸿沟指标体系的进一步验证，也是对内部薪酬鸿沟效应的确切展示和论证。值得指出的是，薪酬鸿沟对企业绩效的影响效应强度，在实证分析结果中，超过其他所有控制变量的影响效应强度，具有无可置疑的重要地位。

对研究者而言，进一步运用该指标探讨内部薪酬鸿沟对其他各种组织结果变量的影响，强化薪酬鸿沟的负面效应，对于当前高管群体过度追求拉大薪酬差距以求提升企业竞争力有很好的说服作用。至少有相当一部分企业的管理者，其本身具有很强的利企性动机，但是不清楚或者是不相信高管薪酬差距过高而带来的薪酬鸿沟效应，以至于现实中薪酬管制政策再三出台，但薪酬差距却整体上越来越大，不受节制。理论界对此要承担起责任，要做出有分量的研究结果，进行正确的管理知识科普，改变企业家和管理者的错误认知。

第三，进一步验证了本章开发的薪酬鸿沟指标体系的合理性，验证了从 CEO 自主权视角解读企业内部薪酬鸿沟形成机理的有效性，拓宽了 CEO 自主权与高管薪酬、薪酬鸿沟的研究范围，丰富了国有企业高管－员工薪酬差距、薪酬鸿沟的研究成果，为完善国有企业治理、优化 CEO 自主权和薪酬配置提供了相应的思路。

基于国有上市公司，以 2007—2015 年深沪两市 A 股国有上市企业为研究对象。以 CEO 自主权为自变量，以高管－员工薪酬差距为因变量，分别以独立董事比例，女性高管比例，股权集中度，股权制衡度，公司规模，资产负债率，是否东部地区，是否央企为调节变量，实证分析和比较了公司治理相关因素对于 CEO 自主权与高管－员工薪酬差距关系的调节作用。研究结果显示：（1）国有上市公司中，独立董事比例对于 CEO 自主权与高管－员工薪酬差距的正向关系无显著调节作用；（2）女性高管比例对于 CEO 自主权与高管－员工薪酬差距的正向关系具有不稳定的正向调节作用。具体而言，当以高管－员工绝对薪酬差距作为因变量时，调节作用表现为正向但不显著，当以高管－员工相对薪酬差距作为因变量时，调节作用表现为显著的正向；（3）股权集中度对于 CEO 自主权与高管－员工薪酬差距的正向关系有显著的负向调节作用；（4）股权制衡度对于 CEO 自主权与高管－员工薪酬差距的正向关系有显著的正向调节作用；（5）公司规模对于 CEO 自主权与高管－员工薪酬差距的正向关系有显著的正向调节作用；（6）资产负债率对于 CEO 自主权与高管－员工薪酬差距的正向关系有正向调节作用，但在统计意义上不显著；（7）是否东部地区对于 CEO 自主权与高管－员工薪酬差距的正向关系有正向调节作用，但在统计意义上不显著；（8）是否央企对于 CEO 自主权与高管－员工薪酬差距的正向关系有正向调节作用,但在统计意义上不显著。
(9)监事会规模对于 CEO 自主权与高管－员工薪酬差距的正向关系有
显著正向调节作用。

2.8　参考文献

[1]Crossley CD,Bennett RJ,Jex SM et al.Development of a global measure of job embeddedness and integration into a traditional model of voluntary turnover[J].Journal of Applied Psychology,2007,92(4):1031-1042.

[2]Churchill JrGA.A paradigm for developing better measures of marketing constructs[J].Journal of Marketing Research,1979,XVI(2):64-73.

[3]Cunningham GB,Fink JS,Sagas M.Extensions and further examination of the job embeddedness construct[J].Journal of Sport Management,2005,19(3):319-335.

[4]Hinkin TR.A Review of Scale Development Practices in the Study of Organizations[J].Journal of Management,1995,21(5):967-988.

[5]Zhang Changzheng.A comprehensive investigation on executive-employee pay gap of Chinese enterprises:Antecedents and consequences[M].Nova Science Publishers,2018.

[6]陈小悦,徐晓东.股权结构、企业绩效与投资者利益保护[J].经济研究,2001(11):3-11.

[7]韩维贺,李浩,仲秋雁.知识管理过程测量工具研究:量表开发、提炼和检验[J].中国管理科学,2006,14(5):128-135.

[8]高雷,宋顺林.高管人员持股与企业绩效——基于上市公司2000~2004年面板数据的经验证据[J].财经研究,2007,33(3):134-143.

[9]郝冬梅,赵煜,朱焕卿.组织职业生涯管理与员工离职意向:情感承诺的中介作用[J].兰州大学学报(社会科学版),2016(1):173-178.

[10]李增泉.激励机制与企业绩效——一项基于上市公司的实证研究[J].会计研究,2000(1):24-30.

[11]罗党论,刘晓龙.政治关系、进入壁垒与企业绩效——来自中国

民营上市公司的经验证据 [J]. 管理世界，2009（5）：97–106.

[12] 石冠峰，雷良军 . 差序性领导对员工离职倾向的影响作用——一个被中介调节模型的构建 [J]. 领导科学，2016（1）：47–50.

[13] 孙晓云，企业内部薪酬差距、员工离职行为和企业绩效的关系研究 [D]. 沈阳：辽宁大学，2016.

[14] 王兴起，王维才，董洁，谢宗晓 . 薪酬保密感知：内涵分析和量表开发 [J]. 人类工效学，2015，21（3）：41–49.

[15] 魏立群，王智慧 . 我国上市公司高管特征与企业绩效的实证研究 [J]. 南开管理评论，2002（4）：16–23.

[16] 杨百寅，连欣，马月婷 . 中国企业组织创新氛围的结构和测量 [J]. 科学学与科学技术管理，2013，34（8）：43–55.

[17] 叶仁荪，王玉芹，林泽炎 . 工作满意度、组织承诺对国企员工离职影响的实证研究 [J]. 管理世界，2005（3）：122–125.

[18] 张正堂 . 高层管理团队协作需要、薪酬差距和企业绩效：竞赛理论的视角 [J]. 南开管理评论，2007，10（2）：4–11.

[19] 张红琪，鲁若愚，蒋洋 . 服务创新过程中顾客知识管理测量工具研究：量表的开发及检验——以移动通信服务业为例 [J]. 管理评论，2013，25（2）：108–114.

[20] 张勉，张德，李树苗 .IT 企业技术员工离职意图路径模型实证研究 [J]，南开管理评论，2003（4）：12–20.

[21] 赵斌，栾虹，李新建 . 科技人员主动创新行为：概念界定与量表开发 [J]. 科学学研究，2014，32（1）：148–157.

[22] 赵西萍，刘玲，张长征 . 员工离职倾向影响因素的多变量分析 [J]. 中国软科学，2003（3）：71–74.

[23] 钟帅，章启宇 . 基于关系互动的品牌资产概念、维度与量表开发 [J]. 管理科学，2015，28（2）：69–79.

第3章　国有企业新－老CEO行业自主权对高管－员工薪酬差距和薪酬鸿沟的操纵效应比较研究

3.1 引　言

近年来,企业内薪酬极端分化现象愈加严重。全球性管理咨询公司Hay Group 在其 2015 年全球薪资报告中指出:"在世界范围内,高管和普通员工之间薪酬差距正在扩大,中国企业高管与底层员工的薪酬差距最大,约为 12.7 倍"。2015 年《福布斯》数据显示,联想 CEO 杨元庆以 1.19亿的年薪位居两地上市公司 CEO 榜首,是普通员工薪酬的 700 余倍。《中国上市公司高管薪酬指数报告(2017)》公布,2016 年乐视网前三高管人均薪酬将近 4.5 亿元,上市公司高管薪酬激励过度且远超普通员工薪酬的千倍。企业内薪酬差距过于悬殊,由此导致的社会收入分配不公受到各界公众过度解读,这已成为中国社会亟待解决的焦点问题。为打开企业内高管－员工薪酬差距持续扩大的内在机理的黑箱,学者们不断深入挖掘薪酬差距的演化机制(张长征,李怀祖,2008),至今已取得卓有成效的进展,证实了公司治理和组织特征(Chhaochharia & Grinstein,2009;Henderson & Fredrickson,2001)、高管特征(代彬等,2011)、行业地区(Lee et al.,2008)等是影响高管－员工薪酬差距的重要因素。在现实需求以及理论发展的双重推动下,高管－员工薪酬差距的形成机理亟待学术界给予指导。

作为较早从自主权视角探讨企业内部高管－员工薪酬差距的两篇文献,James 等(2006)和卢锐(2007)的研究表明,CEO 的权力越大,高管－员工薪酬差距也就越大。虽然 CEO 自主权已经被证实对高管－员工薪酬差距有显著影响,其影响机理也已经受到学者的关注,但是作为 CEO

自主权最早被关注的核心维度，行业自主权，如何影响高管－员工薪酬差距尚未有文献报道。本章尝试弥补该研究缺陷，意图探讨行业自主权与高管－员工薪酬差距的关系，以求丰富和拓展 CEO 自主权领域、高管薪酬领域的理论研究。

行业自主权是 CEO 自主权的核心维度，也是 CEO 自主权最早被关注的维度。相对较成熟、系统且最具代表性地研究了行业自主权与高管薪酬关系的研究成果是 Finkelstein 和 Boyd 于 1998 发表在 *Academy of Management Journal* 的一篇文献。在该文献中，两位学者应用 1000 家财富杂志上榜公司为样本，综合应用概念模型和实证检验的方法，以结构方程模型为数据分析工具，发现了行业自主权与 CEO 薪酬的匹配性有助于促进企业绩效的提升。此外，也有相当多的学者，分别采用不同的指标衡量行业自主权，并尝试剖析了行业自主权各指标与 CEO 薪酬的内在关联性。具体如下：

第一，以行业规制衡量行业自主权，探讨行业自主权与 CEO 薪酬的关系：在受到政策规制的行业中，由于潜在进入者的威胁很小，企业运营环境的不确定性降低（Rajagopalan & Finkelstein，1992），CEO 只能拥有相对有限的战略选择空间，对企业绩效结果的影响力弱化（Raviv，1985）。因此，相比较不受政策规制的自由竞争行业，政策规制行业中的 CEO 将花费更大的精力和更高的溢价去获取"有能力的 CEO"（Hubbard & Palia，1995）。Hambrick 和 Finkelstein（1987）认为，规制程度低的行业中，CEO 自主行为空间大，对企业战略影响大，对 CEO 的能力需求高，因此，会获取更高的薪酬水平。

第二，以行业投资机会衡量行业自主权，探讨行业自主权与 CEO 薪酬的关系：行业中有价值的投资机会越多，CEO 潜在的边际产出越高，而且对 CEO 有效管理和掌控投资机会的能力要求越高，此时 CEO 的行业自主权越高（Smith & Watts，1992）。由于较多的投资机会往往伴随着更高的不确定性，CEO 需要面对的风险更高。因此，为了克服 CEO 风险规避的倾向，最大程度上利用行业中的投资机会为企业谋取最大利益，需要支付给 CEO 更高的风险溢价（Gaver & Gaver，1995）。可见，投资机会带来的行业自主权正向影响 CEO 薪酬。

第三，以产品差异性衡量行业自主权，探讨行业自主权对 CEO 薪酬的影响效应：产品或者服务的异质性，来自 CEO 更为广泛的行为选择集合（Hambrick & Finkelstein，1987）。异质性越高，CEO 拥有广泛而精深的探索能力和评价各种差异性竞争策略的知识和技能的能力就变得尤为重要。此外，在差异化的行业中，"方法－结果"联结的隐含性和难明性(因果不明),不仅使得 CEO 的工作更加复杂而且需要承担更高的风险(Rajagopalan & Finkelstein,1992)。综合以上两种观点,产品差异性的特征反映在 CEO 自主行为空间上,最终导致 CEO 薪酬的提升。

第四,以行业集中度衡量行业自主权,探讨行业自主权对 CEO 薪酬的影响效应:寡头垄断行业中,持续且强力的竞争者限制了企业的战略选择(Scherer & Ross,1990),因此此类企业中的 CEO 面临较弱的竞争环境。而竞争性更强的行业中,比如我国的家电行业和服装行业,企业需要招募更有能力的 CEO 以应对面临的更大范围的选择、机会和威胁(Hubbard & Palia,1995)。因此,低集中度行业中,CEO 行业自主权相对更高,面临更高的能力要求和更强的风险承担,从而理应被支付更高的薪酬水平。

第五,以需求波动性衡量行业自主权,探讨行业自主权对 CEO 薪酬的影响效应:需求不确定性定义了 CEO 面临环境的变动性和不确定性程度。需求波动性导致了新的机会和危机,需要更为频繁的战略变革与适应决策,增强了对 CEO 的信息收集和信息处理能力的要求(Galbraith,1973),提高了 CEO 工作的复杂性程度(Mingtzberg,1973)。更进一步,由于给定战略的结果具有较大不确定性,需求波动性也加大了 CEO 工作的风险性。最后,需求波动性会提升企业增长机会的价值。因此,综合以上论述,需求变动性较高的行业,需要 CEO 有较高的能力应对不确定性,具有较强的信息处理能力,而且需要承担更高的风险,从而需要支付较高的薪酬。

由以上论述可知,行业自主权对高管薪酬的影响已经受到文献的充分关注和探讨,取得了丰富的成果。然而,目前为止,行业自主权对高管 - 员工薪酬差距和薪酬鸿沟的影响至今未见文献报道。与此同时,随着经济社会的发展,国有企业对中国软实力以及知识创新能力的提高起着中流砥柱的作用,国有企业竞争力的提升成为新经济时代中国经济获取持续国际竞争力的源泉。因此,国有企业背景下的企业管理与公司治理有效性问题受到越来越多的重视,成为理论界关注的热点。

有鉴于此,本章研究尝试以国有企业为背景,实证分析和比较新 - 老 CEO 行业自主权对高管 - 员工薪酬差距和薪酬鸿沟的影响效应,以期丰富相关领域理论研究的同时,为各利益相关者主体提供基于行业特征的薪酬差距设置的合理化建议,有效预防企业内薪酬鸿沟的形成与演化进程。

3.2　文献综述与研究假设

现有文献表明,较高的行业自主权更多来自以下几个方面:宽松的行业规制、丰富的行业投资机会、高度的产品差异化、较高的行业集中度以及强烈的需求波动性。

宽松的行业规制使得 CEO 在本行业的策略选择空间更丰富,而且当面临更高的潜在进入者威胁时,对 CEO 的决策能力和应变能力要求更高,需要相应的薪酬进行补偿;丰富的行业投资机会,促使企业必须选择能够对行业机会进行有效洞察并能够有效掌控外部投资机会、减少投资损失的高能力 CEO,而吸引此类 CEO 显然需要提升对其薪酬水平;高度产品差异化,需要 CEO 具备广泛的、精深的制定、选择和实施差异化策略的战略管理与运营的专有性能力,而且需要能够承受差异化战略决策长期结果不确定性带来的风险,因此股东和董事会需要对高产品差异化情境下的 CEO 提供更高的报酬以回报其专有性人力资本和额外的风险承担;较高的行业集中度,导致 CEO 可供选择的竞争策略空间有限。在较高竞争度的行业中,CEO 必须要能够在红海中杀出一条血路,其策略的选择空间更大,而且策略选择对企业竞争绩效的影响更显著。因此,在赋予 CEO 较高行业自主权的高竞争度行业中,CEO 需要被支付更高水平的薪酬以回报其对企业绩效结果更高的边际影响力。因此,整体上,CEO 行业自主权有助于促进企业 CEO 薪酬水平的提升,从而促进高管－员工薪酬差距的正向演化。

对于经验丰富的年长 CEO 而言,选择并进入了好的行业无疑为企业的发展奠定了良好的基础(张长征,李怀祖,2008;李有根,赵锡斌,2003)。在高自主权行业中,面临光明的行业前景,年长 CEO 可以通过加大研发投入、强化营销投入、强化企业产品与服务的差异化程度,也可以选择通过扩大规模、提升员工忠诚度、加强职能间协作降低产品与服务成本,还可以通过战略联盟、收购兼并或者自我积累完成战略的扩张,更可以选择海外拓展市场或者输出品牌。而相对于年轻 CEO 来讲,年长 CEO 有着丰富的行业经验,对行业前景有着敏锐的洞察力。因此,股东必须以更高的薪酬来聘任年长 CEO。另一方面,年长 CEO 职业生涯已经接近尾声,晋升的空间不大,因此将致力于利用行业的优势提升自身的薪酬水平。

对于年长 CEO,他们在该行业拥有比较专业的知识技能,也积累了大量的人脉资源,因此在经理人市场上有更强的吸引力,企业要想聘用这些年长 CEO 就必须给予他们更高的薪酬,这也就强行拉大了高管与普通员工之间的薪酬差距。相比较年轻 CEO 而言,这种薪酬差距不仅是因为更高的潜在贡献、更大的边际产出和更高的风险承担,更大程度上也可能是因为年长 CEO 通过对行业自主权的非正常运作而获取的权力租金。

国有企业选任 CEO 标准中,相对其他类型企业,对能够"服众"更为看重。在其他条件等同的情况下,年龄和资历是能够服众的重要因素。因此,国有企业对相对年长的 CEO 候选者更为青睐,是大多数国有企业想要吸引并留住的高管人才,会一定程度上增加 CEO 薪酬水平。而与此同时,较高的行业自主权对企业内部员工的薪酬而言,似乎并没有显著的影响效应。因此,最终将表现为,随着行业自主权的加大,国有企业内部高管 - 员工薪酬差距将增加。基于以上分析,年长 CEO 行业自主权越大,高管 - 员工薪酬差距越大。

因此,本章研究提出以下研究假设:

H3.2-1:国有企业年长 CEO 行业自主权与高管 - 员工薪酬差距正相关

从企业风险损失最小化的角度而言,同等行业自主权的条件下,企业股东和董事会倾向于对年长 CEO 设定高于年轻 CEO 的薪酬水平。行业自主权较高情景下,由于年长 CEO 相比较年轻 CEO,可能会投入更高创新资源,或者其他更加多元化的策略选择,而这些创新投入或者策略选择多具有明显的长期性特征,短期内很难确切预判其最终结果是否真正有利于企业。再考虑到年长 CEO 所面临的监督与审查力度,在现实中明显弱于年轻 CEO,因此年长 CEO 在同样的行业自主权状态下,能够对企业绩效造成更为严重的损失。换句话说,年长 CEO 要想创造更高的企业绩效,显著提升企业利润,不一定能够做得比年轻 CEO 更好,但是如果想要公权私用,滥用所有权挪用企业资源,损害公司利益,则相比年轻 CEO 而言有更大的空间和更高的能力。因此,从最大程度上降低企业损失的角度而言,企业倾向于将年长 CEO 的薪酬水平设定得更高,以提升其滥用权力的机会成本。在此种逻辑下,年轻 CEO 行业自主权对高管 - 员工薪酬差距的影响应该会弱于年长 CEO。

对于国有企业而言,该类型的企业技术更加复杂,内部人际关系与利益关系更加难以把握(吕明月,2016)。在国有企业市场化改革加速推进的进程中,既要遵循市场经济规律与其他各类企业进行有效竞争,又要肩负起更多的社会责任以及更多的非经济义务,如何做好两种要求之间的平衡,而且保持企业长期发展的动力,是对年轻 CEO 的重大挑战。作为刚进入国有企业的年轻 CEO，就像必须"带着脚镣跳舞"，而且在一定程度上需要自编舞蹈还不能超越舞蹈要求的边界。年轻 CEO 尚缺乏灵活运用这一权力的平衡技能。因此，年轻 CEO 行业自主权对高管－员工薪酬差距的影响应该会弱于年长 CEO。因此，本章研究提出以下研究假设：

H3.2-2：国有企业年轻 CEO 行业自主权与高管－员工薪酬差距正相关，且这种正相关性低于年长 CEO

根据以上逻辑，国有企业 CEO 运用行业自主权可以拉大高管－员工薪酬差距，而较大的薪酬差距在超过员工心理对不公平的承受能力阈值之后，就必然会产生薪酬鸿沟。虽然各企业、各员工由于个体差异，对薪酬差距的容忍程度不同，但是统计上而言，薪酬鸿沟产生的概率会随着薪酬差距的拉大而非线性上升。此外，由于 CEO 对薪酬鸿沟的负面效应其实是有所了解的，因此，对利企性动机比较强的年轻 CEO 而言，将尝试尽力避免薪酬鸿沟的出现；而年长 CEO 则在一定程度上，可能利己性动机更强，也更有底气以"利企"的借口拉大薪酬差距实现利己的目标，这往往伴随着更高可能的薪酬鸿沟的出现。

H3.2-3：国有企业年长 CEO 行业自主权与薪酬鸿沟正相关

H3.2-4：国有企业年轻 CEO 行业自主权与薪酬鸿沟正相关，但这种正向影响低于年长 CEO

3.3　研究设计

3.3.1 样本数据来源

以 2010—2015 年制造业 A 股上市国有企业为研究对象。其中，国有企业的界定，本章参考现有文献的研究（代彬等，2011；黎文靖，胡玉明，2012； 吕明月，2016）。同时，在国有企业的样本中，按照以下原则进行样本筛选：（1）剔除 ST、SST、PT 类公司；（2）剔除年报信息披露不全的公司。如年报中没披露高管报酬的公司；（3）剔除企业绩效有极端值的样本公司，比如样本当年大幅度亏损，或者非正常盈利等；（4）剔除数据不连续的公司。为了方便统计数据，我们要求样本企业是 2009 年前上市的公司，并且持续正常上市；（5）剔除当年有异常数据的上市公司，比如高管薪酬与员工平均薪酬差值低于 1 万元的上市公司。

本章的数据主要来源于国泰安数据库，部分来源于巨潮资讯网上公布的上市公司年报，对其进行手工摘录。为保证数据的准确性与真实性，将从数据库中下载的数据与上市公司年报进行对比,结果基本一致。通过以上的处理,最终得到 371 家国有企业上市公司 2010—2015 三年的面板数据,总计 2226 条。数据处理软件为 SPSS20.0。

3.3.2 变量设计

自变量:行业自主权(HYZ)。行业作为企业的宏观环境,在大的行业背景下,如果该行业目前在市场上发展很好,发展前景很大,则该行业的相应人力资源也就会随着具备很大市场竞争力,尤其是该行业的企业 CEO,对市场上的吸引力自然也会比其他行业的企业 CEO 更大,该行业的企业 CEO 在该企业也会得到股东更大的授权。具体 HYZ 指数用行业净利润增长率(HYZ1)、研发投入增长(HYZ2)、无形资产比率增长(HYZ3)这三个指标的加权平均值来衡量,具体定义见母欣硕士论文(2017)。

因变量:高管－员工薪酬差距(EEPD)。国内外关于高管－员工薪酬差距的操作定义很多,本章综合借鉴江伟等(2018)、蔡芸等(2019),以及吕明月(2016)等学者的观点计算高管与员工间的薪酬差距,其中高管人员的平均薪酬是前三名高管薪酬的平均数,普通员工的平均薪酬等于员工获得的薪资总额与普通员工的人数之比,普通员工薪酬总额等于支付给职工以及为职工支付的现金减去董事、监事及高管薪酬总额,普通员工人数等于公司员工总数与高管人数的差值。本章在已有研究的基础上,采用绝对高管－员工薪酬差距(EEPD)来作为主要衡量指标,具体如下:

$$EEPD = \ln(高管平均薪酬 - 员工平均薪酬)$$
$$= \ln\left(\frac{高管前三名薪酬总额}{3} - \frac{员工年度薪酬总额}{员工人数 - 高管人数}\right)$$

(公式 3.3-1)

薪酬鸿沟(HPG):具体衡量方法见本书第二章。延用第二章开发的薪酬鸿沟度量指标体系,分别采用薪酬水平比较法(C_HPG1、C_HPG2、C_HPG3)、回归估计比较法(R_HPG1、R_HPG3、R_HPG4)和薪酬增长比较法(G_HPG1、G_HPG2、G_HPG5)测算三个薪酬鸿沟指标 C_HPG、R_HPG、G_HPG。最终的薪酬鸿沟指数(HPG)取三者的平均值。此外,还设定 HPG01 作为薪酬鸿沟测度的替代性指标,即薪酬鸿沟指数大于样本均值的话,设定为 1,认为发生了薪酬鸿沟现象;而薪酬鸿沟指数小于样本均值的话,设定为 0,认为薪酬差距尚未发展至薪酬鸿沟,处于可接受阶段。

控制变量:根据高管薪酬、高管薪酬差距和高管－员工薪酬研究相

关研究文献的观点（Chen et al,2011；肖东生等,2014；Crespí-Cladera
& Pascual-Fuster,2014；赵健梅,任雪薇,2010；黎文靖,胡玉明,2012；
张长征,李怀祖,2008），本章除了以上主要研究变量以外,还选取控制
变量,分别为公司所属地区（EAST）、股权集中度（FSR）、资产负债率
（DEBT）、公司规模（FSIZE）、董事会规模（BSIZE）、董事会独立性（RID）、
公司绩效（FPER）。

　　本章涉及的变量具体含义以及汇总信息见表 3.3-1。

表 3.3-1　汇总变量定义

变量类型	变量名称	变量代码	变量含义
自变量	行业自主权	HYZ	（HYZ1+HYZ2+HYZ3）/3
因变量	绝对高管-员工薪酬差距	EEPD	LN（高管平均薪酬-员工平均薪酬）
	薪酬鸿沟	HPG	详见第二章
控制变量	地区	EAST	属于东部省份的企业记为 1,否则为 0
	股权集中度	FRS	第一大股东持股数量占总股份数量的比重
	资产负债率	DEBT	期末负债总额/资产总额
	公司规模	FSIZE	企业总资产取常用对数
	董事会规模	BSIZE	董事会成员总人数
	董事会独立性	RID	独立董事人数/董事会人数
	公司绩效	FPER	净资产收益率（ROE）

3.3.3 变量描述性统计与相关性分析

　　表 3.3-2 是研究样本中,变量的描述性统计以及相关性分析结果。
本章选择的国有企业样本中,CEO 行业自主权平均值为 0.195,高管-员
工薪酬差距的自然对数为 12.601。样本公司约 50% 的注册地处于中国
东部地区,股权集中度的平均值为 36.5%,即第一大股东平均约持有上市
公司总股份的三分之一；独立董事比例为 36.8%,符合上市公司独立董事
比例方面的规定。HYZ 与 EEPD 在 0.05 的水平上显著负相关（-0.051*）,
两者之间的关系需要进行深入的回归分析。整体上主要解释变量和控制
变量之间的相关系数值多不大于 0.5,说明多重共线性问题可以忽略,有
利于下文进行回归分析。

表 3.3-2　研究变量描述性统计与相关性分析

编号	变量	均值	标准差	1	2	3	4	5	6	7	8	9	10
1	HYZ	.195	.215	1									
2	EEPD	12.601	.943	−.051*	1								
3	EAST	.50	.500	.003	.226**	1							
4	FSR	.365	.142	−.013	−.091**	.036	1						
5	DEBT	.507	.181	−.029	.010	−.027	.045*	1					
6	FSIZE	9.726	.540	−.108**	.403**	.039	.207**	.417**	1				
7	BSIZE	9.19	1.772	.019	.126**	−.046*	.035	.101**	.294**	1			
8	RID	.368	.0534	−.053*	.043*	−.044*	.002	.031	.082**	−.248**	1		
9	FPER	6.267	11.842	.160**	.336**	.084**	.066**	−.176**	.113**	.062**	−.047*	1	
10	HPG	0.392	0.318	−055.**	.299**	.006	−.125**	.037**	−.011	.033**	.106**	−351**	1

注：N=2226，**. 显著度水平为 0.01（双尾）；*. 显著度水平为 0.05（双尾）。除
高管 - 员工薪酬差距对数采用的自然对数之外,资产规模对数采用的是常用对数。

3.3.4 实证模型设计

为了检验 CEO 行业自主权对高管 - 员工薪酬差距的影响,拟以 HYZ
为自变量,以 EEPD 为因变量,构建一元线性回归实证模型 3.3-1,用以检
验假设 H3.2-1 和 H3.2-2。其中,i 表示某个样本公司,t 表示 2010-2015
年中的某一年份。

$$EEPD_{it}=\alpha+\sigma_1 HYZ_{it}+\varepsilon_i \qquad （模型 3.3-1）$$

鉴于一元线性回归分析,可能会产生遗漏误差。在加入控制变量的
情况下,以 HYZ 为自变量,以 EEPD 为因变量,以 EAST, FSR, DEBT,
FSIZE, BSIZE, RID, RDI 和 FPER 为控制变量,构建基于 OLS 的多元回
归实证模型 3.3-2,用以进一步检验假设 H3.2-1 和假设 H3.2-2,实证分
析年长 CEO 与年轻 CEO 是否能够运用行业自主权影响企业内部高管 -
员工薪酬差距。

其中,年长 CEO 样本与年轻 CEO 样本的划分遵循第四章的方法。

$$EEPD_{it}=\alpha+\sigma_1 HYZ_{it}+\sigma_2 EAST_{it}+\sigma_3 FRS_{it}+\sigma_4 DEBT_{it}+\sigma_5 FSIZE_{it}+\sigma_6 BSIZE_{it}+\sigma_7 RID_{it}+\sigma_8 RDI_{it}+\sigma_9 FPER_{it}+\varepsilon_{it}$$

$$（模型 3.3-2）$$

以 HYZ 为自变量,以 HPG 为因变量,考虑 EAST 等八个控制变量,

构建多元回归模型 3.3-3，检验假设 H3.2-3 和 H3.2-4，实证分析年长 CEO 与年轻 CEO 是否能够运用行业自主权（HYZ）影响企业内部薪酬鸿沟（HPG）。

$$HPG_{it}=\alpha+\sigma_1 HYZ_{it}+\sigma_2 EAST_{it}+\sigma_3 FRS_{it}+\sigma_4 DEBT_{it}+\sigma_5 FSIZE_{it}+\sigma_6 BSIZE_{it}+\sigma_7 RID_{it}+\sigma_8 RDI_{it}+\sigma_9 FPER_{it}+\varepsilon_{it}$$

（模型 3.3-3）

3.4 国有企业新－老 CEO 行业自主权对高管－员工薪酬差距和薪酬鸿沟的操纵效应实证分析

在进行多元回归分析之前，应用 SPSS20.0，先进行了 HYZ 与 AGAP 的 11 种曲线拟合，拟合结果表明，线性关系拟合显著，但是关系性质与假设不同，而且显著性程度较低（10% 的水平上显著）。

3.4.1 CEO 行业自主权与高管－员工薪酬差距关系的假设检验结果

3.4.1.1 年长 CEO 行业自主权与高管－员工薪酬差距的关系

应用模型 3.3-1 和模型 3.3-2 拟合年长 CEO 样本数据，结果见表 3.4-1 和表 3.4-2。结果显示，在没有考虑控制变量的情况下，HYZ 对 EEPD 的回归结果为负，但统计上并不显著（Beta=-0.029，P=0.353）。在加入控制变量之后，HYZ 对 EEPD 的回归结果统计上不显著（Beta=-0.024，P=0.386）。这意味着年长 CEO 行业自主权与高管－员工薪酬差距无显著线性相关。因此，假设 H3.2-1 不成立。

表 3.4-1　年长 CEO 行业自主权与高管－员工绝对薪酬差距关系的一元回归结果

模型 B	非标准化系数		标准系数	T	Sig.
	标准误差	Beta			
3.3-1 （常量）	5.476	.018		302.587	.000
CEO 行业自主权	-.059	.064	-.029	-.930	.353

R^2=0.001，F=0.864，Sig=.353

从表 3.4-2 的结果来看，对高管－员工薪酬差距（EEPD）影响效应强度最高的前三位因素，仍然分别是企业规模（FIZE）、股权集中度

（FSR）和企业绩效（FPER）。其中，股权集中度对高管－员工薪酬差距是负向影响，而企业规模和企业绩效则正向促进高管－员工薪酬差距。

表 3.4-2　年长 CEO 行业自主权与高管－员工绝对薪酬差距关系的多元回归结果

模型	变量	非标准化系数		标准系数	T	Sig.
		B	标准误差	Beta		
3.3-2	（常量）	−35.385	3.966		−3.923	.000
	HYZ	1.010	1.164	.024	.867	.386
	EAST	2.531	.418	.159	6.059	.000
	FSR	−13.941	1.465	−.257	−9.514	.000
	DEBT	1.235	1.290	.029	.957	.339
	FSIZE	4.765	.422	.351	11.299	.000
	RID	−4.192	4.245	−.026	−.987	.324
	RDI	−4.248	3.278	−.014	−.513	.608
	FPER	.150	.019	.223	3.118	.000
模型拟合参数	R^2	0.246	F	46.40	Sig	0.000

3.4.1.2 年轻 CEO 行业自主权与高管－员工薪酬差距的关系分析

应用模型 3.3-1 和模型 3.3-2，拟合年轻 CEO 样本数据，结果见表 3.4-3 和表 3.4-4。结果显示，在没有考虑控制变量的情况下，HYZ 对 EEPD 的回归结果在 5% 显著性水平上负相关（B=−0.069, P=0.018）。在加入控制变量之后，HYZ 对 EEPD 的回归结果显著为负（B=−0.038, P=0.034）。这意味着每一单位的年轻 CEO 行业自主权的变动，将引起 0.038 单位的高管－员工绝对薪酬差距的反向变动，即年轻 CEO 行业自主权与高管－员工薪酬差距显著负相关。因此，假设 H3.3-2 不成立。

表 3.4-3　年轻 CEO 行业自主权与高管－员工绝对薪酬差距关系的一元回归结果

模型 B		非标准化系数		标准系数	T	Sig.
		标准误差	Beta			
3.3-1	（常量）	5.518	.015		366.004	.000
	CEO 行业自主权	−.121	.051	−.069	−2.375	.018
R^2=.004, F=5.642, Sig=.018						

表 3.4-4 结果还表明,在年轻 CEO 样本中,企业规模对高管－员工薪酬差距的正向影响显著高于年长 CEO 样本;研发投入强度对高管－员工薪酬差距的正向影响显著高于年长 CEO 样本。

表 3.4-4　年轻 CEO 行业自主权与高管－员工绝对薪酬差距关系的多元回归结果

模型	变量	非标准化系数		标准系数	T	Sig.
		B	标准误差	Beta		
	（常量）	1.780	.212		3.383	.000
	HYZ	−.071	.033	−.038	−2.127	.034
	EAST	.115	.020	.146	5.817	.000
	FSR	−.427	.072	−.148	−5.910	.000
3.3−2	DEBT	−.282	.063	−.126	−4.481	.000
	FSIZE	.373	.023	.463	16.517	.000
	RID	.578	.169	.084	3.410	.001
	RDI	2.270	.440	.131	5.155	.000
	FPER	.008	.001	.256	9.684	.000
模型拟合参数	R^2	.338	F	70.323	Sig	.000

3.4.1.3 CEO 行业自主权与高管－员工薪酬差距的关系：全样本检验

应用模型 3.3-2 拟合全样本数据,结果见表 3.4-5。结果显示,在考虑控制变量的情况下,HYZ 对 EEPD 的回归结果不再显著(Beta=-0.008, P=0.749)。这意味着,CEO 行业自主权与高管－员工薪酬差距整体上不相关。将该结果与表 3.4-4 和表 3.4-2 进行比较,可以发现,全样本中 CEO 行业自主权对薪酬差距的影响效应小于年轻 CEO 样本中的效应,而与年长 CEO 样本中的效应相当。

表 3.4-5　CEO 行业自主权与高管－员工绝对薪酬差距关系的回归结果（全样本）

模型	变量	非标准化系数		标准系数	T	Sig.
		B	标准误差	Beta		
	（常量）	2.259	.141		16.009	.000
3.3−2	HYZ	−.013	.041	−.008	−.320	.749
	EAST	.149	.014	.184	10.603	.000
	FSR	−.590	.050	−.206	−11.725	.000

续表

模型	变量	非标准化系数		标准系数	T	Sig.
		B	标准误差	Beta		
3.3–2	DEBT	–.229	.044	–.102	–5.177	.000
	FSIZE	.340	.015	.452	22.615	.000
	RID	.240	.131	.032	1.826	.068
	RDI	1.740	.295	.104	5.898	.000
	FPER	.009	.001	.275	15.086	.000
模型拟合参数	R^2	.347	F	147.080	Sig	.000

3.4.2　CEO 行业自主权与高管 – 员工薪酬差距关系稳健性检验

为检验本章实证结论的可靠性,以相对高管 – 员工薪酬差距(EEPR)作为 EEPD 的替代性指标,进行稳健性检验,考察在存在控制变量的情况下,新 – 老 CEO 行业自主权对高管 – 员工薪酬差距的影响效应是否发生变化。因此,拟将模型 3.3–2 中的因变量 EEPD 替换为 EEPR,构建模型 3.4–1。

$$EEPR_{it} = \alpha + \sigma_1 HYZ_{it} + \sigma_2 EAST_{it} + \sigma_3 FRS_{it} + \sigma_4 DEBT_{it} + \sigma_5 FSIZE_{it} + \sigma_6 BSIZE_{it} + \sigma_7 RID_{it} + \sigma_8 RDI_{it} + \sigma_9 FPER_{it} + \varepsilon_{it}$$

(模型 3.4–1)

应用模型 3.3–2 分别拟合年长 CEO 与年轻 CEO 样本数据,结果见表 3.4–6 和表 3.4–7。结果显示,在考虑控制变量的情况下,年长 CEO 行业自主权与企业相对高管 – 员工薪酬差距(EEPR)无显著线性相关性;年轻 CEO 行业自主权与企业相对高管 – 员工薪酬差距(EEPR)无显著相关性。假设 H3.2–1 和假设 H3.2–2 仍然均不成立。但是,年轻 CEO 行业自主权与 EEPD、EEPR 的相关性,呈现不同的结果,需要扩大样本、改变度量方法和实证模型设计进行进一步研究。

表 3.4–6　年长 CEO 行业自主权与相对高管 – 员工薪酬差距(EEPR)关系的回归结果

模型	变量	非标准化系数		标准系数	T	Sig.
		B	标准误差	Beta		
3.3–2	(常量)	–35.385	3.966		–8.923	.000
	HYZ	1.010	1.164	.024	.867	.386

续表

模型	变量	非标准化系数		标准系数	T	Sig.
		B	标准误差	Beta		
3.3-2	EAST	2.531	.418	.159	6.059	.000
	FSR	−13.941	1.465	−.257	−9.514	.000
	DEBT	1.235	1.290	.029	.957	.339
	FSIZE	4.765	.422	.351	11.299	.000
	RID	−4.192	4.245	−.026	−.987	.324
	RDI	−4.248	8.278	−.014	−.513	.608
	FPER	.150	.019	.223	8.118	.000
模型拟合参数	R^2	.246	F	46.40	Sig	.000

从表3.4-6和表3.4-7的数据分析结果来看,对相对高管-员工薪酬差距(EEPR)影响效应强度最高的前三位因素,仍然分别是企业规模(FIZE)、股权集中度(FSR)和企业绩效(FPER)。其中,股权集中度对相对高管-员工薪酬差距是负向影响,而企业规模和企业绩效则正向促进相对高管-员工薪酬差距。此外,相比较对绝对高管-员工薪酬差距(EEPD)的影响效应,资产负债率(DEBT)对相对高管-员工薪酬差距(EEPR)的影响效应明显较弱。

表3.4-7 年轻CEO行业自主权与相对高管-员工薪酬差距（EEPR）关系的回归结果

模型	变量	非标准化系数		标准系数	T	Sig.
		B	标准误差	Beta		
3.3-2	（常量）	−25.023	3.681		−6.797	.000
	HYZ	.647	.712	.026	.909	.364
	EAST	.958	.343	.079	2.796	.005
	FSR	−11.247	1.254	−.252	−8.969	.000
	DEBT	−2.337	1.091	−.067	−2.142	.032
	FSIZE	3.516	.392	.281	8.968	.000
	RID	3.040	2.939	.029	1.034	.301
	RDI	4.372	7.635	.016	.573	.567
	FPER	.100	.015	.196	6.607	.000
模型拟合参数	R^2	.169	F	28.009	Sig	.000

3.4.3 CEO 行业自主权与薪酬鸿沟关系假设检验结果

3.4.3.1 假设 H3.2-3 检验：年长 CEO 行业自主权与薪酬鸿沟差距的
关系

应用模型 3.3-3 拟合全样本数据，结果见表 3.4-8。表 3.4-8 结果显示，在考虑控制变量的情况下，年长 CEO 行业自主权对 HPG 的回归结果显著为负（Beta=0.075，P=0.009），这意味着每一单位的年长 CEO 行业自主权的变动，将引起 0.075 单位的薪酬鸿沟的反向变动，即年长 CEO 行业自主权与薪酬鸿沟显著负相关。对比下文表 3.4-10 中的结果，年长 CEO 行业自主权对 HPG 的影响明显高于全样本中 CEO 行业自主权的影响。假设 H3.2-3 不成立。

表 3.4-8　年长 CEO 行业自主权与薪酬鸿沟（HPG）关系的回归结果

模型	变量	非标准化系数		标准系数	T	Sig.
		B	标准误差	Beta		
3.3-3	（常量）	−.719	.154		−4.654	.000
	HYZ	−.118	.045	−.075	−2.604	.009
	EAST	.118	.016	.202	7.279	.000
	FSR	−.429	.057	−.214	−7.510	.000
	DEBT	−.124	.050	−.078	−2.461	.014
	FSIZE	.148	.016	.296	9.029	.000
	RID	−.256	.165	−.043	−1.549	.122
	RDI	1.165	.322	.102	3.615	.000
	FPER	−.002	.001	−.088	−3.027	.003
模型拟合参数	R^2	.160	F	27.410	Sig	.000

3.4.3.2 假设 H3.2-4 检验：年轻 CEO 行业自主权与薪酬鸿沟差距的
关系

应用模型 3.3-3 拟合全样本数据，结果见表 3.4-9。表 3.4-9 结果显示，在考虑控制变量的情况下，年轻 CEO 行业自主权对 HPG 的回归结果不显著（Beta=-0.046，P=0.103），即年轻 CEO 行业自主权与薪酬鸿沟不相关。假设 H3.2-4 不成立。年轻 CEO 行业自主权不是形成薪酬鸿沟的直接原因。

表 3.4-9　年轻 CEO 行业自主权与薪酬鸿沟（HPG）关系的回归结果

模型	变量	非标准化系数		标准系数	T	Sig.
		B	标准误差	Beta		
3.3-3	（常量）	−1.571	.167		−9.420	.000
	HYZ	−.053	.032	−.046	−1.634	.103
	EAST	.074	.016	.134	4.762	.000
	FSR	−.293	.057	−.144	−5.158	.000
	DEBT	−.265	.049	−.168	−5.365	.000
	FSIZE	.209	.018	.367	11.759	.000
	RID	.530	.133	.110	3.983	.000
	RDI	1.172	.346	.096	3.389	.001
	FPER	−.004	.001	−.178	−6.022	.000
模型拟合参数	R^2	.176	F	29.458	Sig	.000

3.4.3.3 CEO 行业自主权与薪酬鸿沟差距的关系：全样本分析

应用模型 3.3-3 拟合全样本数据,结果见表 3.4-10。表 3.4-10 结果显示,在考虑控制变量的情况下, HYZ 对 HPG 的回归结果显著为负（ Beta=−0.058,P=0.004）。这意味着,每一单位的 CEO 行业自主权的变动,将引起 0.058 单位的薪酬鸿沟的反向变动。可见,与其他自主权维度不同, CEO 行业自主权与薪酬鸿沟显著负相关,而且相关性强度远低于职位权、所有权、资源运作权和关联权。整体上, CEO 行业自主权是弱化和缓和薪酬鸿沟的直接原因,其影响效应与 CEO 自主权整体的影响效应在性质上不一致,且强度明显较弱。

表 3.4-10　CEO 行业自主权与薪酬鸿沟关系的回归结果（全样本）

模型	变量	非标准化系数		标准系数	T	Sig.
		B	标准误差	Beta		
3.3-3	（常量）	−1.111	.113		−9.865	.000
	HYZ	−.076	.027	−.058	−2.862	.004
	EAST	.099	.011	.173	8.792	.000
	FSR	−.378	.040	−.188	−9.420	.000
	DEBT	−.193	.035	−.122	−5.456	.000
	FSIZE	.173	.012	.328	14.430	.000

模型	变量	非标准化系数		标准系数	T	Sig.
		B	标准误差	Beta		
3.3-3	RID	.190	.105	.036	1.813	.070
	RDI	1.105	.235	.094	4.696	.000
	FPER	−.003	.000	−.127	−6.142	.000
模型拟合参数	R^2	.158	F	51.919	Sig	.000

3.4.4 CEO 行业自主权与薪酬鸿沟关系稳健性检验结果

3.4.4.1 CEO 行业自主权与薪酬鸿沟存在性（HPG01）的关系分析

为检验 3.4.3 中实证结论的可靠性，以薪酬鸿沟存在性（HPG01）替代 HPG 作为薪酬鸿沟的竞争性指标，进行稳健性检验。在考虑控制变量的情况下，试图研究和比较新－老 CEO 行业自主权对薪酬鸿沟的影响效应，是否会因为薪酬鸿沟的衡量指标选择不同而发生变化。因此将模型 3.3-3 中的因变量 HPG 替换为 HPG01，保留该模型中大多数的控制变量和自变量，将研发投入强度（RDI）替换为董事会规模（BSIZE），采用二元逻辑回归模型，构建实证模型 3.4-2。

$$\text{Logit}\left(\frac{\text{HPG01}}{1-\text{HPG01}}\right)=\alpha+\sigma_1 HYZ_{it}+\sigma_2 EAST_{it}+\sigma_3 FSIZE_{it}+\sigma_4 FSR_{it}+\sigma_5 DEBT_{it}+\sigma_6 BSIZE_{it}+\sigma_7 RID_{it}+\sigma_8 FPER_{it}+\varepsilon_{it}$$

（模型 3.4-2）

应用模型 3.4-2，拟合全样本数据，结果见表 3.4-11。表 3.4-11 结果显示，在考虑控制变量的情况下，CEO 行业自主权对薪酬鸿沟存在性（HPG01）的回归结果显著为负（B=−0678，P=0.002）。结论没有因为因变量度量方式的改变而发生变化，也没有因为数据处理模型而发生变化。

表 3.4-11　CEO 行业自主权与薪酬鸿沟（HPG01）关系的回归结果（全样本）

模型	变量	B	S.E,	Wals	df	Sig.	Exp（B）
3.4-2	HYZ	−.678	.223	9.219	1	.002	.508
	EAST	.701	.091	59.023	1	.000	2.015
	FSIZE	1.296	.111	135.176	1	.000	3.654
	FSR	−2.362	.339	48.524	1	.000	.094
	DEBT	−1.453	.288	25.481	1	.000	.234

续表

模型	变量	B	S.E,	Wals	df	Sig.	Exp（B）
3.4–2	BSIZE	−.026	.028	.839	1	.360	.975
	RID	.524	.890	.347	1	.556	1.689
	FPER	−.009	.004	5.174	1	.023	.991
	常量	−11.112	.983	127.704	1	.000	.000
模型拟合参数	卡方	268.304	Cox & Snell R^2	.114	Nagelkerke R^2		.151

3.4.4.2 假设 H3.2–3 稳健性检验：年长 CEO 行业自主权与薪酬鸿沟存在性（HPG01）的关系分析

应用模型 3.4–2，拟合年长 CEO 样本数据，结果见表 3.4–12。表 3.4–12 结果显示，在考虑控制变量的情况下，年长 CEO 行业自主权（HYZ）对薪酬鸿沟存在性（HPG01）的回归结果显著为负（$B=-0.908$，$P=0.012$）。结论没有因为因变量度量方式的改变而发生变化，也没有因为数据处理模型而发生变化。年长 CEO 行业自主权对薪酬鸿沟存在性的负向影响效应，显著高于全样本数据中的结果。假设 H3.2–3 仍然不成立。

表 3.4–12　年长 CEO 行业自主权（HYZ）与薪酬鸿沟（HPG01）关系的回归结果

模型	变量	B	S.E,	Wals	df	Sig.	Exp（B）
3.4–2	HYZ	−.908	.360	6.359	1	.012	.403
	EAST	.743	.129	33.277	1	.000	2.103
	FSIZE	1.172	.146	64.346	1	.000	3.228
	FSR	−2.997	.483	38.512	1	.000	.050
	DEBT	−1.315	.396	11.008	1	.001	.269
	BSIZE	−.022	.042	.260	1	.610	.979
	RID	−1.619	1.383	1.371	1	.242	.198
	FPER	−.003	.006	.254	1	.614	.997
	常量	−8.969	1.296	47.890	1	.000	.000
模型拟合参数	卡方	148.335	Cox & Snell R^2	.125	Nagelkerke R^2		.166

3.4.4.3 假设 H3.2–4 稳健性检验：年轻 CEO 行业自主权与薪酬鸿沟存在性（HPG01）的关系分析

应用模型 3.4–2，拟合年轻 CEO 样本数据，结果见表 3.4–13。表 3.4–13

结果显示,在考虑控制变量的情况下,年轻 CEO 行业自主权(HYZ)对薪酬鸿沟存在性(HPG01)的回归结果显著为负(B=-0.547,P=0.000)。该结果与本章 3.4.3 中的实证分析结果不一致,改变了薪酬鸿沟度量方式之后,年轻 CEO 行业自主权与薪酬鸿沟的关系从不显著变成了 5% 显著度水平下的负相关关系。假设 H3.2–4 仍然不成立。

此外,将稳健性检验的结果与本章 3.4.3 中的假设检验结果相比较,可以发现,股权集中度(FSR)对薪酬鸿沟程度(HPG)具有显著负向的抑制效应,而对薪酬鸿沟存在性(HPG01)则显示出显著正向促进效应。可见,第一大股东对高管 – 员工薪酬差距的过度极端值,有较好的抑制效应,但是在合适差距向过度差距转换的"阈值"处,第一大股东则持有相对含糊甚至鼓励的姿态,在一定程度上,反而促进了企业内部薪酬差距向薪酬鸿沟的转变。但是,可以认定的是,在薪酬鸿沟从轻度向重度转变的过程中,第一大股东其实起到了比较重要的作用。

表 3.4–13　年轻 CEO 行业自主权与薪酬鸿沟(HPG01)关系的回归结果

模型	变量	B	S.E,	Wals	df	Sig.	Exp(B)
	HYZ	–.547	.276	3.921	1	.048	.578
	EAST	.621	.131	22.349	1	.000	1.860
	FSIZE	1.561	.178	76.654	1	.000	4.763
	FSR	–1.619	.488	10.995	1	.001	.198
3.4–2	DEBT	–1.689	.426	15.737	1	.000	.185
	BSIZE	–.042	.039	1.194	1	.274	.958
	RID	2.065	1.184	3.043	1	.081	7.884
	FPER	–.017	.006	8.251	1	.004	.983
	常量	–14.216	1.556	83.419	1	.000	.000
模型拟合参数	卡方	136.713	Cox & Snell R^2	.116	Nagelkerke R^2	.154	

　　3.4.4.4 CEO 行业自主权与基于薪酬水平比较法的薪酬鸿沟(C_HPG)的关系分析

　　为检验本章 3.4.3 中实证结论的可靠性,改变薪酬鸿沟的度量方式,以第二章中基于薪酬水平比较法构建的薪酬鸿沟度量指标(C_HPG)作为薪酬鸿沟的竞争性指标,进行稳健性检验。在考虑与模型 3.3–3 相同控制变量的情况下,仅改变模型的因变量度量方式,构建模型 3.3–3*,试图研究和比较新－老 CEO 行业自主权对薪酬鸿沟的影响效应,是否会因为薪酬鸿沟的衡量指标选择不同而发生变化。回归结果表明,全样本中,HYZ 相对于 C_HPG 的标准化回归系数显著为负(P=0.002);年轻 CEO 样本中,HYZ 相对于 C_HPG 的标准化回归系数显著为负(P=0.084);年长 CEO 样本中,HYZ 相对于 C_HPG 的标准化回归系数显著为负(P=0.000),而且从数值上而言,年长 CEO 样本的标准化回归系数最大。可见,采用基于薪酬水平比较法构建的薪酬鸿沟度量指标(C_HPG),实证结论未发生变化。

同样的逻辑,分别以第二章中基于薪酬增长比较法构建的薪酬鸿沟度量指标(G_HPG)和基于回归估计比较法构建的薪酬鸿沟度量指标(R_HPG)作为薪酬鸿沟(HPG)的竞争性指标,进行稳健性检验。结果仍然得到验证,只是在显著度上稍有差异。

3.4.4.5 基于新产品国际收入增长率(RIG_NEWP)衡量的 CEO 行业自主权与薪酬鸿沟的关系分析

为检验本章 3.4.3 中实证结论的可靠性,改变行业自主权的度量方式,以新产品国际收入增长率(RIG_NEWP)作为衡量 CEO 行业自主权的竞争性指标,进行稳健性检验。在考虑与模型 3.3-3 相同控制变量的情况下,仅改变模型的自变量度量方式,构建模型 3.3-3**,试图研究和比较新－老 CEO 行业自主权对薪酬鸿沟的影响效应,是否会因为行业自主权的衡量指标选择不同而发生变化。回归结果表明,全样本中,RIG_NEWP 相对于 HPG 的回归系数显著为负(P=0.000);年轻 CEO 样本中,RIG_NEWP 相对于 HPG 的回归系数不显著(P=0.103);年长 CEO 样本中,RIG_NEWP 相对于 HPG 的回归系数显著为负(P=0.001),而且从强度上而言,年长 CEO 样本的标准化回归系数最大。可见,采用新产品国际收入增长率(RIG_NEWP)作为衡量 CEO 行业自主权的竞争性指标,实证结论未发生变化。

3.4.5 CEO 行业自主权、上年度薪酬鸿沟与未来公司绩效

为进一步考察 CEO 行业自主权与薪酬鸿沟的交互作用对公司绩效的影响,以公司 t+1 年度的绩效(ROE)为因变量,以 t 年度 CEO 行业自主权(HYZ)、t-1 年度薪酬鸿沟(HPG)以及二者的标准化值的交互项(ZHYZ*ZHPG)为自变量,采用 EAST、FSR 和 DEBT 等五个变量为控制变量,构建基于 OLS 的多元回归模型 3.4-3。其中,ZHYZ、ZHPG 是指用 SPSS 软件对 CEO 行业自主权权和薪酬鸿沟进行描述性分析时,选择“保

存为正态变量（ Z_Score ）" 而形成的标准化值。

$$POE_{i(t+1)}=\alpha+\sigma_1EAST_{it}+\sigma_2FSR_{it}+\sigma_3DEBT_{it}+\sigma_4FSIZE_{it}+\sigma_5RID_{it}+\sigma_6HYZ_{it}+\sigma_7HPG_{it}+\sigma_8ZHYZ*ZHPG_{i(t-1)}+\varepsilon_{it}$$

（模型 3.4-3）

3.4.5.1　全样本分析：CEO 行业自主权、上年度薪酬鸿沟与未来公司绩效

应用模型 3.4-3，拟合全样本数据，回归结果见表 3.4-14。

表 3.4-14　CEO 行业自主权、上年度薪酬鸿沟与未来公司绩效关系（全样本）

模型	变量	非标准化系数		标准系数	T	Sig.
		B	标准误差	Beta		
3.4-3	（常量）	−30.364	4.290		−7.077	.000
	EAST	1.852	.431	.092	4.295	.000
	FSR	1.430	1.561	.020	.916	.360
	DEBT	−14.348	1.306	−.256	−10.987	.000
	FSIZE	4.535	.466	.242	9.740	.000
	RID	−5.917	4.001	−.031	−1.479	.139
	HYZ	6.619	1.002	.144	6.608	.000
	HPG	−2.661	.804	−.075	−3.310	.001
	ZHYZ*ZHPG	.294	.191	.034	1.539	.124
模型拟合参数	R^2	.101	F	28.417	Sig	.000

表 3.4-14 结果显示，在考虑控制变量的情况下，CEO 行业自主权（ HYZ ）对企业未来绩效（ ROE ）的回归结果显著为正（ Beta=0.144，P=0.000 ）。与上文结果相比，并未发生本质性变化；薪酬鸿沟对企业未来绩效的回归结果显著为负（ Beta=−0.075，P=0.001 ），符合人们对薪酬鸿沟绩效后果的预期；二者的交互项（ ZHYZ *ZHPG ）的回归结果为负，但是统计上不显著（ Beta=0.034，P=0.124 ）。结果表明，CEO 行业自主权与上一年度薪酬鸿沟对绩效的协同效应不存在。换言之，CEO 行业自主权对薪酬鸿沟的负面绩效后果没有影响。

3.4.5.2 年长 CEO 样本分析：CEO 行业自主权与、上年度薪酬鸿沟与未来公司绩效

应用模型 3.4-3，拟合年长 CEO 样本数据，回归结果见表 3.4-15。

表 3.4-15　年长 CEO 行业自主权、上年度薪酬鸿沟与未来公司绩效（ROE）关系

模型	变量	非标准化系数		标准系数	T	Sig.
		B	标准误差	Beta		
3.4-3	（常量）	−41.208	6.253		−6.590	.000
	EAST	1.752	.579	.088	3.027	.003
	FSR	4.113	2.141	.056	1.921	.055
	DEBT	−18.699	1.780	−.328	−10.506	.000
	FSIZE	5.844	.673	.287	8.677	.000
	RID	−6.061	4.949	−.035	−1.225	.221
	HYZ	5.270	1.192	.130	4.423	.000
	HPG	−3.923	1.103	−.109	−3.556	.000
	ZHYZ*ZHPG	.358	.223	.047	1.604	.109
模型拟合参数	R^2	.146	F	22.455	Sig	.000

表 3.4-15 结果显示，在考虑控制变量的情况下，CEO 行业自主权（HYZ）对企业未来绩效（ROE）的回归结果显著为正（Beta=0.130，P=0.000）。与上文结果相比，并未发生本质性变化；薪酬鸿沟对企业未来绩效的回归结果显著为负（Beta=−0.109，P=0.002），符合人们对薪酬鸿沟绩效后果的预期；二者的交互项（ZHYZ *ZHPG）的回归结果显著为负（Beta=0.047，P=0.109）。该结果表明，年长 CEO 行业自主权与薪酬鸿沟的交互作用对企业未来绩效没有显著影响效应。

3.4.5.3 年轻 CEO 样本分析：CEO 行业自主权、上年度薪酬鸿沟与未来公司绩效

应用模型 3.4-3，拟合年轻 CEO 样本数据，回归结果见表 3.4-16。

表 3.4-16　年轻 CEO 行业自主权、上年度薪酬鸿沟与未来公司绩效关系

模型	变量	非标准化系数		标准系数	T	Sig.
		B	标准误差	Beta		
3.4-3	（常量）	−23.597	6.005		−3.929	.000

模型	变量	非标准化系数		标准系数	T	Sig.
		B	标准误差	Beta		
3.4–3	EAST	1.798	.646	.089	2.784	.005
	FSR	−1.200	2.297	−.017	−.522	.602
	DEBT	−9.734	1.911	−.177	−5.093	.000
	FSIZE	3.496	.651	.202	5.368	.000
	RID	−2.101	6.705	−.010	−.313	.754
	HYZ	9.029	1.772	.163	5.097	.000
	HPG	−1.521	1.188	−.044	−1.280	.201
	ZHYZ*ZHPG	.130	.355	.012	.365	.715
模型拟合参数	R^2	.069	F	8.979	Sig	.000

表 3.4-16 结果显示,在考虑控制变量的情况下,年轻 CEO 行业自主权(HYZ)对企业未来绩效(ROE)的回归结果显著为正(Beta=0.163,P=0.000);薪酬鸿沟对企业未来绩效的回归结果显著为负(Beta=-0.044,P=0.201),符合人们对薪酬鸿沟绩效后果的预期;二者的交互项(ZHYZ*ZHPG)的回归结果显著为负(Beta=0.012,P=0.715)。该结果表明,在年轻 CEO 样本中,薪酬鸿沟对企业绩效的负面影响效应显著弱化。该结果再次验证了,年长 CEO 行业自主权与的利企性动机似乎弱于年轻 CEO。

3.4.6 CEO 行业自主权、上年度薪酬鸿沟与未来公司绩效:稳健性检验

3.4.6.1 全样本分析:CEO 行业自主权、上年度薪酬鸿沟存在性(HPG01)与未来公司绩效

为检验 3.4.5 中实证结论的可靠性,以薪酬鸿沟存在性(HPG01)替代 HPG 作为薪酬鸿沟的竞争性指标,进行稳健性检验。在考虑控制变量的情况下,试图研究和比较新 - 老 CEO 行业自主权和薪酬鸿沟的交互效应对未来公司绩效的影响,是否会因为薪酬鸿沟指标选择不同而发生变化。因此将模型 3.4-3 中的自变量 HPG 替换为 HPG01,并将因变量的 ROE 改变为 ROA,保留该模型中的其他变量,构建实证模型 3.4-4。

$$POA_{i\,(t+1)}=\alpha+\sigma_1 EAST_{it}+\sigma_2 FSR_{it}+\sigma_3 DEBT_{it}+\sigma_4 FSIZE_{it}+\sigma_5 RID_{it}+\sigma_6 HYZ_{it}+$$
$$\sigma_7 HPG01_{i\,(t-1)}+\sigma_8 ZHPG01_{i\,(t-1)}+\varepsilon_{it}$$

（模型 3.4-4）

应用模型 3.4-4，拟合全样本数据，回归结果见表 3.4-17。表 3.4-17 结果显示，在考虑控制变量的情况下，CEO 行业自主权（HYZ）对企业未来绩效（ROE）的回归显著为正（Beta=0.153，P=0.000）；薪酬鸿沟存在性（HPG01）对企业未来绩效的回归结果在 10% 的水平不显著（Beta=-0.008，P=0.722），不符合人们对薪酬鸿沟绩效后果的预期；二者的交互项（ZHYZ*ZHPG01）的回归结果不显著（Beta=0.033，P=0.134）。

表 3.4-17　CEO 行业自主权、上年度薪酬鸿沟（HPG01）与未来公司绩效（全样本）

模型	变量	非标准化系数		标准系数	T	Sig.
		B	标准误差	Beta		
3.4-4	（常量）	−28.082	4.314		−6.509	.000
	EAST	1.630	.431	.081	3.782	.000
	FSR	2.330	1.553	.033	1.500	.134
	DEBT	−13.996	1.309	−.250	−10.692	.000
	FSIZE	4.154	.465	.222	8.938	.000
	RID	−6.352	4.009	−.034	−1.584	.113
	HYZ	7.025	1.022	.153	6.876	.000
	HPG01	−.160	.451	−.008	−.356	.722
	ZHYZ*ZHPG01	.329	.220	.033	1.498	.134
模型拟合参数	R^2	.096	F	27.037	Sig.	.000

3.4.6.2 年长 CEO 样本分析：CEO 行业自主权、上年度薪酬鸿沟存在性（HPG01）与未来公司绩效

应用模型 3.4-4，拟合年长 CEO 样本数据，回归结果见表 3.4-18。表 3.4-18 结果显示，在考虑控制变量的情况下，年长 CEO 行业自主权（HYZ）对企业未来绩效（ROA）的回归结果显著为正（Beta=0.148，P=0.000）；薪酬鸿沟存在性对企业未来绩效的回归结果显著为负（Beta=-0.021，P=0.487）；二者的交互项（ZHYZ*ZHPG）的回归结果显著为正（Beta=0.059，P=0.057）。该结果表明，年长 CEO 行业自主权与薪酬鸿沟存在性（HPG01）的交互效应显著，即行业自主权能够改善薪酬鸿沟存在性（HPG01）的负向绩效后果。

表 3.4-18　年长 CEO 行业自主权、上年度薪酬鸿沟（HPG01）与未来公司绩效

| 模型 | 变量 | 非标准化系数 | | 标准系数 | T | Sig. |
		B	标准误差	Beta		
3.4-4	（常量）	-37.413	6.274		-5.963	.000
	EAST	1.502	.581	.076	2.587	.010
	FSR	5.115	2.136	.070	2.394	.017
	DEBT	-18.215	1.784	-.320	-10.212	.000
	FSIZE	5.306	.671	.261	7.911	.000
	RID	-7.922	4.948	-.046	-1.601	.110
	HYZ	5.959	1.242	.148	4.796	.000
	HPG01	-.418	.600	-.021	-.696	.487
	ZHYZ*ZHPG01	.511	.268	.059	1.909	.057
模型拟合参数	R^2	.138	F	20.975	Sig.	.000

3.4.6.3 年轻 CEO 样本分析：CEO 行业自主权、上年度薪酬鸿沟存在性（HPG01）与未来公司绩效

应用模型 3.4-4，拟合年轻 CEO 样本数据，回归结果见表 3.4-19。表 3.4-19 结果显示，在考虑控制变量的情况下，年轻 CEO 行业自主权（HYZ）对企业未来绩效（ROA）的回归结果显著为正（Beta=0.166，P=0.000）；薪酬鸿沟存在性对企业未来绩效的回归结果不显著（Beta=0.008，P=0.810）；二者的交互项（ZHYZ*ZHPG01）的回归结果为不显著的负值（Beta=-0.006，P=0.844）。该结果再次表明，年轻 CEO 行业自主权与薪酬鸿沟的交互作用对企业未来绩效没有显著影响效应。

表 3.4-19　年轻 CEO 行业自主权、上年度薪酬鸿沟（HPG01）与未来公司绩效

| 模型 | 变量 | 非标准化系数 | | 标准系数 | T | Sig. |
		B	标准误差	Beta		
3.4-4	（常量）	-22.537	6.045		-3.728	.000
	EAST	1.640	.643	.081	2.552	.011
	FSR	-.446	2.287	-.006	-.195	.845
	DEBT	-9.480	1.919	-.173	-4.940	.000

模型	变量	非标准化系数		标准系数	T	Sig.
		B	标准误差	Beta		
3.4–4	FSIZE	3.231	.652	.187	4.953	.000
	RID	−1.104	6.697	−.005	−.165	.869
	HYZ	9.171	1.761	.166	5.206	.000
	HPG01	.164	.683	.008	.240	.810
	ZHYZ*ZHPG01	−.075	.380	−.006	−.197	.844
模型拟合参数	R^2	.068	F	8.768	Sig.	.000

综合表 3.4–14 至表 3.4–19 的结果可以发现,不论是用薪酬鸿沟程度（HPG）还是用薪酬鸿沟存在性（HPG01）刻画薪酬鸿沟状态,企业所属地区、资产负债率和企业规模均对企业未来绩效有显著影响,从影响效应性质来看,企业位于东部地区和企业规模将有利于企业绩效提升,而资产负债率则将对企业绩效有显著的抑制效应,独立董事比例则对企业未来绩效没有显著影响。这表明,在优化企业内部薪酬策略,促进高管和员工激励,优化企业的激励与约束机制方面,以及提升企业绩效方面,独立董事或者是出于主观的偷懒(也可能是与高管合谋),或者是出于客观的"不懂事",当然也有可能是缺乏合理的参与公司治理的平台与机制,并没有起到独立董事该有的作用。

3.4.7 结果讨论

3.4.7.1 年长 CEO 行业自主权对高管－员工薪酬差距无显著影响效应,年轻 CEO 行业自主权对高管－员工薪酬差距有不稳定的负向影响效应

在假设提出时,本章重点从行业自主权对高管薪酬的提升作用,来论述行业自主权可能会提升高管－员工薪酬差距。然而,实证结果表明,年长 CEO 行业自主权与薪酬差距无关,而年轻 CEO 行业自主权与薪酬差距负相关。分析起来,假设 H3.2–1 和假设 H3.2–2 之所以不成立的原因,可能在于假设提出时,只看到了行业自主权提升高管薪酬的一面,但是却忽视了行业自主权对高管－员工薪酬差距的影响效应。对样本数据进行行业自主权与员工薪酬水平的相关分析结果表明,二者显著正相关

（0.105***），而对行业自主权与高管薪酬水平的相关分析结果也表明，二者显著正相关（0.046**）。数据证实，行业自主权的确能够提升高管薪酬水平，但是同时也在更大程度上提升了员工薪酬水平。因此，年轻 CEO 行业自主权与高管－员工薪酬差距呈现显著的负相关性。

进一步深入分析和比较年轻 CEO 行业自主权和年长 CEO 行业自主权各自对员工薪酬水平的影响效应，结果表明，年轻 CEO 行业自主权与员工薪酬水平的相关性程度更高。可能的原因在于，年长 CEO 相对而言，更具有"过度自信"的特征，倾向于依靠自己（或高管团队）解决高行业自主权的挑战；而年轻 CEO 则相对没有那么自信，基于职业生涯初期对高绩效的高度渴望，倾向于更加依赖员工的共同努力。具体而言，年轻 CEO 在面对高变动、高竞争、多机会的高自主权行业环境时，由于自身社会资本和人力资本的有限性，更加依赖员工的人力资本和社会资本的投入，从而相较于年长 CEO，倾向设定更高的员工薪酬水平。行业自主权在给予 CEO 更大行为空间和控制权力的同时，也为 CEO 提供了更大的压力与责任。

3.4.7.2 年长 CEO 行业自主权对薪酬鸿沟有显著的抑制效应，而年轻 CEO 行业自主权对薪酬鸿沟有不稳定的负向影响效应

实证分析已经证实，CEO 行业自主权在拉大高管薪酬的同时，也会提升员工薪酬水平，最终反而会导致高管－员工薪酬差距的微弱降低，因而整体上对企业内部薪酬鸿沟呈现负向影响的倾向。比较年长 CEO 与年轻 CEO 行业自主权对薪酬鸿沟的影响效应，前者明显更强而且更为稳定。该结果与直观预期和传统认知相悖。

仔细推敲该结果的原因，可能的解释如下：年长 CEO 面对高行业自主权赋予的责任与挑战，不论是其积累的知识经验、人脉资源、还是在各界群体中已树立起的高能力形象，都足以支撑其获得较好的业绩，更容易获得相关利益群体的支持，包括员工在内。样本数据的进一步分析表明，年长 CEO 样本中，行业自主权对企业绩效的影响效应明显高于年轻 CEO 样本。薪酬差距过大而导致的薪酬鸿沟是发展过程中出现的问题，而解决这类问题最好的方案是"在发展中解决"。年长 CEO 通过更好地运作其行业自主权，更善于应对行业挑战、把握行业机会，从而促进企业的发展。对于未来发展前景的认同和期望，弱化了员工对薪酬差距的不公平感知。此外，年长 CEO 在面临高行业自主权时，虽然比年轻 CEO 对员工薪酬提升的程度弱，但是毕竟从统计上显著提升了员工薪酬水平。鉴于年长 CEO 在企业中的权威根深蒂固，在其有足够能力应对员工薪酬不

满、维持其职位稳固性的前提下,年长 CEO 这一主动性的加薪行为,在员工看来,是一种主动"示好"与"尊重"。这两种感受结合在一起,最终形成了年长 CEO 行业自主权与薪酬鸿沟显著负相关的事实。

3.4.7.3 不同的公司治理机制对薪酬鸿沟的形成具有差异性的影响效应

不论是年长 CEO 样本中,还是在年轻 CEO 样本中,企业规模对薪酬鸿沟均有显著的正向影响,加剧了薪酬鸿沟的形成与演化,但在年轻 CEO 样本中,企业规模与薪酬鸿沟的正相关性显著更强;不论是年长 CEO 样本中,还是在年轻 CEO 样本中,资产负债率对薪酬鸿沟均有显著的负向影响,缓解了薪酬鸿沟的形成与演化,但在年轻 CEO 样本中,资产负债率与薪酬鸿沟的负相关性显著更强;不论是年长 CEO 样本中,还是在年轻 CEO 样本中,企业绩效对薪酬鸿沟均有显著的负向影响,弱化了薪酬鸿沟的形成与演化,但在年轻 CEO 样本中企业绩效与薪酬鸿沟的负相关性显著更强。

此外,第一大股东对高管－员工薪酬差距的过度极端值,有较好的抑制效应,但是在适度差距向过度差距转换的"阈值"处,第一大股东则持有相对含糊甚至鼓励的姿态,在一定程度上,反而促进了企业内部薪酬差距向薪酬鸿沟的转变。但是,可以认定的是,在薪酬鸿沟从轻度向重度转变的过程中,第一大股东其实起到了比较重要的作用;独立董事比例则对薪酬鸿沟和企业未来绩效均没有显著影响。这表明,在优化企业内部薪酬策略时,促进高管和员工激励、优化企业的激励与约束机制以及提升企业绩效方面,独立董事或者是出于主观的偷懒(也可能是与高管合谋),或者是出于客观的不"懂事",当然也有可能是缺乏合理的参与公司治理的平台与机制,无从起到独立董事该有的作用。

3.5 结论与展望

基于 2010—2015 年深沪两市 A 股国有上市公司的样本数据,以净利润增长率、研发费用投入增长、新产品国际收入增长三个指标综合衡量CEO 行业自主权,分别以前三高管薪酬与员工平均薪酬的差值对数、前三高管薪酬与员工平均薪酬的比值衡量高管－员工薪酬差距,综合应用薪酬水平比较法、回归估计比较法和薪酬增长比较法测度企业内部薪酬鸿沟程度,以锦标赛理论和行为理论为基础,探讨和比较新－老 CEO 行

业自主权对高管 – 员工薪酬差距和薪酬鸿沟的影响效应。

基于理论演绎与数据分析,本章可以得到以下结论:(1)年长 CEO 行业自主权对高管 – 员工薪酬差距无显著影响效应,年轻 CEO 行业自主权对高管 – 员工薪酬差距有不稳定的显著负向影响效应;(2)年长 CEO 行业自主权对薪酬鸿沟有显著的抑制效应,而年轻 CEO 行业自主权对薪酬鸿沟有不稳定的负向影响效应;(3)行业自主权相对于职位权、所有权、资源运作权和关联权等其他 CEO 自主权子维度,明显具有更强的利企性动机。在该维度上,年轻 CEO 与年长 CEO 所表现出来的利企性动机差异并显著;(4)第一大股东对高管 – 员工薪酬差距的过度极端值,有较好的抑制效应,但是在合适差距向过度差距转换的"阈值"处,第一大股东则持有相对含糊甚至鼓励的姿态,在一定程度上,反而促进了企业内部薪酬差距向薪酬鸿沟的转变。但是,可以认定的是,在薪酬鸿沟从轻度向重度转变的过程中,第一大股东其实起到了比较重要的作用;(5)独立董事比例则对薪酬鸿沟和企业未来绩效均没有显著影响,未来的独立董事制度应当在强化独立董事独立性、确保独立董事胜任力、完善独立董事参与公司治理渠道三个方面进行改进。

实证结果表明,行业自主权对企业运作的利企性动机,明显高于自主权其他各维度。当前相当一部分国有上市公司中的薪酬差距仍然处于相对合理的阶段,甚至有进一步拉大以促进锦标赛机理效应的空间,但是部分企业中的薪酬鸿沟现象,不论是出于 CEO 等高管主观牟利导致的,还是出于 CEO 等高管客观失误而引发的,都应该给予充分的重视。跳出单个企业内部的薪酬差距,放眼全局,关注整个上市公司群体,应当对于那些近年来频频报道的联想、乐视、双汇等上市公司高管薪酬过度激励的"天价薪酬"事件给予足够的关注和警惕。这些公司高管薪酬一次次刷新了历史记录,甚至与业绩出现"倒挂"的现象。以上重大差异表现是畸形的,是不合乎经济发展规律和社会有序发展的,应给予区别对待。

"天价薪酬"受到了来自各界公众过度解读甚至恶意揣测,饱受争议并不断发酵扩散,形成公众心理的薪酬鸿沟。这些典型事件受到舆论的谴责,其示范效应远超过事件本身所带来的危害,一系列薪酬数据的背后引发了劳动收入分配极为不公的社会现象,扭曲了人们对薪酬差距的心理认知,严重损害了和谐的社会劳动关系。这一过程导致薪酬差距这一微观企业行为上升到公众心理的薪酬鸿沟这一宏观社会现象。因此,政府以及社会各界应该保持理智、摆正心态,仅仅针对少数极端的高管 – 员工薪酬差距给予具体限定。例如,对高管 – 员工薪酬差距过度增长的企业给予特别关注,每季度、年度对高管 – 员工薪酬差距排位前 10% 的企业进行风险警告,强制这些上市公司信息披露更加透明化,加强对高管薪酬的监督,降低委托代理成本,实时评估过度的薪酬激励是否有损于股东与其他利益相关者的利益,强化企业内部约束并不断推进法律法规的完善,防止高管将企业战略变成个人追逐利益的工具

未来研究在以下几个方面需要进一步拓展：（1）对行业自主权的度量指标体系进行重塑,增强行业自主权度量的有效性和可靠性;（2）对高管－员工薪酬差距的测算方式进行改进,比如薪酬的测算口径上不仅仅局限于货币薪酬;（3）在数据处理方法上,不仅局限于传统的多元线性回归分析,应更进一步考虑数据的面板性质,采用更为多元化的面板数据统计分析方法和 SPSS 之外的计量统计软件;（4）薪酬鸿沟的测算方法需要从主观量表方法进行突破,因为薪酬鸿沟的概念毕竟是"感知到超过合理水平的过高薪酬差距",因而运用问卷量表进行一手数据的调查可能对本研究是一个有效的拓展与补充;（5）尝试运用不同国家和地区的数据,进行年长与年轻 CEO 行业自主权与薪酬鸿沟关系的跨国比较研究,拓展本研究结论的适用范围。

3.6　参考文献

[1]Chhaochharia V, Grinstein Y.CEO compensation and board structure[J].The Journal of Finance,2009,64（1）: 231-261.

[2]Finkelstein S., &Boyd Brain K.How much does the CEO matter The role of managerial discretion in the setting of CEO compensation[J].Academy of Management Journal,1998,41（2）: 179-199.

[3]Galbraith, J.Designing complex organizations[M].Reading, MA: Addision-Wesley,1973.

[4]Gaver, J.J., &Gaver, K.M.Compensation policy and the investment opportunity set[J].Financial management,1995,24（1）: 19-32.

[5]James B.Wade, Charles A.O' Reilly, &Timothy G.Pollock.Overpaid CEOs and Underpaid Managers: Fairness and Executive Compensation[J]. Organization Science,2006,17（5）: 537-544.

[6]Hambrick D C, &Finkelstein S.Managerial discretion: A bridge between polar views of organizational outcomes.[J].Research in Organizational Behavior,1987,9（4）: 369-406.

[7]Henderson A D, &Fredrickson J W.Top Management Team

Coordination Needs and the CEO Pay Gap: A Competitive Test of Economic and Behavioral Views[J].Academy of Management Journal,2001,44（1）: 96-117.

[8]Hubbard, &Palia.Executive pay and performance: Evidence from the U.S.banking industry[J].Journal of Financial Economics,199539: 105-130.

[9]Lee K W, Lev B, &Yeo G H H.Executive pay dispersion, corporate governance, and firm performance[J].Review of Quantitative Finance & Accounting,2008,30（3）: 315-338.

[10]Mingtzberg.The nature of managerial work[M].New York: Harper & Row,1973.

[11]Rajagopalan, &Finkelstein.Effects of strategic orientation and environmental change on senior management reward systems[J].Strategic Management Journal,1992,13: 127-142.

[12]Raviv, A.Management compensation and the managerial labor markets: An overview[J].Journal of Accounting and Economics,1985（7）: 239-245.

[13]Scherer, &Ross.Industrial market structure and economic performance[M].Boston: Houghton Mifflin,1990.

[14]Smith, &Watts.The investment opportunity set and corporate financing, dividend and compensation policies[J].Journal of Financial Economics,1992,32: 263-292.

[15]蔡芸,陈淑玉,任成.高管-员工薪酬差距对企业绩效的影响——基于沪深A股上市公司的面板门限回归分析[J].北京工商大学学报(社会科学版),2019（2）: 52-62.

[16]代彬,刘星,郝颖.高管权力、薪酬契约与国企改革——来自国有上市公司的实证研究[J].当代经济科学,2011,33（4）: 90-98.

[17]江伟,吴静桦,胡玉明.高管-员工薪酬差距与企业创新——基于中国上市公司的经验研究[J].山西财经大学学报,2018（6）: 74-88.

[18]李有根,赵锡斌.国外CEO自主权研究及测量[J].外国经济与管理,2003,25（12）: 2-6.

[19]卢锐.管理层权力、薪酬差距与绩效[J].南方经济,2007（7）: 60-70.

[20]吕明月.国有控股上市公司高管-员工薪酬差距影响因素的研究[D].贵阳:贵州财经大学硕士学位论文,2016.

[21]王怀明,史晓明.高管-员工薪酬差距对企业绩效影响的实证分

析 [J]. 经济与管理研究,2009（8）: 23-27.

[22] 张长征,李怀祖.CEO自主权、高管报酬差距与公司业绩 [J]. 中国软科学,2008（4）: 117-126.

[23] 张长征,李怀祖.公司治理中的CEO自主权研究综述[J].软科学,2008,22（5）: 33-38.

第4章　国有企业新-老 CEO 所有权对企业内薪酬差距和薪酬鸿沟的操纵效应比较研究

4.1　引　言

收入分配问题已经成为我国目前亟需解决的重大现实问题，"合理调整收入分配关系"已经首次被列为"十二五"规划。基于社会宏观层面收入分配改革的背景下，从微观层面研究企业内部高管-员工薪酬差距的形成机理和经济效应更具现实意义。近年来，高管-员工差距已经成为一个全球性的热点问题。上市公司高管之间，以及高管与员工之间的薪酬相差过于悬殊已经引发了社会各界激烈的争议和质疑。不论是锦标赛理论还是行为理论，均承认与他人的薪酬差距会直接影响到员工在企业内工作的心情、态度以及努力程度。因此，越来越多的学者倾注于企业内部薪酬差距的形成机制研究。

有大量的研究集中在高管-员工薪酬差距对企业绩效的影响效应，还有文献研究关注了高管-员工薪酬差距对公司治理其他方面的影响。薪酬差距对企业绩效的影响方向至今仍未明确，分别是正向影响和负向影响。锦标赛理论和行为理论这两大经典理论作为高管-员工薪酬差距对公司绩效影响效应研究的理论基础，其有效性分别得到不同程度的认同和证实。锦标赛理论由 Lazear 和 Rosen 于 1981 年提出，其产生的根源在于，随着企业规模的扩大企业内部监督弱化，为避免企业员工偷懒及管理层不作为等行为，而提出的一种工作激励制度。Lazear 的研究表明薪酬差距带来的竞争压力能够提升高管人员的工作努力程度。在 Lazear 和 Rosen（1981）之后，国内外学者对锦标赛理论的研究不断深入。例如，Bishop（1987）支持锦标赛理论，他认为薪酬差距不但可以激励员工努力工作从而提升业绩,而且能够通过吸引优秀人才,降低企业的招聘成本。我国对于锦标赛理论的研究主要集中在薪酬差距对企业绩效的影响效应(李燕,2013;宫琛,2012)。比如,刘春和孙亮(2010)研究发现国有企业高管－员工薪酬差距与企业绩效显著正相关,从而支持锦标赛理论。

与此相反,行为理论认为公平有利于公司发展,较小的薪酬差距有利于提高公司绩效。薪酬差距越小,员工认知企业的公平度越高,越有利于促进员工之间的友善关系,从而提高员工间的合作意识,来进一步提高企业的工作绩效。该理论认为拉大薪酬差距会引发政治阴谋,不利于高管人员之间相互协作,从而降低企业绩效。赵西萍等(2003)研究发现薪酬差距会影响员工的工作满意度,进而产生离职行为。王怀明和史晓明(2009)的研究则认为薪酬差距与企业绩效的关系是非线性的,合理的薪酬差距能够促进企业绩效的提升,然而当薪酬差距超过一定的范围,则会降低企业绩效。除此之外,薪酬差距的拉大在一定程度上强化了高管掌控权力的象征,使得高管区别于普通员工。

基于以上分析,不论是正向效应还是负向效应,都恰恰证明了高管－员工薪酬差距对企业运营管理,乃至战略绩效的重要性以及实质性价值。企业高管权力的扩大,伴随而来更高的薪酬水平实则意味着高管－员工薪酬差距不断扩张(代彬等,2011)。综合现有的研究,对于国有企业的关注度较低。国有企业中,CEO自主权对高管－员工薪酬差距影响的研究尚未充分说明企业内部薪酬差距不断扩大的机理,尤其是不同年龄层面的CEO,其自主权运作动机在薪酬差距操纵方面的差异尚未得到关注,也缺乏从自主权单个维度构成的视角探讨薪酬差距议题。此外,鉴于现有理论研究,尚未将薪酬鸿沟作为独立的研究变量开展实证研究,讨论CEO自主权各维度对薪酬鸿沟影响效应的研究完全未见文献报道。

鉴此,本研究致力于应用2010-2015年国有上市企业为研究对象,从CEO自主权运作合法性的视角入手,系统检验新－老CEO所有权对高管－员工薪酬差距的影响,并讨论与此相关的薪酬鸿沟形成机理,对其进行比较分析。

4.2　文献综述与研究假设

CEO自主权是指CEO对公司治理体系、治理过程与治理绩效的影响能力,体现了CEO对企业各项经营决策活动的实际影响程度(Finkelstein & Boyd,1998;Bebchuk等,2002;卢锐,2007;权小锋,吴世农,文芳,

2010）。CEO 自主权具有多维性、动态性、综合性特征，主要包括所有权、关联权、职位权、行业自主权、资源运作权等多个维度（Thorsten & Gunther，2011）。

学者认为，所有权是衡量 CEO 自主权的有力证据（李有根和赵锡斌，2003）。梳理现有文献，主要从 CEO 持股和高管持股等视角研究经理所有权。一方面，CEO 持股是为了使 CEO 站在企业所有人的角度来与股东产生协同效应，并激励 CEO 提升工作努力程度，同时获得更高的劳动报酬。程小可等（2015）研究发现，CEO 持股可以与股东产生协同效应，减少 CEO 利己的动机。Hambrick 和 Finkelstein（1995）实证研究结果表明，CEO 持股可以增加其对企业的控制权，从而提升自身薪酬。段艳霞（2014）的研究认为，CEO 持股可以提升企业高管－员工薪酬差距。此外，Core 等（1999）研究发现，CEO 持股可以提升 CEO 的薪酬水平，拉大其与普通员工的薪酬差距。

CEO 所有权主要表现为 CEO 是否持有企业股份，以及持有股份的数量和比率。CEO 持股是为了使 CEO 站在企业所有人的角度来与股东产生协同效应，并激励 CEO 提升工作努力程度，提升企业的决策效率，实现企业利益最大化。对于国有企业而言，CEO 必须具备先进的知识技能，并且有良好的人际关系网络，并且能够平衡经济利益与企业社会责任之间的关系。因此，对 CEO 的要求比较高，并且这种高级管理人才在市场上极为稀缺。所以，股东在挑选这种人才时对 CEO 的综合技能要求更加严格，一旦选聘到合适的人才，股东会高度依赖于 CEO 在企业决策中发挥的作用。此时，股东更有意愿让 CEO 持有公司一定的股份，想以此来"绑架" CEO，使其与股东产生协同。

即便如此，既有研究证明这种股权激励经常会被部分 CEO 滥用，不利于企业利益最大化，尤其是对于年长 CEO，这种情况更加严重。年长 CEO 在企业本身已经拥有了较高的地位和威望，当其拥有实质上的所有权，更是增强了年长 CEO 对企业的实际掌控力度。年长 CEO 更有可能利用这种权力进行利益寻租，同时更方便他们提升自身薪酬水平。

此外，从以下几个方面，拥有所有权的年长 CEO 会具有更大的薪酬差距操纵动机和操纵能力：（1）我国有"尊老"的传统，年龄往往意味着威望与地位。对于年长 CEO，不论是股东，还是董事，均在监督其决策方面心有顾忌，很难完全放开手脚，会给予更大的决策行为边界；（2）年长 CEO 拥有更多股份之后，作为股东之一，能够更为合理地运用其所有者和经营者合一的身份，掌控甚至扭曲更多的环境信息与运营数据，在做出薪酬差距决策时，更具有表面的合法性；（3）年长 CEO，其职业生涯巅峰已经到来,对未来的职业预期没有更高的要求,转而寻求经济报酬的可能性远高于年轻 CEO。而拥有企业股份的现实,无疑给年长 CEO 以更大的可能性和合法性,通过拉大薪酬差距"合情合理"地获得更高的薪酬。双汇的总裁万隆先生在 2017 年的薪酬超过 20 亿,这一"天价薪酬"发生在其职业生涯晚期,80 余岁,而不是其年轻的时候。背后的逻辑就是这个道理。

对年轻 CEO 而言,由于圈内地位和声望还不够稳固,而且对企业战略与业务熟悉程度不足,因此源自于所有权的权力加持不足,导致其对企业控制力度低于年长 CEO,从而在提升其薪酬水平时影响力相对弱于年长 CEO。此外,考虑到年轻 CEO 利企性动机相对较强,而且对外部利益相关者的薪酬指责压力更为敏感,因此拥有所有权的年轻 CEO 会促使其从企业价值的角度,考虑适度提升员工薪酬激励为企业带来的绩效提升潜能。

因此,本章提出以下研究假设。

H4.2-1：国有企业年长 CEO 所有权正向操纵高管-员工薪酬差距。

H4.2-2：国有企业年轻 CEO 所有权正向操纵高管-员工薪酬差距,且这种正相关性低于年长 CEO。

根据以上逻辑,国有企业 CEO 运用所有权赋予其决策行为的合法性,可以相对"看似合理"地操纵高管-员工薪酬差距,而较大的薪酬差距在超过员工心理对不公平感的承受能力阈值之后,就会产生薪酬鸿沟。虽然每个企业、每个员工对于薪酬差距的容忍程度不同,但是统计上而言,薪酬鸿沟产生的概率会随着薪酬差距的拉大而非线性上升。

由于 CEO 对于薪酬鸿沟的负面效应其实是有所了解的,因此,对于利企性动机比较强的年轻 CEO 而言,所有权会激发其责任心,致力于为企业创造更高价值,会尽量避免薪酬鸿沟的出现；而年长 CEO 则在一定程度上,可能利己性动机更强,所有权会激发其"拥有感"和"支配感",也就更有底气以"利企"的借口拉大薪酬差距实现利己的目标,这往往伴随着更高可能的薪酬鸿沟的出现。拥有所有权的年长 CEO,基于薪酬差距促进企业绩效的主流研究发现,加之心理上更倾向于过高估计自身对应对甚至避免员工不公平感知的应对能力,从而心安理得地过度拉大薪酬差距,导致薪酬鸿沟出现概率提高。

H4.2-3：国有企业年长 CEO 所有权正向影响薪酬鸿沟。

H4.2-4：国有企业年轻 CEO 所有权正向影响薪酬鸿沟,但这种正向影响低于年长 CEO。

4.3　研究设计

4.3.1 样本数据来源

样本筛选和数据来源同本书第三章 3.3.1，此处将不再赘述。

4.3.2 变量设计

自变量：CEO 所有权（OSP）：CEO 所有权是指一家企业的 CEO 因为拥有该企业的股份而具备的自主行为空间。如果 CEO 具有这家企业的股份，或者更进一步相对于其他高管拥有更多的股份，则自然会合理、合法地提升其本身对公司决策的影响力。OSP 指数最终采用是否持股（OSP1）、CEO 持股数量（OSP2）、"CEO 持股数" 与 "CEO 之外最多持股者数量 +1" 的比值（OSP3）这三个指标的加权平均值来衡量，具体定义参见母欣（2017）。

高管 - 员工薪酬差距（EEPD）。国内外关于高管 - 员工薪酬差距的操作定义很多，本章综合借鉴江伟等（2018）、蔡芸等（2019），以及吕明月（2016）等学者的观点计算高管与员工间的薪酬差距，其中高管人员的平均薪酬是前三名高管薪酬的平均数，普通员工的平均薪酬等于员工获得的薪资总额与普通员工的人数之比，普通员工薪酬总额等于支付给职工以及为职工支付的现金减去董事、监事及高管薪酬总额，普通员工人数等于公司员工总数与高管人数的差值。本章在已有研究的基础上，采用绝对高管 - 员工薪酬差距（EEPD）来作为主要衡量指标，具体如下：

$$EEPD = \ln(\text{高管平均薪酬} - \text{员工平均薪酬})$$
$$= \ln\left(\frac{\text{高管前三名薪酬总额}}{3} - \frac{\text{员工年度薪酬总额}}{\text{员工人数} - \text{高管人数}}\right)$$

（公式 4.3-1）

薪酬鸿沟（HPG）：具体衡量方法见本书第二章。采用第二章开发的薪酬鸿沟度量指标体系。分别采用薪酬水平比较法（C_HPG1、C_HPG2、C_HPG3）、回归估计比较法（R_HPG1、R_HPG3、R_HPG4）和薪酬增长比较法（G_HPG1、G_HPG2、G_HPG5）测算三个薪酬鸿沟指标 C_HPG、R_HPG、G_HPG。最终的薪酬鸿沟指数（HPG）取三者的平均值。此外，还设定 HPG01 作为薪酬鸿沟测度的替代性指标，即薪酬鸿沟指数大于样本均值的话，设定为 1，认为发生了薪酬鸿沟现象；而薪酬鸿沟指数小于样本均值的话,设定为 0,认为薪酬差距尚未发展至薪酬鸿沟,处于可接受阶段。

控制变量:根据高管－员工薪酬研究相关文献,本章选取的控制变量分别为公司所属地区、股权集中度、资产负债率、公司规模、董事会规模、董事会独立性、公司绩效。

本章涉及的变量具体含义以及汇总信息见表 4.3-1。

表 4.3-1　汇总变量定义

变量类型	变量名称	变量代码	变量含义
自变量	所有权	OSP	（OSP1+OSP2+OSP3）/3
因变量	高管－员工薪酬差距	EEPD	LN（高管平均薪酬－员工平均薪酬）
	薪酬鸿沟	HPG	详见第二章
控制变量	地区	EAST	属于东部省份的企业记为 1,否则为 0
	股权集中度	FSR	第一大股东持股数量占总股份的比重
	资产负债率	DEBT	期末负债总额 / 资产总额
	公司规模	FSIZE	企业总资产取常用对数
	董事会规模	BSIZE	董事会成员总人数
	董事会独立性	RID	独立董事人数 / 董事会人数
	公司绩效	FPER	净资产收益率（ROE）

4.3.3 变量描述性统计与相关性分析

如表 4.3-2 是研究样本中变量的描述性统计以及相关性分析。结果显示:国有企业样本中, CEO 所有权平均值为 0.147,高管－员工薪酬差距的自然对数平均值为 12.601。50% 的样本企业位于东部地区。股权集中度的平均值为 0.365,第一大股东持股比例平均为上市公司总股份的三分之一;独立董事比例 36.8%,符合上市公司独立董事比例方面的规定。OSP 与 EEPD 在 0.01 的水平上显著正相关（0.188**）, HPG 和 EEPD 分别与多数控制变量之间有不同程度的相关性,这也进一步表明本章控制变量选择的合理性。整体上主要解释变量和控制变量之间的相关系数值不大于 0.5,说明基本不存在多重共线性的问题,有利于下文进行回归分析。

表 4.3-2　研究变量描述性统计与相关性分析

编号	变量	均值	标准差	1	2	3	4	5	6	7	8	9	10
1	OSP	.147	.057	1									
2	EEPD	12.601	.943	.188**	1								
3	EAST	.50	.500	.059**	.226**	1							
4	FSR	.365	.142	−.033	−.091**	.036	1						
5	DEBT	.507	.181	.010	.010	−.027	.045*	1					
6	FSIZE	9.726	.540	.105**	.403**	.039	.207**	.417**	1				
7	BSIZE	9.19	1.772	−.010	.126**	−.046*	.035	.101**	.294**	1			
8	RID	.368	.0534	−.005	.043*	−.044*	.002	.031	.082**	−.248**	1		
9	FPER	6.267	11.842	.056**	.336**	.084**	.066**	−.176**	.113**	.062**	−.047*	1	
10	HPG	0.392	0.318	.217**	.299**	.006	−.125**	.037**	−.011	.033**	.106**	−.351**	1

注：N=2226，**. 显著度水平为 0.01（双尾）；*. 显著度水平为 0.05（双尾）。

4.3.4 实证模型设计

为了探究 CEO 所有权对高管 - 员工薪酬差距的影响，拟以 OSP 为自变量，以 EEPG 为因变量构建基于 OLS 的多元回归实证模型 4.3-1，检验假设 H4.2-1 和 H4.2-2。其中，i 表示某个样本公司，t 表示 2010-2015 年中某一年份。

$$EPPD=\alpha+\sigma_1 OSP_{it}+\varepsilon_{it}$$

（模型 4.3-1）

在加入控制变量的情况下，以 OSP 为自变量，以 EEPD 为因变量，以 EAST，FSR 和 DEBT 等七个变量为控制变量，构建基于 OLS 的多元回归实证模型 4.3-2。将样本按照 CEO 年龄进行排序，从均值处（49.05 岁）将样本分位年长 CEO 样本和年轻 CEO 样本。

$$EEPD_{it}=\alpha+\sigma_1 OSP_{it}+\sigma_2 EAST_{it}+\sigma_3 FSR_{it}+\sigma_4 DEBT_{it}+\sigma_5 FSIZE_{it}+\sigma_6 BSIZE_{it}+\sigma_7 RID_{it}+\sigma_8 FPER_{it}+\varepsilon_{it}$$

（模型 4.3-2）

为了探究 CEO 所有权对薪酬鸿沟的影响，拟以 OSP 为自变量，以 HPG 为因变量构建一元线性回归模型 4.3-3，检验假设 H4.2-3 和 H4.2-4。

$$HPG_{it}=\alpha+\sigma_1 OSP_{it}+\varepsilon_{it}$$

（模型 4.3-3）

进一步，以 OSP 为自变量，以 HPG 为因变量，考虑 EAST 等七个控制变量，构建多元回归模型 4.3-4，检验假设 H4.2-3 和 H4.2-4。

$$HPG_{it}=\alpha+\sigma_1 OSP_{it}+\sigma_2 EAST_{it}+\sigma_3 FSR_{it}+\sigma_4 DEBT_{it}+\sigma_5 FSIZE_{it}+\sigma_6 BSIZE_{it}+\sigma_7 RID_{it}+\sigma_8 FPER_{it}+\varepsilon_{it}$$

（模型 4.3-4）

4.4 国有企业新 - 老CEO所有权对企业内薪酬差距和薪酬鸿沟的操纵效应实证分析

在进行多元回归分析之前，应用 SPSS20.0，先进行了 OSP 与 EEPD 的 11 种曲线拟合，拟合结果表明，线性关系拟合显著。

4.4.1 CEO所有权与高管 - 员工薪酬差距关系假设检验结果

4.4.1.1 CEO所有权与高管 - 员工薪酬差距的关系

应用模型 4.3-1 和模型 4.3-2 拟合全样本数据，结果见表 4.4-1 和表 4.4-2。表 4.4-1 结果显示，在没有控制变量的情况下，OSP 对 EEPD 的回归结果显著为正（B=1.322，P=0.000）。CEO 所有权正向影响高管 - 员工薪酬差距。该效应与 CEO 自主权整体影响效应性质一致，强度稍有差异。

表 4.4-1 CEO所有权与高管 - 员工绝对薪酬差距关系的一元回归结果（全样本）

模型 B		非标准化系数		标准系数	T	Sig.
		标准误差	Beta			
4.3-1	（常量）	12.420	.014		869.335	.000
	CEO 所有权	1.322	.212	.188	15.746	.000
R^2=.035, F=314.923, Sig=.000						

表 4.4-2 结果显示，在加入控制变量之后，OSP 对 EEPD 的回归结果显著为正（Beta=0.113，P=0.000），这意味着每一单位的 CEO 所有权的变动，将引起 0.113 单位的高管 - 员工薪酬差距的同向变动，即 CEO 所有权与高管 - 员工薪酬差距显著正相关。

表 4.4-2　CEO 所有权与高管 - 员工绝对薪酬差距关系的回归结果（全样本）

模型	变量	非标准化系数		标准系数	T	Sig.
		B	标准误差	Beta		
4.3-2	（常量）	2.278	.138		16.554	.000
	OSP	.804	.122	.113	6.580	.000
	EAST	.144	.014	.177	10.320	.000
	FSR	−.571	.050	−.199	−11.420	.000
	DEBT	−.225	.044	−.100	−5.128	.000
	FSIZE	.334	.015	.444	22.490	.000
	BSIZE	.044	.014	.110	6.382	.000
	RID	.260	.130	.034	1.996	.046
	PFER	.009	.001	.264	14.847	.000
模型拟合参数	R^2	.358	F	154.483	Sig	.000

4.4.1.2 假设 H4.2-1 检验：年长 CEO 所有权与高管 - 员工薪酬差距的关系

应用模型 4.3-1 和模型 4.3-2 拟合年长 CEO 样本数据，结果见表 4.4-3 和表 4.4-4。结果表明，在没有控制变量的情况下，OSP 对 EEPD 的回归结果显著为正（Beta=0.200, P=0.000）。

表 4.4-3　年长 CEO 所有权与高管 - 员工绝对薪酬差距（EEPD）关系的一元回归结果

模型 B		非标准化系数		标准系数	T	Sig.
		标准误差	Beta			
4.3-1	（常量）	5.453	.012		458.819	.000
	CEO 所有权	1.594	.234	.200	6.818	.000
R^2=.040, F=46.488, Sig=.000						

在加入控制变量之后，OSP 对 EEPG 的回归结果显著为正（Beta=0.143, P=0.000），这意味着每一单位的年长 CEO 所有权的变动，将引起 0.143 单位的高管 - 员工绝对薪酬差距的同向变动，即年长 CEO 所有权与高管 - 员工薪酬差距显著正相关，而且此正向影响效应要高于全样本中的影响效应。因此，假设 H4.2-1 成立。

表4.4-4　年长CEO所有权与高管－员工绝对薪酬差距关系的回归结果

模型	变量	非标准化系数		标准系数	T	Sig.
		B	标准误差	Beta		
4.3-2	（常量）	1.840	.206		8.913	.000
	OSP	1.140	.194	.143	5.885	.000
	EAST	.120	.019	.152	6.155	.000
	FSR	−.398	.071	−.138	−5.577	.000
	DEBT	−.267	.062	−.119	−4.311	.000
	FSIZE	.363	.022	.450	16.388	.000
	BSIZE	.061	.021	.128	5.174	.000
	RID	.586	.167	.085	3.513	.000
	PFER	.008	.001	.245	9.483	.000
模型拟合参数	R^2	.358	F	76.839	Sig	.000

4.4.1.3 假设H4.2-2检验：年轻CEO所有权与高管－员工薪酬差距的关系

应用模型4.3-1和模型4.3-2拟合年轻CEO样本数据。结果见表4.4-5和表4.4-6。结果显示，在没有控制变量的情况下，OSP对EEPD的回归结果显著正相关（Beta=0.180，P=0.000）。

表4.4-5　年轻CEO所有权与高管－员工绝对薪酬差距关系的一元回归结果系数

模型 B		非标准化系数		标准系数	T	Sig.
		标准误差	Beta			
4.3-1	（常量）	5.468	.013		426.943	.000
	CEO所有权	1.178	.193	.180	6.087	.000
R^2=.032，F=37.050，Sig=.000						

在加入控制变量之后，OSP对EEPD的回归结果显著为正（Beta=0.089，P=0.000）。这意味着，每一单位的年轻CEO所有权的变动，将近似地引起0.089单位的高管－员工绝对薪酬差距的同向变动，即年轻CEO所有权与高管－员工薪酬差距显著正相关。

表 4.4-6　年轻 CEO 所有权与高管－员工绝对薪酬差距关系的回归结果

模型	变量	非标准化系数		标准系数	T	Sig.
		B	标准误差	Beta		
	（常量）	2.581	.186		13.875	.000
	OSP	.583	.159	.089	3.665	.000
	EAST	.163	.020	.194	8.030	.000
	FSR	−.696	.071	−.244	−9.857	.000
4.3-2	DEBT	−.192	.062	−.085	−3.092	.002
	FSIZE	.322	.020	.451	15.988	.000
	BSIZE	.038	.010	.098	4.031	.000
	RID	−.170	.204	−.020	−.832	.406
	PFER	.010	.001	.273	11.150	.000
模型拟合参数	R^2	.374	F	82.462	Sig	.000

　　通过对比年长 CEO 所有权与年轻 CEO 所有权对高管－员工薪酬差距的影响，年长 CEO 所有权与高管－员工薪酬差距的回归关系表现出显著性更强，相关程度更高的特点。也就是说，年轻 CEO 所有权正向操纵高管－员工薪酬差距，且这种正相关性低于年长 CEO，因此假设 H4.2-2 成立。

4.4.2 CEO 所有权与高管－员工薪酬差距关系假设稳健性检验

4.4.2.1 CEO 所有权与高管－员工相对薪酬差距（EEPR）的关系分析

　　为检验本章实证结论的可靠性，以高管－员工相对薪酬差距（EEPR，即前三高管平均薪酬与员工平均薪酬的比值）作为高管－员工绝对薪酬差距的替代性指标进行稳健性检验。在考虑控制变量的情况下，试图研究和比较新－老 CEO 所有权对高管－员工薪酬差距的影响效应，是否会因为衡量指标选择的不同而发生变化。因此将模型 4.3-2 中的因变量 EEPD 替换为 EEPR，构建模型 4.4-1。

$$EEPD_{it}=\alpha+\sigma_1 OSP_{it}+\sigma_2 EAST_{it}+\sigma_3 FSR_{it}+\sigma_4 DEBT_{it}+\sigma_5 FSIZE_{it}+\sigma_6 BSIZE_{it}+\sigma_7 RID_{it}+\sigma_8 FPER_{it}+\varepsilon_{it}$$

（模型 4.4-1）

应用模型4.4-1,拟合全样本数据,结果见表4.4-7。表4.4-7结果表明,在考虑控制变量的情况下,OSP对EEPR的回归结果显著为正（Beta=0.172, P=0.000）,这意味着每一单位的CEO所有权的变动,将引起0.172单位的高管－员工薪酬比值的同向变动,即CEO所有权与高管－员工相对薪酬差距显著正相关。结论没有因为因变量度量方式的改变而发生变化。

表4.4-7　CEO所有权与高管－员工相对薪酬差距（EEPR）关系的回归结果（全样本）

模型	变量	非标准化系数		标准系数	T	Sig.
		B	标准误差	Beta		
4.4-1	（常量）	−28.790	2.624		−10.973	.000
	OSP	21.334	2.328	.172	9.163	.000
	EAST	1.665	.266	.117	6.256	.000
	FSR	−12.168	.953	−.243	−12.764	.000
	DEBT	−.350	.835	−.009	−.419	.676
	FSIZE	3.952	.283	.300	13.953	.000
	BSIZE	−.284	2.483	−.002	−.115	.909
	RID	1.121	3.749	.013	.390	.697
	PFER	.125	.012	.209	10.768	.000
模型拟合参数	R^2	.237	F	86.162	Sig	.000

4.4.2.2 假设H4.2-1稳健性检验：年长CEO所有权与高管－员工相对薪酬差距（EEPR）的关系分析

应用拟合年长CEO样本数据对模型4.4-1进行拟合分析,结果见表4.4-8。结果显示,在考虑控制变量的情况下,年长CEO所有权与企业高管－员工相对薪酬差距显著正相关（Beta=0.219, P=0.000）。这意味着每一单位的CEO所有权的变动,将引起0.219单位的高管－员工薪酬比值的同向变动。假设H4.2-1仍然成立。

表4.4-8　年长CEO所有权与高管－员工相对薪酬差距（EEPR）关系的回归结果

模型	变量	非标准化系数		标准系数	T	Sig.
		B	标准误差	Beta		
4.4-1	（常量）	−44.052	8.188		−5.380	.000
	OSP	29.438	5.393	.219	5.459	.000

模型	变量	非标准化系数		标准系数	T	Sig.
		B	标准误差	Beta		
4.4-1	EAST	2.663	.809	.132	3.292	.001
	FSR	−10.804	3.002	−.139	−3.598	.000
	DEBT	3.743	2.475	.069	1.513	.131
	FSIZE	5.820	.934	.307	6.229	.000
	BSIZE	−.416	.275	−.061	−1.512	.131
	RID	−4.994	6.560	−.031	−.761	.447
	PFER	.250	.036	.279	7.052	.000
模型拟合参数	R^2	.372	F	32.110	Sig	.000

4.4.2.3 假设 H4.2-2 稳健性检验:年轻 CEO 所有权与高管 - 员工相对薪酬差距(EEPR)的关系分析

应用拟合年轻 CEO 样本数据对模型 4.4-1 进行拟合分析,结果见表 4.4-9。结果显示,在考虑控制变量的情况下,年轻 CEO 所有权与企业高管 - 员工相对薪酬差距显著正相关(Beta=0.113,P=0.000)。这意味着每一单位的 CEO 所有权的变动,将引起 0.113 单位的高管 - 员工薪酬比值的同向变动。通过对比年长 CEO 所有权与年轻 CEO 所有权对高管 - 员工薪酬比值的影响,年长 CEO 样本中,所有权与高管 - 员工薪酬比值的相关性明显高于年轻 CEO 样本。因此,假设 H4.2-2 仍然成立。

表 4.4-9 年轻 CEO 所有权与高管 - 员工相对薪酬差距(EEPR)关系的回归结果

模型	变量	非标准化系数		标准系数	T	Sig.
		B	标准误差	Beta		
4.4-1	(常量)	−23.729	2.542		−9.335	.000
	OSP	13.150	2.500	.113	5.260	.000
	EAST	1.261	.257	.106	4.898	.000
	FSR	−10.812	.924	−.260	−11.706	.000
	DEBT	−1.885	.807	−.057	−2.337	.020
	FSIZE	3.297	.288	.298	11.456	.000
	BSIZE	.106	.078	.033	1.368	.172

续表

模型	变量	非标准化系数		标准系数	T	Sig.
		B	标准误差	Beta		
4.4-1	RID	1.574	2.649	.013	.594	.552
	PFER	.086	.011	.172	7.620	.000
模型拟合参数	R^2	.187	F	51.008	Sig	.000

4.4.3 CEO所有权与薪酬鸿沟关系假设检验结果

4.4.3.1 CEO所有权与薪酬鸿沟差距的关系

应用模型4.3-3和模型4.3-4拟合全样本数据,结果见表4.4-10和表4.4-11。表4.4-10结果显示,在没有考虑控制变量的情况下,OSP对HPG的回归结果显著为正(Beta=0.208,P=0.000)。可以尝试推断,CEO所有权是形成薪酬鸿沟的直接原因。该效应与CEO自主权整体影响效应性质一致,强度稍有差异。

表4.4-10　CEO所有权与薪酬鸿沟(HPG)关系的一元回归结果(全样本)

模型 B		非标准化系数		标准系数	T	Sig.
		标准误差	Beta			
4.3-3	(常量)	.327	.009		36.036	.000
	CEO所有权	.205	.020	.208	10.135	.000
R^2=.043, F=102.710, Sig=.000						

表4.4-11结果表明,在加入控制变量之后,OSP对HPG的回归结果显著为正(Beta=0.221,P=0.000),这意味着每一单位的CEO所有权的变动,将引起0.221单位的薪酬鸿沟的同向变动,即CEO所有权与薪酬鸿沟显著正相关。

表4.4-11　CEO所有权与薪酬鸿沟(HPG)关系的回归结果(全样本)

模型	变量	非标准化系数		标准系数	T	Sig.
		B	标准误差	Beta		
4.3-4	(常量)	-1.065	.108		-9.883	.000
	OSP	1.105	.096	.221	11.550	.000

续表

模型	变量	非标准化系数		标准系数	T	Sig.
		B	标准误差	Beta		
4.3–4	EAST	.092	.011	.161	8.393	.000
	FSR	−.352	.039	−.175	−8.982	.000
	DEBT	−.185	.034	−.118	−5.403	.000
	FSIZE	.164	.012	.309	14.049	.000
	BSIZE	1.234	.227	.105	5.431	.000
	RID	.215	.102	.040	2.103	.036
	PFER	−.003	.000	−.145	−7.319	.000
模型拟合参数	R^2	.203	F	70.434	Sig	.000

4.4.3.2 假设 H4.2–3 检验：年长 CEO 所有权与薪酬鸿沟差距的关系

应用模型 4.3–3 和模型 4.3–4 拟合全样本数据，结果见表 4.4–12 和表 4.4–13。表 4.4–12 结果显示，在没有控制变量的情况下，OSP 对 HPG 的回归结果显著为正（Beta=0.228，P=0.000）。年长 CEO 所有权是形成薪酬鸿沟的直接原因。

表 4.4–12 年长 CEO 所有权与薪酬鸿沟（HPG）关系的一元回归结果（全样本）

模型 B		非标准化系数	标准系数	T	Sig.
		标准误差	Beta		
4.3–3	（常量）	.244	.011		21.576	.000
	CEO 所有权	.214	.026	.228	8.166	.000
R^2=.052，F=66.678，Sig=.000					

表 4.4–13 结果表明，在加入控制变量后，OSP 对 HPG 的回归结果显著为正（Beta=0.232，P=0.000），这意味着每一单位的年长 CEO 所有权的变动，将引起 0.232 单位薪酬鸿沟的同向变动，即年长 CEO 所有权与薪酬鸿沟显著正相关。年长 CEO 所有权对 HPG 的影响明显高于全样本中 CEO 所有权的影响。假设 H4.2–3 得到验证。

表 4.4-13　年长 CEO 所有权与薪酬鸿沟关系的回归结果

模型	变量	非标准化系数		标准系数	T	Sig.
		B	标准误差	Beta		
4.3–4	（常量）	–1.535	.160		–9.618	.000
	OSP	1.301	.150	.232	8.692	.000
	EAST	.079	.015	.143	5.251	.000
	FSR	–.259	.055	–.127	–4.693	.000
	DEBT	–.251	.048	–.159	–5.235	.000
	FSIZE	.200	.017	.352	11.670	.000
	BSIZE	1.174	.332	.096	3.540	.000
	RID	.544	.129	.112	4.218	.000
	PFER	–.005	.001	–.201	–7.067	.000
模型拟合参数	R^2	.227	F	40.486	Sig	.000

4.4.3.3 假设 H4.2–4 检验：年轻 CEO 所有权与薪酬鸿沟差距的关系

应用模型 4.3–3 和 4.3–4 拟合全样本数据，结果见表 4.4–14 和表 4.4–15。表 4.4–14 显示，在无控制变量情况下，OSP 对 HPG 的回归结果显著为正（Beta=0.185，P=0.000）。年轻 CEO 所有权是形成薪酬鸿沟的直接原因。

表 4.4-14　年轻 CEO 所有权与薪酬鸿沟（HPG）关系的一元回归结果

模型		非标准化系数		标准系数	T	Sig.
		B	标准误差	Beta		
4.3–3	（常量）	.430	.014		31.780	.000
	CEO 所有权	.177	.029	.185	6.078	.000

R^2=.034，F=36.937，Sig=.000

表 4.4–15 结果显示，在加入控制变量之后，OSP 对 HPG 的回归结果显著为正（Beta=0.210，P=0.000），这意味着每一单位的年轻 CEO 所有权的变动，将引起 0.210 单位的薪酬鸿沟的同向变动，即年轻 CEO 所有权与薪酬鸿沟显著正相关。年轻 CEO 所有权对 HPG 的影响明显低于全样本中 CEO 所有权的影响，更低于年长 CEO 所有权对薪酬鸿沟的影响。假设 H4.2–4 成立。

表 4.4-15　年轻 CEO 所有权与薪酬鸿沟（HPG）关系的回归结果

模型	变量	非标准化系数		标准系数	T	Sig.
		B	标准误差	Beta		
4.3-4	（常量）	−.700	.147		−4.762	.000
	OSP	.977	.126	.210	7.776	.000
	EAST	.103	.016	.176	6.456	.000
	FSR	−.411	.056	−.206	−7.377	.000
	DEBT	−.127	.049	−.080	−2.592	.010
	FSIZE	.141	.016	.282	8.863	.000
	BSIZE	1.341	.313	.117	4.290	.000
	RID	−.218	.161	−.037	−1.351	.177
	PFER	−.003	.001	−.107	−3.891	.000
模型拟合参数	R^2	.204	F	35.404	Sig	.000

4.4.4 CEO 所有权与薪酬鸿沟关系稳健性检验结果

4.4.4.1 CEO 所有权与薪酬鸿沟存在性（HPG01）的关系分析

为检验 4.3 中实证结论的可靠性，以薪酬鸿沟存在性（HPG01）替代 HPG 作为薪酬鸿沟的竞争性指标，进行稳健性检验。在考虑控制变量的情况下，试图研究和比较新－老 CEO 所有权对薪酬鸿沟的影响效应，是否会因为薪酬鸿沟的衡量指标选择不同而发生变化。因此将模型 4.3-4 中的因变量 HPG 替换为 HPG01，保留该模型中的控制变量和自变量，采用二元逻辑回归模型，构建实证模型 4.4-2。

$$\text{logit}(HPG01_{it}) = a + \sigma_1 OSP_{it} + \sigma_2 EAST_{it} + \sigma_3 FSR_{it} + \sigma_4 DEBT_{it} + \sigma_5 FSIZE_{it} + \sigma_6 BSIZE_{it} + \sigma_7 RID_{it} + \sigma_8 FPER_{it} + \varepsilon_{it}$$

（模型 4.4-2）

应用模型 4.4-2，拟合全样本数据，结果见表 4.4-16。表 4.4-16 结果显示，在考虑控制变量的情况下，OSP 对 HPG01 的回归结果显著为正（B=33.396，P=0.000）。结论没有因为因变量度量方式的改变而发生变化，也没有因为数据处理模型而发生变化。

表 4.4-16　CEO 所有权与薪酬鸿沟（HPG01）关系的回归结果（全样本）

模型	变量	B	S.E,	Wals	df	Sig.	Exp（B）
4.4-2	OSP	33.396	5.248	40.495	1	.000	3.188E14
	EAST	.672	.094	51.262	1	.000	1.957

模型	变量	B	S.E,	Wals	df	Sig.	Exp（B）
4.4-2	FSR	1.235	.115	116.197	1	.000	3.439
	DEBT	−2.105	.355	35.213	1	.000	.122
	FSIZE	−1.392	.293	22.612	1	.000	.248
	BSIZE	−.017	.028	.364	1	.546	.983
	RID	.773	.912	.718	1	.397	2.165
	PFER	−.015	.004	13.850	1	.000	.985
	（常量）	−11.108	.999	123.514	1	.000	.000
模型拟合参数	卡方	407.420	Cox & Snell R^2	.167	Nagelkerke R^2		.223

4.4.4.2 假设 H4.2-3 稳健性检验：年长 CEO 所有权与薪酬鸿沟存在性（HPG01）的关系分析

应用模型 4.4-2，拟合年长 CEO 样本数据，结果见表 4.4-17。表 4.4-17 结果表明，在考虑控制变量的情况下，OSP 对 HPG01 的回归结果显著为正（B=73.872, P=0.000）。结论没有因为因变量度量方式的改变而发生变化，也没有因为数据处理模型而发生变化。年长 CEO 所有权对薪酬鸿沟的正向影响效应显著高于全样本数据中的结果。假设 H4.2-3 具有稳健性。

表 4.4-17　年长 CEO 所有权与薪酬鸿沟（HPG01）关系的回归结果

模型	变量	B	S.E,	Wals	df	Sig.	Exp（B）
4.4-2	OSP	73.872	11.440	41.699	1	.000	1.208E32
	EAST	.615	.137	20.152	1	.000	1.850
	FSR	1.464	.186	61.714	1	.000	4.323
	DEBT	−.597	.513	1.351	1	.245	.551
	FSIZE	−1.521	.441	11.875	1	.001	.219
	BSIZE	−.022	.041	.298	1	.585	.978
	RID	2.310	1.238	3.483	1	.062	10.076
	PFER	−.026	.006	17.575	1	.000	.975
	（常量）	−14.354	1.620	78.494	1	.000	.000
模型拟合参数	卡方	239.387	Cox & Snell R^2	.194	Nagelkerke R^2		.258

4.4.4.3 假设 H4.2-4 稳健性检验：年轻 CEO 所有权与薪酬鸿沟存在性（HPG01）的关系分析

应用模型 4.4-2,拟合年轻 CEO 样本数据,结果见表 4.4-18。表 4.4-18 结果显示,在考虑控制变量的情况下,年轻 CEO 的所有权（OSP）对薪酬鸿沟存在性（HPG01）的回归结果显著为正（$B=20.937$，$P=0.000$）。结论没有因为薪酬鸿沟度量方式的改变而发生变化,也没有因为数据处理方法而发生变化。年轻 CEO 所有权对薪酬鸿沟的正向影响效应显著低于全样本数据中的结果,亦低于年长 CEO 样本数据的结果。假设 H4.2-4 具有稳健性。

表 4.4-18 年轻 CEO 所有权与薪酬鸿沟（HPG01）关系的回归结果

模型	变量	B	S.E,	Wals	df	Sig.	Exp（B）
4.4-2	OSP	20.937	4.413	22.515	1	.000	1.239E9
	EAST	.669	.132	25.647	1	.000	1.952
	FSR	1.192	.150	63.561	1	.000	3.294
	DEBT	−3.210	.504	40.501	1	.000	.040
	FSIZE	−1.319	.402	10.752	1	.001	.267
	BSIZE	−.028	.043	.430	1	.512	.972
	RID	−1.604	1.421	1.274	1	.259	.201
	PFER	−.009	.006	2.458	1	.117	.991
	（常量）	−9.320	1.302	51.229	1	.000	.000
模型拟合参数	卡方	209.104	Cox & Snell R^2	.171	Nagelkerke R^2		.228

4.4.5 CEO 所有权、上年度薪酬鸿沟与未来公司绩效

为进一步考察 CEO 所有权与薪酬鸿沟的交互作用对公司绩效的影响,亦公司 $t+1$ 年度的绩效（ROE）为因变量,以 t 年度 CEO 所有权（OSP）、$t-1$ 年度薪酬鸿沟（HPG）以及二者的标准化值的交互项（ZOSP *ZHPG）为自变量,采用 EAST、FSR 和 DEBT 等六个变量为控制变量,构建基于 OLS 的多元回归模型 4.4-3。

$$ROE_{i(t+1)}=\alpha+\sigma_1 EASR_{it}+\sigma_2 FSR_{it}+\sigma_3 DEBT_{it}+\sigma_4 FSIZE_{it}+\sigma_5 RID_{it}+\sigma_6 FPER_{it}+\sigma_7 OSP_{it}+\sigma_8 HPG_{i(t-1)}+\sigma_9 ZOSP_{it}*ZHPG_{i(t-1)}+\varepsilon_{it}$$

（模型 4.4-3）

4.4.5.1 全样本分析：CEO 所有权、上年度薪酬鸿沟与未来公司绩效

表 4.4-19　CEO 所有权、上年度薪酬鸿沟（HPG）与未来公司绩效关系（全样本）

| 模型 | 变量 | 非标准化系数 | | 标准系数 | T | Sig. |
		B	标准误差	Beta		
4.4-3	（常量）	−26.132	4.308		−6.066	.000
	EAST	1.898	.435	.094	4.364	.000
	FSR	1.496	1.575	.021	.950	.342
	DEBT	−14.273	1.318	−.255	−10.827	.000
	FSIZE	4.274	.470	.228	9.098	.000
	RID	−6.311	4.036	−.033	−1.564	.118
	OSP	16.388	8.298	.089	1.975	.048
	HPG	−3.704	.851	−.105	−4.350	.000
	ZOSP*ZHPG	−.288	.364	−.034	−.792	.428
模型拟合参数	R^2	.085	F	23.488	Sig	.000

应用模型 4.4-3，拟合全样本数据，回归结果见表 4.4-19。表 4.4-19 结果显示，在考虑控制变量的情况下，CEO 所有权（OSP）对企业未来绩效（ROE）的回归结果显著为正（Beta=0.089，P=0.000）。与上文结果相比，并未发生本质性变化；薪酬鸿沟对企业未来绩效的回归结果显著为负（Beta=−0.105，P=0.000），符合人们对薪酬鸿沟绩效后果的预期；二者的交互项（ZOSP*ZHPG）的回归结果为负，但是统计意义上并不显著。

4.4.5.2 年长 CEO 样本分析：CEO 所有权、上年度薪酬鸿沟与未来公司绩效

应用模型 4.4-3，拟合年长 CEO 样本数据，回归结果见表 4.4-20。表 4.4-20 结果显示，在考虑控制变量的情况下，CEO 所有权（OSP）对企业未来绩效（ROE）的回归结果显著为正（Beta=0.278，P=0.003）。与上文结果相比，并未发生本质性变化；薪酬鸿沟对企业未来绩效的回归结果显著为负（Beta=−0.183，P=0.000），符合人们对薪酬鸿沟绩效后果的预期；二者的交互项（ZOSP*ZHPG）的回归结果显著为负（Beta=−0.186，P=0.040）。该结果表明，年长 CEO 所有权将加剧薪酬鸿沟对企业未来绩

效的负向影响效应。

表 4.4-20　年长 CEO 所有权、上年度薪酬鸿沟（HPG）与未来公司绩效关系

模型	变量	非标准化系数		标准系数	T	Sig.
		B	标准误差	Beta		
4.4-3	（常量）	−36.749	6.211		−5.917	.000
	EAST	1.877	.582	.095	3.223	.001
	FSR	4.274	2.148	.059	1.990	.047
	DEBT	−18.392	1.787	−.323	−10.293	.000
	FSIZE	5.519	.671	.271	8.218	.000
	RID	−5.289	4.970	−.031	−1.064	.287
	OSP	57.972	19.483	.278	2.976	.003
	HPG	−6.560	1.340	−.183	−4.895	.000
	ZOSP*ZHPG	−1.993	.970	−.186	−2.055	.040
模型拟合参数	R^2	.142	F	21.698	Sig	.000

4.4.5.3 年轻 CEO 样本分析：CEO 所有权、上年度薪酬鸿沟与未来公司绩效

应用模型 4.4-3，拟合年轻 CEO 样本数据，回归结果见表 4.4-21。表 4.4-21 结果表明，在考虑控制变量的情况下，年轻 CEO 所有权（OSP）对企业未来绩效（ROE）的标准化回归结果不再显著（Beta=0.029，P=0.630）；薪酬鸿沟对企业未来绩效的标准化回归结果显著为负（Beta=−0.070，P=0.047），符合人们对薪酬鸿沟绩效后果的预期，但是显著降低；二者的交互项（ZOSP *ZHPG）的回归结果不显著。该结果表明，年轻 CEO 所有权与薪酬鸿沟的交互效应不显著。

表 4.4-21　年轻 CEO 所有权、上年度薪酬鸿沟（HPG）与未来公司绩效关系

模型	变量	非标准化系数		标准系数	T	Sig.
		B	标准误差	Beta		
4.4-3	（常量）	−18.579	6.037		−3.078	.002
	EAST	1.831	.656	.090	2.794	.005
	FSR	−1.075	2.327	−.016	−.462	.644
	DEBT	−9.626	1.937	−.175	−4.969	.000

续表

模型	变量	非标准化系数		标准系数	T	Sig.
		B	标准误差	Beta		
4.4-3	FSIZE	3.270	.661	.189	4.945	.000
	RID	−3.818	6.755	−.018	−.565	.572
	OSP	4.774	9.918	.029	.481	.630
	HPG	−2.415	1.214	−.070	−1.990	.047
	ZOSP*ZHPG	.031	.405	.004	.075	.940
模型拟合参数	R^2	.044	F	5.619	Sig	.000

综合表 4.4-19、表 4.4-20 和表 4.4-21 可知,在同一时间窗内,年长 CEO 不但可以用自己的所有权营造未来更高的薪酬鸿沟水平,还能够运作其所有权强化当期薪酬鸿沟的负面绩效后果。该结果在一定意义上表明,需要对所有权较高的年长 CEO 设定更高的监督力度,至少在薪酬差距设定方面更是如此。对于董事会而言,最好要杜绝"日久见人心"这种不理智的主观认知,应当接受实证结果揭示的年长 CEO 更需要监督这一事实,随着 CEO 年龄的增长乃至任期的增加,需要增强监督力度。或者,至少要做到像监督、审视新任 CEO 那样,一直不放松警惕,放弃"日久见人心"的非理性逻辑,不尝试考验年长 CEO 的人性与职业道德。

4.4.6 CEO 所有权、上年度薪酬鸿沟与未来公司绩效：稳健性检验

4.4.6.1 全样本分析:CEO 所有权、上年度薪酬鸿沟存在性（HPG01）与未来公司绩效

为检验 4.5 中实证结论的可靠性,以薪酬鸿沟存在性（HPG01）替代 HPG 作为薪酬鸿沟的竞争性指标,进行稳健性检验。在考虑控制变量的情况下,试图研究和比较新－老 CEO 所有权和薪酬鸿沟的交互效应对为未来公司绩效的影响,是否会因为薪酬鸿沟指标选择不同而发生变化。因此将模型 4.4-3 中的自变量 HPG 替换为 HPG01,并将因变量的 ROE 改变为 ROA,保留该模型中的其他变量,构建实证模型 4.4-4。

$$ROE_{i\,(t+1)}=\alpha+\sigma_1 EASR_{it}+\sigma_2 FSR_{it}+\sigma_3 DEBT_{it}+\sigma_4 FSIZE_{it}+\sigma_5 RID_{it}+\sigma_6 FPER_{it}+\sigma_7 OSP_{it}+\sigma_8 HPG01_{i\,(t-1)}+\sigma_9 ZOSP_{it}*ZHPG01_{i\,(t-1)}+\varepsilon_{it}$$

（模型 4.4-4）

应用模型 4.4-4，拟合全样本数据，回归结果见表 4.4-22。表 4.4-22 结果显示，在考虑控制变量的情况下，CEO 所有权（OSP）对企业未来绩效（ROE）的回归结果不显著（Beta=-0.019，P=0.708）；薪酬鸿沟存在性（HPG01）对企业未来绩效的回归结果不显著（Beta=-0.014，P=0.575），稍微偏离了人们对薪酬鸿沟绩效后果的预期；二者的交互项（ZOSP*ZHPG01）的回归结果显著为负（Beta=-0.065，P=0.090），但是显著度较低。

表 4.4-22　CEO 所有权、上年度薪酬鸿沟（HPG01）与未来公司绩效（全样本）

模型	变量	非标准化系数		标准系数	T	Sig.
		B	标准误差	Beta		
4.4-4	（常量）	-24.444	4.351		-5.618	.000
	EAST	1.653	.436	.082	3.794	.000
	FSR	2.468	1.569	.035	1.572	.116
	DEBT	-13.980	1.324	-.250	-10.561	.000
	FSIZE	3.942	.471	.211	8.367	.000
	RID	-7.053	4.047	-.037	-1.743	.082
	OSP	-3.440	9.183	-.019	-.375	.708
	HPG01	-.280	.499	-.014	-.560	.575
	ZOSP*ZHPG01	-.704	.524	-.065	-1.695	.090
模型拟合参数	R^2	.079	F	21.338	Sig	.000

4.4.6.2 年长 CEO 样本分析：CEO 所有权、上年度薪酬鸿沟存在性（HPG01）与未来公司绩效

应用模型 4.4-4，拟合年长 CEO 样本数据，回归结果见表 4.4-23。表 4.4-23 结果显示，在考虑控制变量的情况下，年长 CEO 所有权（OSP）对企业未来绩效（ROA）的回归结果不显著（Beta=0.231，P=0.213）；薪酬鸿沟存在性对企业未来绩效的回归结果显著为负（Beta=-0.091，P=0.124）；二者的交互项（ZOSP*ZHPG）的回归结果显著为负（Beta=-0.156，P=0.047）。该结果表明，年长 CEO 所有权将加剧薪酬鸿沟对企业未来绩效的负向影响效应。

表 4.4-23　年长 CEO 所有权、上年度薪酬鸿沟（HPG01）与未来公司绩效

模型	变量	非标准化系数		标准系数	T	Sig.
		B	标准误差	Beta		
4.4-4	（常量）	−32.877	6.274		−5.240	.000
	EAST	1.643	.587	.083	2.799	.005
	FSR	5.409	2.164	.074	2.499	.013
	DEBT	−17.871	1.804	−.314	−9.908	.000
	FSIZE	4.966	.673	.244	7.374	.000
	RID	−7.989	4.989	−.047	−1.601	.110
	OSP	48.124	38.635	.231	1.246	.213
	HPG01	−1.801	1.169	−.091	−1.541	.124
	ZOSP*ZHPG01	−1.904	2.208	−.156	−1.991	.047
模型拟合参数	R^2	.125	F	18.664	Sig	.000

4.4.6.3 年轻 CEO 样本分析：CEO 所有权、上年度薪酬鸿沟与未来公司绩效

应用模型 4.4-4，拟合年轻 CEO 样本数据，回归结果见表 4.4-24。表 4.4-24 结果显示，在考虑控制变量的情况下，年轻 CEO 所有权（OSP）对企业未来绩效（ROA）的回归结果不再显著（Beta=−0.048，P=0.415）；薪酬鸿沟存在性对企业未来绩效的回归结果显著为负（Beta=−0.001，P=0.972）；二者的交互项（ZOSP *ZHPG）的回归结果不显著（Beta=0.072，P=0.218）。该结果表明，年轻 CEO 所有权与薪酬鸿沟的交互效应不显著，但是存在微弱的正向影响倾向。

表 4.4-24　年轻 CEO 所有权、上年度薪酬鸿沟（HPG01）与未来公司绩效

模型	变量	非标准化系数		标准系数	T	Sig.
		B	标准误差	Beta		
4.4-4	（常量）	−18.089	6.105		−2.963	.003
	EAST	1.595	.655	.079	2.434	.015
	FSR	−.233	2.318	−.003	−.101	.920
	DEBT	−9.441	1.946	−.172	−4.852	.000
	FSIZE	3.059	.665	.177	4.599	.000

模型	变量	非标准化系数		标准系数	T	Sig.
		B	标准误差	Beta		
4.4-4	RID	-3.124	6.752	-.015	-.463	.644
	OSP	-8.098	9.934	-.048	-.815	.415
	HPG01	-.025	.712	-.001	-.035	.972
	ZOSP*ZHPG01	.699	.567	.072	1.233	.218
模型拟合参数	R^2	.042	F	5.308	Sig	.000

综合表 4.4-22、表 4.4-23 和表 4.4-24 可知,年长 CEO 所有权与薪酬鸿沟的交互效应,具有降低企业绩效的负面作用。该结果具有较好的稳健性。

4.4.7　进一步研究

进一步考察 CEO 与其他高管持股差异对企业绩效的影响。以 CEO 持股数量与 CEO 之外前三高管持股数量的比值为自变量,以企业规模、是否东部地区、独立董事比例、成立时间、资产负债率和第一大股东持股比例为控制变量,以 ROA 为因变量,构建基于 OLS 的多元回归模型。全样本数据拟合结果表明,CEO 与其他高管持股差异越大,则企业财务绩效越高。该结果表明,在授予高管股权时,不应当平均分配股权,而应该较大程度上拉开高管之间的股权持有情况,并尽量保持 CEO 相较于其他高管更高的持股数量。CEO 与其他高管持股差异的正向绩效后果来源于以下作用途径:首先,持股差异进一步确立 CEO 的独特地位和权威形象,更大程度上确保 CEO 在高管团队运作的核心地位,战略执行的力度得到保障;其次,持股差异代表了各高管人员所拥有的企业所有权激励差异,根据锦标赛激励理论,可以激发高管人员的工作投入、争取晋升的动机。

此外,进一步研究还表明,年轻 CEO 与其他高管的持股差异,相比较年长 CEO 与其他高管的持股差异,能在更大程度上提升企业短期财务绩效。该结论意味着,持股差异对年轻 CEO 的激励程度更高,而且持有更高股权数量的年轻 CEO 能够获得更大的企业运作自主权,从而有利于在战略决策和战略执行的过程中,获得更好的来自其他高管人员的服从与配合。

4.4.8 结果讨论与对策建议

本章基于国有制造型企业为研究背景,探究了新－老CEO所有权对高管－员工薪酬差距和企业内部薪酬鸿沟的影响效应,理论分析与实证数据表明:

(1)年长CEO所有权与高管－员工薪酬差距显著正相关(假设H4.2-1得到验证),而且其所有权也是形成企业内部薪酬鸿沟的直接原因(假设H4.2-3得到验证)。

对于年长CEO而言,已经形成了强大的人际关系网络,此时如果具备了所有权,将会方便其进行权力寻租;其次,让CEO持股的初衷就是激励CEO在公司决策和经营上不断协同,此时,股东对CEO的监管相应也会降低,这也将增大其权力寻租的可能。加之,CEO薪酬水平的提高也属于权力寻租的结果,CEO更有条件以自己手中的权力为个人谋取私利。由于企业内部薪酬总额在短期内一般不会有较大的变动,所以最后呈现出来的就是高管－员工薪酬差距被拉大。在该差距达到一定程度时,如果缺乏充分的依据表明薪酬差距的合理性,薪酬鸿沟就会产生并且不断加深。

从国有企业的角度分析,国有企业的年长CEO,公司为了"绑架"CEO与之协同,激励CEO更加努力工作,股东更有意愿给予CEO一定的股份,从而实现公司整体利益的最大化。年长CEO,本身已经非常熟悉公司的整体运作,一定的持股会将CEO原本的权力不断放大,以至于过度膨胀。出于利己动机,年长CEO会利用自身的权力操纵高管薪酬。加之,年长CEO在公司的资历一般较高,享有良好的声誉和丰富的人际关系,倘若其持有公司股份,将会促使年长CEO更有能力和动机去操纵企业内部薪酬的制定,不断提升自身的薪酬水平。这样一来,高管－员工薪酬差距就被无形拉大。

综合以上分析可以得出,年长CEO在自身利益(或许包含高管团队)的驱使下,随着其所有权的增大,最终将拉大高管－员工薪酬差距。在该差距达到一定程度时,员工对包括CEO在内的高管团队的利企性动机就会产生怀疑,感觉到受到剥削和不公平对待,薪酬鸿沟就会产生并且不断加深。

(2)年轻CEO所有权与高管－员工薪酬差距显著正相关,且该相关性低于年长CEO(假设H4.2-2得到验证);同时,年轻CEO所有权也是形成企业内部薪酬鸿沟的直接原因,且该作用强度低于年长CEO(假设H4.2-4得到验证)。

对此可以这样理解,股权是企业所有人的一种标志,股权激励可以增强 CEO 的工作努力程度。这将会赋予年轻 CEO 主人翁的观念,不断提升企业的业绩。但是,这种权力也会产生另一层面的信号,即该企业足够重视年轻 CEO,此时权力将会被无形扩大。年轻 CEO 在企业的日常经营管理中发挥重要作用,在企业重要的决策制定上也发挥影响,这也包含年轻 CEO 对自身薪酬的决策权力。出于适度的利己动机,年轻 CEO 会适当增加自身的薪酬,从而拉大其与普通员工的薪酬差距。当然,现有文献大多认为薪酬差距有助于企业绩效提升的现实,年轻 CEO 更可能是出于对企业利益的追求,尝试通过适当加大薪酬差距来获得竞争优势。但是从合理的薪酬水平过渡到薪酬鸿沟,是一个很难把握"度"的过程。年轻 CEO 在薪酬沟通与管理经验上的劣势,有可能导致薪酬差距过早的转化成为"薪酬鸿沟"。

从国有企业的角度分析,年轻 CEO 本身具有的才能初步得到了公司的认同,公司在赋予年轻 CEO 股份的同时,也会考虑适度提升其薪酬水平以增强工作积极性。但是该提升程度,受到股东和董事会对年轻 CEO 才能认可和信任程度的限制,相对有限。相对于年长 CEO 而言,年轻 CEO 在企业的地位还不稳固,他们更希望通过努力工作来提升公司业绩,以此得到股东的认可,从而稳固自身的职业地位。因此,年轻 CEO 在利用所有权赋予的合法性进行各项决策时,只能以相对较小的权力份额致力于拉大高管薪酬差距。此时,该效应在实践中,一般会低于年长 CEO 对高管薪酬差距和薪酬鸿沟的操纵效应。这就从理论上证实了假设 H4.2-2 和 H4.2-4 的内容。

（3）不宜在高管团队内部平均分配企业所有权,CEO 持有比其他高管更高的所有权有利于企业绩效提升。

研究结果显示,异质化的所有权分配状态,有利于 CEO 掌控企业高管团队,激发高管人员的锦标赛竞争动机,构建绩效与贡献导向的分配机制,从而促进企业绩效的提升。

4.5　结论与展望

本章基于国有企业,以 2010—2015 年深沪两市 A 股国有上市企业为研究对象,以锦标赛理论和行为理论为工具,实证分析和比较了新－老 CEO 所有权对高管－员工薪酬差距的影响效应和新－老 CEO 所有权对薪酬鸿沟的影响效应。

　　结果显示：国有企业中，年长 CEO 所有权正向影响高管－员工薪酬差距，年轻 CEO 所有权与高管－员工薪酬差距亦显著正相关，且年轻 CEO 所有权对高管－员工薪酬差距的正向影响效应弱于年长 CEO 所有权；国有企业中，年长 CEO 所有权正向影响薪酬鸿沟，年轻 CEO 所有权与薪酬鸿沟亦显著正相关，且年轻 CEO 所有权对薪酬鸿沟的正向影响效应弱于年长 CEO 所有权。

　　研究结论表明，无论是年长 CEO 还是年轻 CEO，都有能力拉大薪酬差距，并都在客观上促进了薪酬鸿沟的诞生与演进。但是，从动机上而言，年长 CEO 对于薪酬鸿沟的诞生是有心理预期的，是明知对企业有负面绩效后果而出于利己动机不加以节制；年轻 CEO 对于薪酬鸿沟的诞生并没有主观意图，是出于利用锦标赛激励效应的心理而拉大薪酬差距，因为薪酬沟通质量不佳和管理经验缺乏而无意导致的结果。因此，针对这两个群体应该实施不同的自主权运作的监督策略与指导方针。

　　通过实证研究，对于年长 CEO 而言，随着所有权的越来越大，高管－员工薪酬差距也会越来越大，薪酬鸿沟程度也会加剧。如果一个年长的企业管理层的所有权力过大，他们会倾向于提高自己的薪酬，拉大企业内部的薪酬差距。尤其是对于年长 CEO 来讲，当自身的职位相对稳固时，会更倾向于为自身谋取利益。然而，年轻 CEO 为了获取董事会的认可与信任，更是为了实现自己未来更好的职业生涯成功，会把更多的精力放在如何提升企业经营业绩、提高自己声誉方面，即年轻 CEO 所有权对高管－员工薪酬差距有显著正向影响，但这种正相关性低于年长 CEO。年轻 CEO 对薪酬鸿沟的影响显著为正，但是明显弱于年长 CEO 的影响。主要原因在于，年长 CEO 主要是通过追求个人私利而过度拉大薪酬差距所导致的薪酬鸿沟，而年轻 CEO 则主要是在通过拉大薪酬差距借用锦标赛激励效应获取绩效的过程中，由于薪酬沟通和管理经验的欠缺，而无意导致的薪酬差距向薪酬鸿沟的转化。显然，后者的薪酬鸿沟程度要弱于前者。

　　这表明，一方面，可能是由于年轻 CEO 拥有更强的职业荣誉感，所有权赋予了年轻 CEO 更高的企业归属感和主人翁精神。年轻 CEO 初次扮演主人翁的角色，不但心理上有新鲜感，而且由于股权带给其自我成就感和自我认知的提升，在行为的利企动机上有显著的激励效应；另一方面，相对于年长 CEO 而言，年轻 CEO 在企业的地位还不稳固，他们更希望通过努力工作来提升公司业绩，以此得到股东的认可，从而稳固自身的绝对性地位。因此，年轻 CEO 在利用所有权拉大高管薪酬差距时，一般会低于年长 CEO 对高管薪酬差距和薪酬鸿沟的操纵效应。此外，可能是年轻 CEO 对未来的事业生涯有更高的追求，CEO 所持股份本身代表的长期报酬降低了年轻 CEO 对当期货币薪酬的过度期望。在所有权维度上,确认了年轻 CEO 自主权运作动机的利企性。

因此,如何对高管－员工薪酬差距实施有效控制,防止薪酬鸿沟的产生和发展,实现保障与激励双重功效,这些都有待于企业去思考,而本章的研究对这些问题可以提供相应的参考。建议对年长 CEO,股东和董事会应当依据委托代理理论的假设和预期进行管理和监控;而对年轻 CEO股东和董事会更应当依据管家理论的假设和预期进行支持与合作,不仅仅是在薪酬策略设置方面,甚至可以将该原则拓展至企业运营与管理的其他领域。

本章研究以国有企业为背景得出了以上结论,在后续研究中可以尝试加入其他企业类型,比如非国有企业,对比国有企业与非国有企业新－老 CEO 所有权对企业高管－员工薪酬差距和薪酬鸿沟的操纵效应是否有差别,进而丰富高管－员工薪酬差距和薪酬鸿沟的研究视角。

4.6　参考文献

[1]Bishop, J.The Recognition and reward of employee performance [J]. Journal of Labor Economics, 1987（4）: 36-56.

[2]Core J E, Holthausen R W, &Larcker D F.Corporate governance, chief executive officer compensation, and firm performance[J].Journal of Financial Economics,1999,51（3）: 371-406.

[3]Finkelstein Sydney, &Boyd Brian K.How much does the CEO matter？ The role of managerial discretion in the setting of CEO Compensation [J].Academy of Management Journal,1998,41（2）:179-199.

[4]Hambrick D C, Finkelstein S.The effects of ownership structure on conditions at the top: The case of CEO pay raises[J].Strategic Management Journal,1995,16（3）: 175-193.

[5]Lazear, E.P., &S.Rosen.Rank-order tournaments as optimum labor contracts[J].The Journal of Political Economy,1981,89: 841-864.

[6] 蔡芸,陈淑玉,任成.高管－员工薪酬差距对企业绩效的影响——基于沪深 A 股上市公司的面板门限回归分析 [J]. 北京工商大学学报(社会科学版),2019（2）: 52-62.

[7] 程小可,钟凯,杨鸣京.民营上市公司 CEO 持股缓解了代理冲突

吗？——基于真实活动盈余管理视角的分析 [J]. 审计与经济研究,2015,30（4）: 13-21.

[8] 代彬,刘星,郝颖. 高管权力、薪酬契约与国企改革——来自国有上市公司的实证研究 [J]. 当代经济科学,2011,33（4）: 90-98.

[9] 段艳霞. 管理层权力视角下民营企业 CEO 薪酬份额与公司绩效实证研究 [D]. 沈阳: 辽宁大学,2014.

[10] 宫琛. 国有企业高管薪酬差距与公司绩效的关系研究 [D]. 长沙: 湖南大学,2012.

[11] 江伟,吴静桦,胡玉明. 高管－员工薪酬差距与企业创新——基于中国上市公司的经验研究 [J]. 山西财经大学学报,2018（6）: 74-88.

[12] 刘春,孙亮. 薪酬差距与企业绩效: 来自国企上市公司的经验证据 [J]. 南开管理评论,2010,13（2）: 30-39.

[13] 李燕. 高管层薪酬差距对我国企业经营业绩的影响——基于锦标赛理论的研究 [J],商业会计,2013（4）: 67-68.

[14] 李有根,赵锡斌. 国外 CEO 自主权研究及测量 [J]. 外国经济与管理,2003,25（12）: 2-6.

[15] 卢锐. 管理层权力、薪酬差距与绩效 [J]. 南方经济,2007,（7）: 60-70.

[16] 吕明月. 国有控股上市公司高管－员工薪酬差距影响因素的研究 [D]. 贵阳: 贵州财经大学硕士学位论文,2016.

[17] 母欣. 知识型企业新－老 CEO 自主权对高管薪酬差距的操纵效应比较研究 [D]. 西安: 西安理工大学,2017.

[18] 权小锋,吴世农,文芳. 管理层权力、私有收益与薪酬操纵 [J]. 经济研究,2010(11）: 73-87.

[19] 王怀明,史晓明. 高管－员工薪酬差距对企业绩效影响的实证分析 [J]. 经济与管理研究,2009（8）: 23-27.

[20] 赵西萍,刘玲,张长征. 企业管理员工离职倾向影响因素的多变量分析 [J]. 中国软科学,2003（3）: 53-100.

第5章 国有企业新－老 CEO 职位权对高管－员工薪酬差距与薪酬鸿沟的操纵效应比较研究

5.1 引 言

　　近年来,上市公司高管之间,以及高管与员工之间的薪酬相差过于悬殊已经引发了社会各界激烈的争议和质疑。由巨大的客观薪酬差距而引发的员工在心理上的薪酬鸿沟会直接影响到员工在企业中工作的心情、态度以及努力程度,从而影响企业绩效和长期竞争力,也会在社会宏观层面上放大收入差距的鸿沟效应,进而影响社会和谐与社会主义制度优越性的实现。因此,越来越多的学者倾注于企业内部薪酬差距以及薪酬鸿沟的形成机制研究。

　　国内外学者普遍认为企业内部薪酬差距主要由高管内部薪酬差距以及高管－员工薪酬差距组成。截至目前,现有文献对高管内部薪酬差距的研究比较充分,而高管－员工薪酬差距的研究相对匮乏。因此,高管－员工薪酬差距的成因及其经济后果日益引起学者的关注。此外,正如前文所言,薪酬鸿沟概念至今未作为一个独立的学术变量被对待,很多研究者将薪酬差距和薪酬鸿沟作为一个变量进行"复合型"研究,导致研究结果充满了内在的矛盾。然而,由于高管－员工薪酬差距的理论研究进展远滞后于实践需求,我们仍未打开高管－员工薪酬差距持续扩大的内在机理的黑箱,尤其忽视了由客观薪酬差距向主观薪酬鸿沟演进的动态机理。这直接导致在实践中,企业面对薪酬鸿沟的诞生和演化只能束手无策。

　　在企业中,为了激发管理者和员工的努力水平和吸引更多高素质人才,针对不同能力层级与贡献水平的管理者和员工,企业往往给予不同的薪酬水平，这就直接导致了薪酬差距的产生。有大量的研究集中在高管－员工薪酬差距对公司绩效的影响效应，还有文献研究关注了高管－员工薪酬差距对公司治理其他方面的影响。当然，由于薪酬鸿沟尚未能得到量化度量，目前尚未有研究明确探讨薪酬鸿沟的绩效后果和其他组织后果。当前的研究中，主要围绕薪酬差距的影响效应展开。具体而言，锦标赛理论和行为理论这两大经典理论作为高管－员工薪酬差距对公司绩效影响效应强有力的支撑，得到了国内外学者的一致认同和证实。锦标赛理论与行为理论从两个对立的角度来研究薪酬差距与公司绩效关系。

锦标赛理论由 Lazear 和 Rosen 于 1981 年提出，其产生的根源在于，随着企业规模的扩大企业内部监督弱化，为避免企业员工偷懒及管理层不作为等行为，而提出的一种工作激励制度。该研究表明薪酬差距带来的竞争压力能够提升高管人员的工作努力程度。在 Lazear 和 Rosen（1981）之后，国内外学者对锦标赛理论的研究不断深入。例如：Bishop（1987）支持锦标赛理论，他认为薪酬差距不但可以激励员工努力工作从而提升业绩，而且能够通过吸引优秀人才，降低企业的招聘成本。我国对于锦标赛理论的研究主要及集中在薪酬差距对企业绩效的影响效应（李燕，2013；宫琛，2012），刘春和孙亮（2010）则首次研究发现国有企业高管－员工薪酬差距与企业绩效显著正相关，从而支持锦标赛理论。

与此相反，行为理论认为公平有利于公司发展，较小的薪酬差距有利于提高公司绩效。薪酬差距越小，员工认知企业的公平度越高，越有利于促进员工之间的友善关系，从而提高员工间的合作意识，来进一步提高企业的工作绩效。该理论认为拉大薪酬差距会引发政治阴谋，不利于高管人员之间相互协作，从而降低企业绩效。赵西萍等（2003）研究发现薪酬差距会影响员工的工作满意度，进而产生离职行为。王怀明和史晓明（2009）的研究则认为薪酬差距与企业绩效的关系是非线性的，合理的薪酬差距能够促进企业绩效的提升，然而当薪酬差距超过一定的范围，则会降低企业绩效。除此之外，薪酬差距的拉大在一定程度上强化了高管掌控权力的象征，使得高管区别于普通员工。

基于以上分析，不论是正向效应还是消极效应，都恰恰证明了高管－员工薪酬差距对企业运营管理，乃至战略绩效的重要性以及实质性价值。因此，薪酬差距的形成机制研究受到了越来越多学者的重视。目前对高管－员工薪酬差距的影响因素主要可分为以下三类：公司治理和组织特征因素、高管特征因素和行业、地区环境因素。具有典型代表意义的研究成果有：Hambrick & Finkelstein（1995）选取 1978—1982 年 188 家上市公司为样本数据，实证研究结果发现公司两职兼任的情况会导致管理者权力增加进而提升自身的薪酬；代彬等（2011）发现，企业高管随着权力的扩大，不但能获得更高的薪酬水平与更多的超额报酬，而且拉大了高管层与普通员工之间的薪酬差距；雷宇、郭剑花（2012）的研究指出：产业不同，其依赖劳动力的需求量和要求劳动力的素质也不相同，当某些行业要求劳动力少且素质高时，员工的收入自然会提高，从而高管与员工的薪酬差距就会缩小；同时，根据董志勇（2006）的实证研究，经济水平越发达的地区，人们对不公平的心理承受能力越强，这意味着人们能够承受较大的薪酬差距。因此，地区经济越发达，薪酬差距应当越大。

当前对于作为领导权结构关键指标的两职兼任，在文献中受到了较多关注，其影响效应分布于多个组织管理领域。具体而言：（1）两职兼任与审计意见的关系。彭琴杨和轲涵（2016）从两职兼任状态的视角分析了公司内部控制与审计意见的关系，研究发现：首先，公司内部控制制度与公司被出具标准审计意见之间呈显著的正相关关系，并且这种效应在民企更为显著；其次，两职分离的公司内控水平与被出具标准审计意见呈显著的正相关关系，而在两职合一的公司并不显著；（2）两职兼任与企业绩效的关系。朱滔和丁友刚（2017）通过实证估计模型设计，有效区分了领导权结构变化和高管变更，并在此基础上探讨了两职兼任情况变化的绩效后果。结果发现，国企两职兼任情况变化对业绩没有显著影响，而非国企两职兼任情况显著提高了企业绩效。因此，该研究提出，非国企两职兼任的设置是对风险环境的适应，而国企两职兼任设置情况的变化则更多地表现出迎合外部监管需要的特征；（3）两职兼任和企业研发投入战略的关系。严子淳和薛有志（2015）基于资源依赖理论，从董事会领导权结构角度深入剖析董事会社会资本在企业研发投入战略中的促进作用机理，应用 2010—2012 年制造业主板上市公司数据，进行基于 OLS 方法的多元回归实证分析，结果证实：董事会社会资本对企业研发投入有积极的促进作用，并且董事会中两职合一时，这种促进作用更显著；（4）两职兼任和财务重述的关系。马晨和张俊瑞（2015）以我国 2005—2009 年间 A 股市场发生财务重述的企业为研究对象，基于配对样本设计，采用 Logit 回归方法探讨管理层持股、两职兼任与财务重述之间的关系。实证发现，管理层持股比例与财务重述之间存在显著的"U"型关系，两职兼任本身领导权结构对财务重述没有显著影响，然而管理层持股的堑壕效应在两职兼任的公司中更容易得到实现；（5）两职兼任和公司监督治理效率的关系。谢永珍（2006）以中国沪深两市上市公司治理的数据为依据，从影响公司治理监督效率的各个角度如上市公司财务舞弊、信息披露、关联交易、股东权益、利益相关者权益保护以及代理成本等角度，全面分析上市公司领导权结构选择对公司治理监督效率的影响。结果表明：我国上市公司的领导权结构由两职完全合一逐步向两职分离过渡，董事长与总经理两职分设的制衡作用对公司治理效果提升有效。

综合现有研究，存在以下有待进一步发展之处：（1）缺乏对国有企业的专门关注；（2）CEO 自主权作为综合性变量对薪酬差距的影响得到关注，然而作为其关键维度的职位权（两职兼任为主要指标）对薪酬差距的影响受到忽视；（3）薪酬鸿沟尚未作为一个独立的研究变量得到研究关注，现有研究仍然将研究差距视同为薪酬鸿沟；（4）年长 CEO 与年轻 CEO 自主权运作动机差异没有得到关注，当前文献缺乏对于新－老 CEO 自主权与薪酬差距、薪酬鸿沟关系的比较分析。

鉴于此，本研究致力于应用 2010-2015 年 371 家国有上市公司为样本，通过 2226 条有效数据，系统检验和比较分析国有企业新－老 CEO 职位权对高管－员工薪酬差距和薪酬鸿沟的影响效应差异。

5.2 文献综述与研究假设

CEO 职位权，是在担任 CEO 直到离职这段期间内 CEO 所具备的权力，职位权测量指标主要分为两职兼任和在企业内部兼职的数量。Hambrick 和 Finkelstein（1995）研究发现，两职兼任能够在一定程度上增加 CEO 对企业的控制，从而使得 CEO 利用这种权力掌控自身薪酬，并拉大其与普通员工的薪酬差距。李蓉（2014）通过两职合一会增大高管－员工薪酬差距。Chen 等（2010）的研究亦认为，CEO 两职兼任会导致 CEO 自身薪酬水平提高。

年长 CEO，任期越长，在企业内部兼职的数量也会有一定的增加。一方面，兼职数量越多，表明 CEO 获得企业的信任程度越高；另一方面，CEO 内部兼职数量越多，CEO 的人力网络关系也更加复杂，更加有利于 CEO 的利益寻租。加上年长 CEO，本身对企业的经营现状和业务熟悉程度更了解，这将增大了年长 CEO 进行利益寻租的便利性和成功率。年长 CEO 进行利益寻租从而提升自身的薪酬水平，拉开其与普通员工的薪酬差距。

CEO 两职兼任与企业内部兼职数量无疑使得 CEO 在企业中的职位更加稳固，CEO 权力过大不仅能够影响有时甚至可能会决定自身和其他员工的薪酬（Carter & Lynch，2001）。如果一个企业管理层的权力过大，他们会倾向于提高自己的薪酬，拉大企业内部的薪酬差距。Hambrick 和

Finkelstein（1995）选取 1978—1982 年 188 家上市公司为样本数据,实证研究结果发现公司两职兼任的情况会导致管理者权力增加进而提升自身的薪酬。

在国有企业中,对技术更新的速度和质量的要求更高,这对 CEO 及时应变的能力和丰富的信息网络有更高的要求,当 CEO 同时兼任其他职位时,将有利于信息的获取,有助于决策的质量和效率,对于熟悉企业业务的年长 CEO,这种效果会更加明显。CEO 两职兼任扩大了 CEO 在企业中的职位权,随着 CEO 兼职数量的增加也拓展了其人际关系,这也更加使得年长 CEO 更有把握和能力为自身谋取利益,从而扩大高管与员工之间的薪酬差距。因此,本章提出以下研究假设:

H5.2-1:国有企业年长 CEO 职位权正向操纵高管－员工薪酬差距。

年轻 CEO 是企业用高额人力资源和财力资源,经过严谨的聘任选拔过程聘请而来。国有企业,在招聘年轻 CEO 时也是万里挑一。年轻 CEO 对于企业而言,将会给予更多的关注和高薪的聘任。同时,为激励年轻 CEO 努力工作,企业会一定程度上增大其与普通员工的薪酬差距。

从年轻 CEO 自身角度来讲,其知识技能亦或是管理才干均有很大的潜能,也已得到了企业的初步认可。如果再赋予年轻 CEO 更多的企业内部其他职位,比如两职兼任,或者兼任党委书记等,则无形中为年轻 CEO 的企业运作提供了更高的结构性、法定性权力。从国有企业的角度分析,年轻 CEO 在经理人市场上具有很大的吸引力,企业必须用重金聘请,这在客观上导致了高管－员工薪酬差距的增大。因此,年轻 CEO 职位权越大,高管－员工薪酬差距也会越大。

然而,相比年长 CEO,年轻 CEO 面临更大的绩效压力,因此,年轻 CEO 为了获取董事会的认可与信任,更是为了实现自己未来更好的职业生涯成功,会把更多的精力放在如何提升企业经营业绩、提高自己声誉方面,即年轻 CEO 职位权对高管－员工薪酬差距有显著正向影响,但这种正相关性低于年长 CEO。整体上看,年轻 CEO 操纵薪酬差距更多是出于利企性动机,是为了获得更好的企业绩效。一方面,国有企业年轻 CEO 面临更为市场化的、激励强度更大的聘任契约,不得不为了更高薪酬创造更好的企业绩效;另一方面,国有企业年轻 CEO 对自身的企业掌控能力存在试探阶段,不会盲目地拉大薪酬差距,防止无法控制的负面后果出现。因此,年轻 CEO 职位权对薪酬差距的正向影响会存在,但是会弱于年长 CEO 的影响。因此,本章提出以下研究假设:

H5.2-2:国有企业年轻 CEO 职位权正向操纵高管－员工薪酬差距,且这种正相关性低于年长 CEO。

根据以上逻辑,国有企业 CEO 运用职位权可以增大高管－员工薪酬差距,而较大的薪酬差距在超过员工心理对不公平感的承受能力阈值之后,就会产生薪酬鸿沟。虽然每个企业、每个员工对于薪酬差距的容忍程度不同,但是过大的薪酬差距无疑意味着企业对员工的人力资本认可度低,员工所担任的职位为企业创造的价值受到轻视。因此,统计概率上而言,薪酬鸿沟产生的概率会随着薪酬差距的拉大而非线性上升。此外,由于 CEO 对于薪酬鸿沟的负面效应有所了解,因此,对于利企性动机比较强的年轻 CEO 而言,会尽量避免薪酬鸿沟的出现;而年长 CEO 则在一定程度上,利己性动机可能更强,也更有底气以"利企"的借口拉大薪酬差距实现利己的目标,这往往伴随着更高可能的薪酬鸿沟的出现。

H5.2-3: 国有企业年长 CEO 职位权正向影响薪酬鸿沟。

H5.2-4: 国有企业年轻 CEO 职位权正向影响薪酬鸿沟,但这种正向影响低于年长 CEO。

5.3　研究设计

5.3.1 样本数据来源

样本筛选和数据来源同本书第三章 3.3.1,此处将不再赘述。

5.3.2 变量设计

自变量: CEO 职位权(SPP): 借鉴李有根(2003)和黄伟力(2015)对结构职位权的度量指标选择,并结合因子分析结果形成职位权测量方法。SPP 指数采用两职兼任情况(SPP1)、董事长与总经理的排位权(SPP2)、CEO 内部兼职数量(SPP3)这三个指标的加权平均值来衡量,具体定义参见母欣硕士论文(2017)。

因变量: 高管－员工薪酬差距(EEPD)。国内外关于高管－员工薪酬差距的操作定义很多,本章综合借鉴江伟等(2018)、蔡芸等(2019),以及吕明月(2016)等学者的观点计算高管与员工间的薪酬差距,其中高管人员的平均薪酬是前三名高管薪酬的平均数,普通员工的平均薪酬等于员工获得的薪资总额与普通员工的人数之比,普通员工薪酬总额等于支付给职工以及为职工支付的现金减去董事、监事及高管薪酬总额,普通员工人数等于公司员工总数与高管人数的差值。本章在已有研究的基础上,

采用绝对高管 – 员工薪酬差距（EEPD）来作为主要衡量指标，高管 – 员工相对薪酬差距（EEPR）作为稳健性检验的替代性指标。具体如下：

$$EEPD= \ln（高管平均薪酬 – 员工平均薪酬）$$
$$= \ln（\frac{高管前三名薪酬总额}{3} – \frac{员工年度薪酬总额}{员工人数 – 高管人数}）$$

（公式 5.3-1）

$$EEPD= \ln（高管平均薪酬/ 员工平均薪酬）$$
$$= \ln（\frac{高管前三名薪酬总额}{3} / \frac{员工年度薪酬总额}{员工人数 – 高管人数}）$$

（公式 5.3-2）

薪酬鸿沟（HPG）：具体衡量方法见本书第二章。延用第二章开发的薪酬鸿沟度量指标体系。分别采用薪酬水平比较法（C_HPG1、C_HPG2、C_HPG3）、回归估计比较法（R_HPG1、R_HPG3、R_HPG4）和薪酬增长比较法（G_HPG1、G_HPG2、G_HPG5）测算三个薪酬鸿沟指标 C_HPG、R_HPG、G_HPG。最终的薪酬鸿沟指数（HPG）取三者的平均值。此外，还设定 HPG01 作为薪酬鸿沟测度的替代性指标，即薪酬鸿沟指数大于样本均值的话，设定为 1，认为发生了薪酬鸿沟现象；而薪酬鸿沟指数小于样本均值的话，设定为 0，认为薪酬差距尚未发展至薪酬鸿沟，处于可接受阶段。

控制变量：根据高管薪酬相关研究相关文献，本章选取的控制变量分别为公司所属地区（EAST）、股权集中度（FSR）、资产负债率（DEBT）、公司规模（FSIZE）、董事会规模（BSIZE）、董事会独立性（RID）、公司绩效（FPER）。

本章设计的研究变量的具体含义，以及汇总信息见表 5.3-1。

表 5.3-1　汇总变量定义

变量类型	变量名称	变量代码	变量含义
自变量	职位权	SPP	（SPP1+SPP2+SPP3）/3
因变量	高管 – 员工绝对薪酬差距	EEPD	LN（高管平均薪酬 – 员工平均薪酬）
	薪酬鸿沟	HPG	延用本书第二章开发的指标
控制变量	地区	EAST	属于东部省份的企业记为 1，否则为 0
	股权集中度	FSR	第一大股东持股数量占总股份数的比重
	资产负债率	DEBT	期末负债总额 / 资产总额
	公司规模	FSIZE	企业总资产取对数
	董事会规模	BSIZE	董事会成员总人数

变量类型	变量名称	变量代码	变量含义
	董事会独立性	RID	独立董事人数 / 董事会人数
	公司绩效	FPER	净资产收益率（ROE）

5.3.3 变量描述性统计与相关性分析

表 5.3-2 是研究样本中变量的描述性统计以及相关性分析,结果显示:国有企业中,CEO 职位权平均值为 0.336,高管－员工薪酬差距的对数平均值为 12.6,约为 46.5 万元。约 50% 的样本企业位于中国东部地区;股权集中度的平均值为 36.5%;独立董事比例 36.8%,符合上市公司独立董事比例方面的规定。SPP 与 EEPD 在 0.01 的水平上显著正相关（0.168**）。整体上主要解释变量和控制变量之间的相关系数值不大于 0.5,多重共线性的问题可以忽略,有利于下文进行回归分析。

表 5.3-2　研究变量描述性统计与相关性分析

编号	变量	均值	标准差	1	2	3	4	5	6	7	8	9	10
1	SPP	.336	.241	1									
2	EEPD	12.601	.943	.168**	1								
3	EAST	.50	.500	.019	.226**	1							
4	FSR	.365	.142	−.202**	−.091**	.036	1						
5	DEBT	.507	.181	.037	.010	−.027	.045*	1					
6	FSIZE	9.726	.540	−.006	.403**	.039	.207**	.417**	1				
7	BSIZE	9.19	1.772	−.034	.126**	−.046*	.035	.101**	.294**	1			
8	RID	.368	.0534	.036	.043*	−.044*	.002	.031	.082**	−.248**	1		
9	FPER	6.267	11.842	−.013	.336**	.084**	.066**	−.176**	.113**	.062**	−.047*	1	
10	HPG	.392	.318	.208**	.299**	.006	−.125**	.037**	−.011	.033**	.106**	−351**	1

注:N=2226,**.显著度水平为 0.01（双尾）;*.显著度水平为 0.05（双尾）。

5.3.4 实证模型设计

为了探究 CEO 职位权对高管－员工薪酬差距的影响,拟以 SPP 为自变量,以 EEPG 为因变量构建基于 OLS 的多元回归实证模型 5.3-1,检验假设 H5.2-1 和 H5.2-2。其中,i 表示某个样本公司,t 表示 2010-2015 年中某一年份。

$$EEPD_{it}=\alpha+\sigma_1 SPP_{it}+\varepsilon_{it}$$

（模型 5.3-1）

在加入控制变量的情况下,以 SPP 为自变量,以 EEPD 为因变量,以 EAST, FSR 和 DEBT 等七个变量为控制变量,构建基于 OLS 的多元回归实证模型 5.3-2,考察不同年龄 CEO 的职位权对高管－员工薪酬差距的影响效应。将总样本按照 CEO 年龄进行排序,从均值处（49.05 岁）将样本分位年长 CEO 样本和年轻 CEO 样本。

$$EEPD_{it}=\alpha+\sigma_1 SPP_{it}+\sigma_2 EAST_{it}+\sigma_3 FSR_{it}+\sigma_4 DEBT_{it}+\sigma_5 FSIZE_{it}+\sigma_6 BSIZE_{it}+\sigma_7 RID_{it}+\sigma_8 FPER_{it}+\varepsilon_{it}$$

（模型 5.3-2）

为了探究 CEO 职位权对薪酬鸿沟的影响,拟以职位权（SPP）为自变量,以薪酬鸿沟（HPG）为因变量构建一元线性回归模型 5.3-3,检验假设 H5.2-3 和 H5.2-4。

$$HPG_{it}=\alpha+\sigma_1 OSP_{it}+\varepsilon_{it}$$

（模型 5.3-3）

进一步,以 SPP 为自变量,以 HPG 为因变量,考虑 EAST 等七个控制变量,构建基于 OLS 的多元回归模型 5.3-4,进一步检验假设 H5.2-3 和 H5.2-4。

$$HPG_{it}=\alpha+\sigma_1 SPP_{it}+\sigma_2 EAST_{it}+\sigma_3 FSR_{it}+\sigma_4 DEBT_{it}+\sigma_5 FSIZE_{it}+\sigma_6 BSIZE_{it}+\sigma_7 RIDit+\sigma_8 FPERit+\varepsilon_{it}$$

（模型 5.3-4）

5.4　国有企业新－老 CEO 职位权对高管－员工薪酬差距与薪酬鸿沟的操纵效应实证分析

在进行多元回归分析之前,应用 SPSS20.0,先进行了 SPP 与 EEPD 的 11 种曲线拟合,拟合结果表明,线性关系拟合显著。

5.4.1 CEO 职位权与高管－员工薪酬差距关系假设检验

5.4.1.1 CEO 职位权与高管－员工薪酬差距的关系

应用模型 5.3-1 和模型 5.3-2 拟合全样本数据,结果见表 5.4-1 和表 5.4-2。表 5.4-1 结果显示,在没有控制变量的情况下, SSP 对 EEPD 的回归结果显著为正（Beta=0.168，P=0.000）。CEO职位权正向影响高管－员工薪酬差距。该效应与CEO自主权整体影响效应性质一致，强度稍有差异。

表5.4-1　CEO职位权与高管－员工绝对薪酬差距关系的一元回归结果（全样本）

模型 B		非标准化系数		标准系数	T	Sig.
		标准误差	Beta			
5.3-1	（常量）	12.400	.034		369.640	.000
	SPP	.651	.081	.168	8.039	.000
R^2=.028，F=64.622，Sig=.000						

表5.4-2结果显示，在加入控制变量之后，职位权（SPP）对高管－员工绝对薪酬差距（EEPD）的回归结果显著为正（Beta=0.139，P=0.000），这意味着每一单位的CEO职位权的变动，将引起0.139单位的高管－员工薪酬差距的同向变动，即CEO职位权与高管－员工薪酬差距显著正相关。

表5.4-2　CEO职位权与高管－员工绝对薪酬差距关系的回归结果（全样本）

模型	变量	非标准化系数		标准系数	T	Sig.
		B	标准误差	Beta		
	（常量）	2.193	.138		15.914	.000
	SPP	.234	.029	.139	7.956	.000
	EAST	.154	.014	.189	10.972	.000
	FSR	−.501	.051	−.175	−9.781	.000
5.3-2	DEBT	−.282	.044	−.126	−6.464	.000
	FSIZE	.337	.016	.448	21.641	.000
	BSIZE	.004	.004	.018	.960	.337
	RID	.233	.137	.031	1.702	.089
	PFER	.009	.001	.261	14.624	.000
模型拟合参数	R^2	.353	F	150.939	Sig	.000

5.4.1.2假设H5.2-1检验：年长CEO职位权与高管－员工薪酬差距的关系分析

应用模型5.3-1和模型5.3-2拟合年长CEO样本数据，结果见表

5.4-3 和表 5.4-4。结果显示, 在没有控制变量的情况下, SPP 对 EEPD 的回归结果显著为正 (Beta=0.232, P=0.000)。

表 5.4-3　年长 CEO 职位权与高管 - 员工绝对薪酬差距 (EEPD) 关系的一元回归结果

模型 B		非标准化系数		标准系数	T	Sig.
		标准误差	Beta			
5.3-1	（常量）	5.433	.040		137.474	.000
	SPP	.407	.081	.232	5.012	.000
R^2=.054, F=25.123, Sig=.000						

在加入控制变量之后, SPP 对 EEPG 的回归结果显著为正 (Beta=0.167, P=0.000), 这意味着每一单位的年长 CEO 职位权的变动, 将引起 0.167 单位的高管 - 员工绝对薪酬差距的同向变动, 即年长 CEO 职位权与高管 - 员工薪酬差距显著正相关, 而且该正向影响效应要显著高于全样本中的影响效应, 因此假设 H5.2-1 成立。

表 5.4-4　年长 CEO 职位权与高管 - 员工绝对薪酬差距关系的回归结果

模型	变量	非标准化系数		标准系数	T	Sig.
		B	标准误差	Beta		
	（常量）	1.793	.288		6.215	.000
	SPP	.293	.060	.167	4.845	.000
	EAST	.201	.029	.243	6.947	.000
	FSR	−.384	.109	−.121	−3.536	.000
5.3-2	DEBT	−.158	.088	−.071	−1.792	.074
	FSIZE	.370	.032	.477	11.472	.000
	BSIZE	−.003	.010	−.012	−.324	.746
	RID	.341	.233	.051	1.463	.144
	PFER	.012	.001	.315	9.107	.000
模型拟合 参数	R^2	.521	F	58.865	Sig	.000

5.4.1.3 假设 H5.2-2 检验: 年轻 CEO 职位权与高管 - 员工薪酬差距的关系

应用模型 5.3-1 和模型 5.3-2 拟合年轻 CEO 样本数据。结果见表 5.4-5 和表 5.4-6。结果表明, 在没有控制变量的情况下, SPP 对 EEPD

的回归结果显著正相关（Beta=0.121，P=0.000）。

表5.4-5　年轻CEO职位权与高管–员工绝对薪酬差距关系的一元回归结果系数

模型 B		非标准化系数		标准系数	T	Sig.
		标准误差	Beta			
5.3-1	（常量）	5.386	.016		346.634	.000
	SPP	.203	.039	.121	5.147	.000
R^2=.015，F=26.469，Sig=.000						

　　在加入控制变量之后，SPP对EEPD的回归结果显著为正（Beta=0.111，P=0.000）。这意味着，每一单位的年轻CEO职位权的变动，将近似地引起0.111单位的高管–员工绝对薪酬差距的同向变动，即年轻CEO职位权与高管–员工薪酬差距显著正相关。并且，年长CEO职位权与高管–员工薪酬差距的回归关系表现出显著性更强，相关程度更高的特点。也就是说年轻CEO职位权正向操纵高管–员工薪酬差距，但这种正相关性低于年长CEO，因此假设H5.2-2成立。

表5.4-6　年轻CEO职位权与高管–员工绝对薪酬差距关系的回归结果

模型	变量	非标准化系数		标准系数	T	Sig.
		B	标准误差	Beta		
5.3-2	（常量）	2.359	.157		15.035	.000
	SPP	.186	.034	.111	5.483	.000
	EAST	.141	.016	.177	8.862	.000
	FSR	−.484	.058	−.175	−8.353	.000
	DEBT	−.323	.050	−.146	−6.489	.000
	FSIZE	.321	.018	.436	18.110	.000
	BSIZE	.007	.005	.033	1.495	.135
	RID	.206	.163	.026	1.258	.208
	PFER	.008	.001	.238	11.411	.000
模型拟合参数	R^2	.304	F	97.116	Sig	.000

5.4.2 CEO职位权与高管–员工薪酬差距关系稳健性检验

　　为检验本章实证结论的可靠性，以高管–员工相对薪酬差距（EEPR，即前三高管平均薪酬与员工平均薪酬的比值）作为高管 – 员工薪酬差距的替代性指标，进行假设的稳健性检验。在考虑控制变量的条件下，尝试研究和比较新 – 老 CEO 职位权对高管 – 员工薪酬差距的影响效应，是否会因为薪酬差距的衡量方法不同而保持稳健。因此，将模型 5.3–2 中的因变量 EEPD 替换为 EEPR，构建模型 5.4–1。

$$EEPR_{it}=\alpha+\sigma_1 SPP_{it}+\sigma_2 EAST_{it}+\sigma_3 FSR_{it}+\sigma_4 DEBT_{it}+\sigma_5 FSIZE_{it}+\sigma_6 BSIZE_{it}+$$

$$\sigma_7 RID_{it}+\sigma_8 FPER_{it}+\varepsilon_{it}$$

（模型 5.4–1）

5.4.2.1　CEO 职位权与高管 – 员工相对薪酬差距（EEPR）的关系分析

应用模型 5.4–1，拟合全样本数据，结果见表 5.4–7。表 5.4–7 结果显示，在考虑控制变量的情况下，SPP 对 EEPR 的回归结果显著为正（Beta=0.091，P=0.000），这意味着每一单位的 CEO 职位权的变动，将引起 0.091 单位的高管 – 员工薪酬比值的同向变动，即 CEO 职位权与高管 – 员工相对薪酬差距显著正相关。结论没有因为因变量度量方式的改变而发生变化。

表 5.4–7　CEO 职位权与高管 – 员工相对薪酬差距（EEPR）关系的回归结果（全样本）

模型	变量	非标准化系数		标准系数	T	Sig.
		B	标准误差	Beta		
5.4–1	（常量）	−31.653	2.651		−11.939	.000
	SPP	2.684	.567	.091	4.735	.000
	EAST	1.729	.269	.122	6.417	.000
	FSR	−11.784	.986	−.235	−11.955	.000
	DEBT	−.683	.839	−.017	−.814	.416
	FSIZE	4.304	.300	.327	14.360	.000
	BSIZE	−.078	.083	−.019	−.943	.346
	RID	−1.646	2.629	−.012	−.626	.531
	PFER	.129	.012	.215	10.966	.000
模型拟合参数	R^2	.217	F	76.586	Sig	.000

5.4.2.2 假设 H5.2-1 稳健性检验：年长 CEO 职位权与高管 - 员工相对薪酬差距（EEPR）的关系分析

应用拟合年长 CEO 样本数据对模型 5.4-1 进行拟合分析，结果见表 5.4-8。结果显示，在考虑控制变量的情况下，年长 CEO 职位权与企业高管 - 员工相对薪酬差距显著正相关（Beta=0.116，P=0.000）。这意味着每一单位的 CEO 职位权的变动，将引起 0.116 单位的高管 - 员工薪酬比值的同向变动。假设 H5.2-1 仍然成立。

表 5.4-8　年长 CEO 职位权与高管 - 员工相对薪酬差距（EEPR）关系的回归结果

模型	变量	非标准化系数		标准系数	T	Sig.
		B	标准误差	Beta		
5.4-1	（常量）	-1.672	.290		-5.772	.000
	SPP	.333	.063	.116	5.313	.000
	EAST	.106	.029	.077	3.606	.000
	FSR	-1.247	.107	-.263	-11.651	.000
	DEBT	-.306	.092	-.081	-3.335	.001
	FSIZE	.357	.033	.283	10.928	.000
	BSIZE	.011	.009	.028	1.190	.234
	RID	.140	.302	.010	.465	.642
	PFER	.012	.001	.211	9.407	.000
模型拟合参数	R^2	.192	F	52.800	Sig	.000

5.4.2.3 假设 H5.2-2 稳健性检验：年轻 CEO 职位权与高管 - 员工相对薪酬差距（EEPR）的关系分析

应用拟合年轻 CEO 样本数据对模型 5.4-1 进行拟合分析，结果见表 5.4-9。结果显示，在考虑控制变量的情况下，年轻 CEO 职位权与企业高管 - 员工相对薪酬差距显著正相关（Beta=0.083，P=0.000）。这意味着每一单位的 CEO 职位权（SPP）的变动，将引起 0.083 单位的高管 - 员工薪酬比值（EEPR）的同向变动。通过对比年长 CEO 职位权与年轻 CEO 职位权对高管 - 员工薪酬比值的影响，年长 CEO 样本中，职位权与高管 - 员工薪酬比值的相关性明显高于年轻 CEO 样本。换言之，年轻 CEO 职位权正向影响高管 - 员工薪酬差距，且这种正相关性低于年长 CEO。因此，假设 H5.2–2 仍成立。

表 5.4–9　年轻 CEO 职位权与高管 – 员工相对薪酬差距（EEPR）关系的回归结果

模型	变量	非标准化系数		标准系数	T	Sig.
		B	标准误差	Beta		
5.4–1	（常量）	–2.835	.596		–4.754	.000
	SPP	.263	.125	.083	2.108	.036
	EAST	.210	.060	.140	3.506	.001
	FSR	–1.282	.224	–.223	–5.713	.000
	DEBT	.028	.182	.007	.156	.876
	FSIZE	.504	.067	.359	7.559	.000
	BSIZE	–.018	.021	–.035	–.869	.385
	RID	.070	.483	.006	.145	.885
	PFER	.021	.003	.317	8.000	.000
模型拟合参数	R^2	.374	F	32.284	Sig	.000

5.4.3 CEO 职位权与薪酬鸿沟关系假设检验

5.4.3.1 CEO 职位权与薪酬鸿沟差距的关系

应用模型 5.3–3 和模型 5.3–4 拟合全样本数据，结果见表 5.4–10 和表 5.4–11。表 5.4–10 结果显示，在没有控制变量的情况下，SPP 对 HPG 的回归结果显著为正（Beta=0.286，P=0.000）。CEO 职位权是形成薪酬鸿沟的直接原因。该效应与 CEO 自主权整体影响效应性质一致，强度稍有差异。

表 5.4–10　CEO 职位权与薪酬鸿沟（HPG）关系的一元回归结果（全样本）

模型		非标准化系数		标准系数	T	Sig.
	B	标准误差	Beta			
5.3–3	（常量）	.265	.011		24.020	.000
	SPP	.375	.027	.286	14.066	.000
R^2=.082, F=197.859, Sig=.000						

表5.4-11结果显示，在加入控制变量之后，职位权（SPP）对 HPG 的回归结果显著为正（Beta=0.259，P=0.000），这意味着每一单位的 CEO 职位权的变动，将引起 0.259 单位的薪酬鸿沟的同向变动，即 CEO 职位权与薪酬鸿沟显著正相关。

表 5.4-11　CEO 职位权与薪酬鸿沟（HPG）关系的回归结果（全样本）

模型	变量	非标准化系数		标准系数	T	Sig.
		B	标准误差	Beta		
5.3-4	（常量）	−1.212	.107		−11.325	.000
	SPP	.307	.023	.259	13.399	.000
	EAST	.098	.011	.172	9.018	.000
	FSR	−.268	.040	−.133	−6.741	.000
	DEBT	−.239	.034	−.152	−7.055	.000
	FSIZE	.178	.012	.337	14.738	.000
	BSIZE	−.003	.003	−.019	−.904	.366
	RID	.113	.106	.021	1.065	.287
	PFER	−.003	.000	−.145	−7.335	.000
模型拟合参数	R^2	.209	F	73.394	Sig	.000

5.4.3.2 假设 H5.2-3 检验：年长 CEO 职位权与薪酬鸿沟差距的关系

应用模型 5.3-3 和模型 5.3-4 拟合全样本数据，结果见表 5.4-12 和表 5.4-13。表 5.4-12 结果显示，在没有控制变量的情况下，SPP 对 HPG 的回归结果显著为正（Beta=0.303，P=0.000）。年长 CEO 职位权是形成薪酬鸿沟的直接原因。

表 5.4-12　年长 CEO 职位权与薪酬鸿沟（HPG）关系的一元回归结果（全样本）

模型		非标准化系数		标准系数	T	Sig.
B		标准误差	Beta			
5.3-3	（常量）	.246	.015		15.983	.000
	SPP	.391	.037	.303	10.458	.000
R^2=.092, F=109.371, Sig=.000						

表 5.4-13 结果显示，在加入控制变量之后，SPP 对 HPG 的回归结果显著为正（Beta=0.310，P=0.000），这意味着每一单位的年长 CEO 职位权的变动，将引起 0.310 单位的薪酬鸿沟的同向变动，即年长 CEO 职位权

与薪酬鸿沟显著正相关。年长 CEO 职位权对 HPG 的影响明显高于全样本 CEO 职位权的影响。假设 H5.2-3 得到验证。

表 5.4-13　年长 CEO 职位权与薪酬鸿沟（HPG）关系的回归结果

模型	变量	非标准化系数		标准系数	T	Sig.
		B	标准误差	Beta		
5.3-4	（常量）	−1.602	.155		−10.330	.000
	SPP	.339	.029	.310	11.747	.000
	EAST	.079	.015	.143	5.406	.000
	FSR	−.198	.054	−.097	−3.634	.000
	DEBT	−.304	.047	−.193	−6.508	.000
	FSIZE	.209	.018	.368	11.653	.000
	BSIZE	−.003	.004	−.022	−.767	.443
	RID	.370	.132	.076	2.808	.005
	PFER	−.004	.001	−.188	−6.802	.000
模型拟合参数	R^2	.258	F	48.047	Sig	.000

5.4.3.3 假设 H5.2-4 检验：年轻 CEO 职位权与薪酬鸿沟差距的关系

应用模型 5.3-3 和模型 5.3-4 拟合全样本数据，结果见表 5.4-14 和表 5.4-15。表 5.4-14 结果显示，在没有控制变量的情况下，SPP 对 HPG 的回归结果显著为正（Beta=0.253，P=0.000）。年轻 CEO 职位权也是形成薪酬鸿沟的直接原因。

表 5.4-14　年轻 CEO 职位权与薪酬鸿沟（HPG）关系的一元回归结果

模型 B		非标准化系数		标准系数	T	Sig.
		标准误差	Beta			
5.3-3	（常量）	.318	.018		17.456	.000
	SPP	.333	.045	.253	7.367	.000
R^2=0.064，F=54.273，Sig=.000						

表 5.4-15 结果显示，在加入控制变量之后，SPP 对 HPG 的回归结果显著为正（Beta=0.194，P=0.000），这意味着每一单位的年轻 CEO 职位权的变动，将引起 0.194 单位的薪酬鸿沟的同向变动，即年轻 CEO 职位权与薪酬鸿沟显著正相关。年轻 CEO 职位权对 HPG 的影响明显低于全

样本中 CEO 职位权的影响，更低于年长 CEO 职位权对薪酬鸿沟的影响。假设 H5.2–4 成立。

表 5.4–15　年轻 CEO 职位权与薪酬鸿沟（HPG）关系的回归结果

模型	变量	非标准化系数		标准系数	T	Sig.
		B	标准误差	Beta		
5.3–4	（常量）	–.870	.151		–5.776	.000
	SPP	.248	.036	.194	6.839	.000
	EAST	.115	.016	.195	7.122	.000
	FSR	–.328	.058	–.164	–5.607	.000
	DEBT	–.179	.049	–.113	–3.653	.000
	FSIZE	.159	.017	.317	9.555	.000
	BSIZE	–.004	.005	–.024	–.793	.428
	RID	–.258	.172	–.043	–1.500	.134
	PFER	–.003	.001	–.112	–3.988	.000
模型拟合参数	R^2	.184	F	31.069	Sig	.000

5.4.4 CEO 职位权与薪酬鸿沟关系假设稳健性检验

5.4.4.1 CEO 职位权与薪酬鸿沟存在性（HPG01）的关系分析

为检验 4.3 中实证结论的可靠性，以薪酬鸿沟存在性（HPG01）替代 HPG 作为薪酬鸿沟的竞争性指标，进行稳健性检验。在考虑控制变量的情况下，试图研究和比较新 – 老 CEO 职位权对薪酬鸿沟的影响效应，是否会因为薪酬鸿沟的衡量指标选择不同而发生变化。因此将模型 5.3–4 中的因变量 HPG 替换为 HPG01，保留该模型中的控制变量和自变量，采用二元逻辑回归模型，构建实证模型 5.4–2。

$$\text{Logit}\left(\frac{\text{HPG01}}{1-\text{HPG01}}\right)=\alpha+\sigma_1 SPP_{it}+\sigma_2 EAST_{it}+\sigma_3 FSIZE_{it}+\sigma_4 FSR_{it}+\sigma_5 DEBT_{it}+\sigma_6 BSIZE_{it}+\sigma_7 RID_{it}+\sigma_8 FPER_{it}+\varepsilon_{it}$$

（模型 5.4–2）

应用模型 5.4–2，拟合全样本数据，结果见表 5.4–16。表 5.4–16 结果显示，在考虑控制变量的情况下，SPP 对薪酬鸿沟存在性（HPG01）的回归结果显著为正（B=2.200，P=0.000）。结论并没有因为被解释变量度量方式的改变而发生变化，也未因为数据处理模型而发生变化。

表 5.4–16　CEO 职位权与薪酬鸿沟（HPG01）关系的回归结果（全样本）

模型	变量	B	S.E,	Wals	df	Sig.	Exp（B）
5.4–2	SPP	2.200	.209	110.611	1	.000	9.026
	EAST	.714	.095	56.024	1	.000	2.042
	FSIZE	1.387	.118	138.284	1	.000	4.002
	FSR	−1.787	.361	24.553	1	.000	.168
	DEBT	−1.762	.307	32.904	1	.000	.172
	BSIZE	−.019	.030	.416	1	.519	.981
	RID	.735	.936	.618	1	.432	2.086
	FPER	.038	.005	63.045	1	.000	1.039
	常量	−13.421	1.056	161.478	1	.000	.000
模型拟合参数	−2 对数似然值	2607.284	Cox & Snell R^2	.193	Nagelkerke R^2		.257

5.4.4.2 假设 H5.2–3 稳健性检验：年长 CEO 职位权与薪酬鸿沟存在性（HPG01）的关系分析

应用模型 5.4–2，拟合年长 CEO 样本数据，结果见表 5.4–17。表 5.4–17 结果显示，在考虑控制变量的情况下，SPP 对 HPG01 的回归结果显著为正（B=2.448，$P=0.000$）。结论没有因为因变量度量方式的改变而发生变化，也没有因为数据处理模型而发生变化。年长 CEO 职位权对薪酬鸿沟的正向影响效应显著高于全样本数据中的结果。假设 H5.2–3 具有稳健性。

表 5.4–17　年长 CEO 职位权与薪酬鸿沟（HPG01）关系的回归结果

模型	变量	B	S.E,	Wals	df	Sig.	Exp（B）
5.4–2	SPP	2.448	.287	72.640	1	.000	11.561
	EAST	.576	.139	17.218	1	.000	1.779
	FSIZE	1.735	.193	80.444	1	.000	5.671
	FSR	−1.308	.527	6.160	1	.013	.270
	DEBT	−2.170	.461	22.111	1	.000	.114
	BSIZE	−.048	.042	1.309	1	.253	.953
	RID	1.743	1.250	1.945	1	.163	5.714

模型	变量	B	S.E,	Wals	df	Sig.	Exp（B）
	FPER	.034	.007	24.121	1	.000	1.034
	常量	−16.912	1.700	98.996	1	.000	.000
模型拟合参数	−2 对数似然值	1280.338	Cox & Snell R^2	.207	Nagelkerke R^2		.277

5.4.4.3 假设 H5.2-4 稳健性检验：年轻 CEO 职位权与薪酬鸿沟存在性（HPG01）的关系分析

应用模型 5.4-2，拟合年轻 CEO 样本数据，结果见表 5.4-18。表 5.4-18 结果显示，在考虑控制变量的情况下，年轻 CEO 的职位权（SPP）对薪酬鸿沟存在性（HPG01）的回归结果显著为正（B=1.824，P=0.000）。结论没有因为薪酬鸿沟度量方式的改变而发生变化，也没有因为数据处理方法而发生变化。年轻 CEO 职位权对薪酬鸿沟的正向影响效应显著低于全样本数据中的结果，亦低于年长 CEO 样本数据的结果。假设 H5.2-4 具有稳健性。

表 5.4-18　年轻 CEO 职位权与薪酬鸿沟（HPG01）关系的回归结果

模型	变量	B	S.E,	Wals	df	Sig.	Exp（B）
	SPP	1.824	.311	34.451	1	.000	6.199
	EAST	.823	.134	37.933	1	.000	2.277
	FSIZE	1.185	.151	61.409	1	.000	3.269
	FSR	−2.246	.508	19.590	1	.000	.106
5.4-2	DEBT	−1.436	.419	11.721	1	.001	.238
	BSIZE	−.001	.044	.000	1	.984	.999
	RID	−.598	1.447	.171	1	.679	.550
	FPER	.042	.007	37.229	1	.000	1.043
	常量	−11.017	1.372	64.475	1	.000	.000
模型拟合参数	−2 对数似然值	1310.823	Cox & Snell R^2	.188	Nagelkerke R^2		.251

5.4.5 CEO 职位权、上年度薪酬鸿沟与未来公司绩效

为进一步考察 CEO 职位权与薪酬鸿沟的交互作用对公司绩效的

影响，以公司 t+1 年度的绩效（ROE_{t+1}）为因变量，以 t 年度 CEO 职位权（SPP_t）、t-1 年度薪酬鸿沟（HPG_{t-1}）以及二者的标准化值的交互项（$ZSPP_t$ *$ZHPG_{t-1}$）为自变量，采用 EAST、FSR 和 DEBT 等六个变量为控制变量，构建基于 OLS 的多元回归模型 5.4-3。

$$ROE_{i(t+1)}=\alpha+\sigma_1 EAST_{it}+\sigma_2 FSR_{it}+\sigma_3 DEBT_{it}+\sigma_4 FSIZE_{it}+\sigma_5 RID_{it}+\sigma_6 SPP_{it}+$$
$$\sigma_7 HPG_{i(t-1)}+\sigma_8 ZSPP_{it}*ZHPG_{i(t-1)}+\varepsilon_{it}$$

（模型 5.4-3）

5.4.5.1 全样本分析：CEO 职位权、上年度薪酬鸿沟与未来公司绩效

应用模型 5.4-3，拟合全样本数据，回归结果见表 5.4-19。表 5.4-19 结果显示，在考虑控制变量的情况下，CEO 职位权（SPP）对企业未来绩效（ROE）的回归结果显著为正（Beta=0.052，P=0.023）。与上文结果相比，并未发生本质性变化；薪酬鸿沟对企业未来绩效的回归结果显著为负（Beta=-0.107，P=0.000），符合人们对薪酬鸿沟绩效后果的预期；二者的交互项（ZSPP *ZHPG）的回归结果现状与为负（Beta=-0.062，P=0.004）。该结果表明，CEO 职位权将显著增强薪酬鸿沟的负面绩效后果，二者的交互作用加强了企业绩效的滑坡。

该结果表明，因职位而得来的权力，由于缺乏足够有效的监督机制制约，也缺乏 CEO 的自我约束动机，往往在涉及利益决策时，呈现滥用的倾向。从价值创造环节来看，职位权集中于 CEO 在一定程度上对企业整体绩效有微弱正向影响，表明在该环节，较高 CEO 职位权激发了 CEO 的努力动机，提供了发挥其专有性人力资本发挥的空间；而在价值分配环节，能够明显看出，CEO 职位权过度加剧了企业内部薪酬分配的不公平。

表 5.4-19　CEO 职位权、上年度薪酬鸿沟（HPG）与未来公司绩效关系（全样本）

模型	变量	非标准化系数		标准系数	T	Sig.
		B	标准误差	Beta		
	（常量）	−29.076	4.342		−6.696	.000
	EAST	1.992	.435	.099	4.578	.000
	FSR	1.554	1.596	.022	.974	.330
5.4-3	DEBT	−14.673	1.319	−.262	−11.120	.000
	FSIZE	4.563	.471	.244	9.679	.000
	RID	−6.504	4.032	−.034	−1.613	.107
	SPP	2.149	.948	.052	2.267	.023

续表

模型	变量	非标准化系数		标准系数	T	Sig.
		B	标准误差	Beta		
	HPG	−3.778	.839	−.107	−4.502	.000
	ZSPP*ZHPG	−.650	.227	−.062	−2.866	.004
模型拟合参数	R^2	.087	F	24.106	Sig	.000

5.4.5.2 年长 CEO 样本分析：CEO 职位权、上年度薪酬鸿沟与未来公司绩效

应用基于 OLS 的回归模型 5.4-3,拟合年长 CEO 样本数据,回归结果见表 5.4-20。表 5.4-20 结果显示,在考虑控制变量的情况下,CEO 职位权(SPP)对企业未来绩效(ROE)的回归结果显著为正(Beta=0.085, P=0.011)。与上文结果相比,并未发生本质性变化;薪酬鸿沟对企业未来绩效的回归结果显著为负(Beta=−0.097, P=0.005),符合人们对薪酬鸿沟绩效后果的预期;二者的交互项(ZSPP *ZHPG)的回归结果显著为负(Beta=−0.115, P=0.000)。该结果表明,年长 CEO 职位权将加剧薪酬鸿沟对企业未来绩效的负向影响效应。

表 5.4-20　年长 CEO 职位权、上年度薪酬鸿沟(HPG)与未来公司绩效关系

模型	变量	非标准化系数		标准系数	T	Sig.
		B	标准误差	Beta		
5.4-3	(常量)	−22.204	6.034		−3.680	.000
	EAST	2.048	.650	.101	3.150	.002
	FSR	−.565	2.363	−.008	−.239	.811
	DEBT	−10.447	1.931	−.190	−5.409	.000
	FSIZE	3.587	.657	.207	5.460	.000
	RID	−3.328	6.696	−.016	−.497	.619
	SPP	3.780	1.487	.085	2.542	.011
	HPG	−3.365	1.203	−.097	−2.797	.005
	ZSPP*ZHPG	−1.227	.344	−.115	−3.569	.000
模型拟合参数	R^2	.060	F	7.692	Sig	.000

5.4.5.3 年轻 CEO 样本分析：CEO 职位权、上年度薪酬鸿沟与未来公司绩效

应用模型 5.4-3,拟合年轻 CEO 样本数据,回归结果见表 5.4-21。表 5.4-21 结果显示,在考虑控制变量的情况下,年轻 CEO 职位权(SPP)对企业未来绩效(ROE)的回归结果不再显著(Beta=0.033,P=0.296);薪酬鸿沟对企业未来绩效的回归结果显著为负(Beta=-0.129,P=0.000),符合人们对薪酬鸿沟绩效后果的预期,但是显著降低;二者的交互项(ZSPP*ZHPG)的回归结果不显著。该结果表明,年轻 CEO 职位权与薪酬鸿沟的交互效应不显著。

表 5.4-21　年轻 CEO 职位权、上年度薪酬鸿沟(HPG)与未来公司绩效关系

模型	变量	非标准化系数		标准系数	T	Sig.
		B	标准误差	Beta		
5.4-3	(常量)	−38.643	6.322		−6.112	.000
	EAST	1.804	.584	.091	3.087	.002
	FSR	4.162	2.179	.057	1.910	.056
	DEBT	−18.914	1.801	−.332	−10.501	.000
	FSIZE	5.699	.682	.280	8.357	.000
	RID	−6.649	4.998	−.039	−1.330	.184
	SPP	1.280	1.224	.033	1.046	.296
	HPG	−4.630	1.177	−.129	−3.933	.000
	ZSPP*ZHPG	−.071	.301	−.007	−.235	.814
模型拟合参数	R^2	.131	F	19.753	Sig	.000

综合表 5.4-19、表 5.4-20 和表 5.4-21 可知,在同一时间窗内,年长 CEO 不但可以用自己的职位权,营造未来更高的薪酬鸿沟水平,还能够运作其职位权强化当期薪酬鸿沟的负面绩效后果。该结果在一定意义上表明,需要对职位权较高的年长 CEO,设定更高的监督力度,至少在薪酬差距设定方面更是如此。对董事会而言,最好要杜绝"日久见人心"这种不理智的主观认知,应当接受实证结果揭示的事实:年长 CEO 更需要监督。随着 CEO 年龄的增长及任期的增加,需要增强对其的监督力度;或者,至少要做到像监督、审视新任 CEO 那样,一直不放松。职位带来的权力,比所有权带来的权力,对企业绩效的正面影响更弱,但是对薪酬鸿沟

的影响、以及对薪酬鸿沟负面绩效后果的加强效应更显著。

5.4.6 CEO 职位权、上年度薪酬鸿沟与未来公司绩效：稳健性检验

5.4.6.1 全样本分析：CEO 职位权、上年度薪酬鸿沟存在性（HPG01）
与未来公司绩效

为检验 4.5 中实证结论的可靠性，以薪酬鸿沟存在性（HPG01）替代
HPG 作为薪酬鸿沟的竞争性指标，进行稳健性检验。在考虑控制变量的
情况下，试图研究和比较新 – 老 CEO 职位权和薪酬鸿沟的交互效应对为
未来公司绩效的影响，是否会因为薪酬鸿沟指标选择不同而发生变化。
因此将模型 5.4-3 中的自变量 HPG 替换为 HPG01，并将因变量的 ROE
改变为 ROA，保留该模型中的其他变量，构建实证模型 5.4-4。

$$ROA_{i(t+1)}=\alpha+\sigma_1EAST_{it}+\sigma_2FSR_{it}+\sigma_3DEBT_{it}+\sigma_4FSIZE_{it}+\sigma_5RID_{it}+\sigma_6SPP_{it}+$$

$$\sigma_7HPG01_{i(t-1)}+\sigma_8ZSPP_{it}*ZHPG01_{i(t-1)}+\varepsilon_{it}$$

（模型 5.4-4）

应用模型 5.4-4，拟合全样本数据，回归结果见表 5.4-22。表 5.4-22
结果显示，在考虑控制变量的情况下，CEO 职位权（SPP）对企业未来绩
效（ROE）的回归结果不显著（Beta=0.028，P=0.222）；薪酬鸿沟存在性
（HPG01）对企业未来绩效的回归结果不显著（Beta=-0.027，P=0.242），
稍微偏离了人们对薪酬鸿沟绩效后果的预期；二者的交互项（ZSPP
*ZHPG01）的回归结果显著为负（Beta=-0.039，P=0.068），但显著度较低。

表 5.4-22　CEO 职位权、上年度薪酬鸿沟存在性（HPG01）与未来公司绩效（全
样本）

模型	变量	非标准化系数		标准系数	T	Sig.
		B	标准误差	Beta		
5.4-4	（常量）	−25.358	4.365		−5.810	.000
	EAST	1.713	.436	.085	3.930	.000
	FSR	2.504	1.594	.035	1.571	.116
	DEBT	−14.175	1.327	−.253	−10.686	.000
	FSIZE	4.044	.470	.216	8.601	.000
	RID	−7.267	4.049	−.038	−1.795	.073
	SPP	1.155	.945	.028	1.223	.222

模型	变量	非标准化系数		标准系数	T	Sig.
		B	标准误差	Beta		
5.4-4	HPG01	-.551	.470	-.027	-1.171	.242
	ZSPP*ZHPG01	-.410	.224	-.039	-1.827	.068
模型拟合参数	R^2	.077	F	21.218	Sig	.000

5.4.6.2 年长 CEO 样本分析：CEO 职位权、上年度薪酬鸿沟存在性（HPG01）与未来公司绩效

应用模型 5.4-4，拟合年长 CEO 样本数据，回归结果见表 5.4-23。表 5.4-23 结果显示，在考虑控制变量的情况下，年长 CEO 职位权（SPP）对企业未来绩效（ROA）的回归显著为正（Beta=0.067，$P=0.047$）；薪酬鸿沟存在性（HPG01）对企业未来绩效的回归结果显著为负（Beta=-0.029，$P=0.401$）；二者的交互项（ZSPP*ZHPG01）的回归结果显著为负（Beta=-0.090，$P=0.005$）。该结果表明，年长 CEO 职位权显著将加剧薪酬鸿沟对企业未来绩效的负向影响效应。

表 5.4-23　年长 CEO 职位权、上年度薪酬鸿沟存在性（HPG01）与未来公司绩效

模型	变量	非标准化系数		标准系数	T	Sig.
		B	标准误差	Beta		
5.4-4	（常量）	-19.730	6.095		-3.237	.001
	EAST	1.781	.650	.088	2.742	.006
	FSR	.236	2.366	.003	.100	.920
	DEBT	-10.011	1.946	-.182	-5.143	.000
	FSIZE	3.161	.659	.183	4.799	.000
	RID	-2.555	6.724	-.012	-.380	.704
	SPP	2.952	1.487	.067	1.986	.047
	HPG01	-.586	.698	-.029	-.839	.401
	ZSPP*ZHPG01	-.990	.351	-.090	-2.820	.005
模型拟合参数	R^2	.051	F	73.394	Sig	.000

5.4.6.3 年轻CEO样本分析：CEO职位权、上年度薪酬鸿沟与未来公司绩效

应用模型5.4-4,拟合年轻CEO样本数据,回归结果见表5.4-24。表5.4-24结果显示,在考虑控制变量的情况下,年轻CEO职位权(SPP)对企业未来绩效(ROA)的回归结果不再显著(Beta=-0.000,P=0.988);薪酬鸿沟存在性对企业未来绩效的回归结果不显著(Beta=-0.032,P=0.318);二者的交互项(ZSPP*ZHPG01)的回归结果不显著(Beta=0.007,P=0.808)。该结果表明,年轻CEO职位权与薪酬鸿沟的交互效应不显著,但是存在微弱的正向影响倾向。

表5.4-24　年轻CEO职位权、上年度薪酬鸿沟存在性(HPG01)与未来公司绩效

模型	变量	非标准化系数		标准系数	T	Sig.
		B	标准误差	Beta		
5.4-4	(常量)	−33.491	6.327		−5.293	.000
	EAST	1.539	.587	.078	2.620	.009
	FSR	5.023	2.179	.069	2.305	.021
	DEBT	−18.188	1.807	−.319	−10.067	.000
	FSIZE	5.047	.678	.248	7.448	.000
	RID	−8.489	5.008	−.049	−1.695	.090
	SPP	−.018	1.214	.000	−.015	.988
	HPG01	−.633	.634	−.032	−.999	.318
	ZSPP*ZHPG01	.070	.289	.007	.242	.808
模型拟合参数	R^2	.119	F	17.711	Sig	.000

综合表5.4-22、表5.4-23和表5.4-24可知,年长CEO职位权与薪酬鸿沟的交互效应,具有降低企业绩效的负面作用。该结果具有较好的稳健性。

5.4.7 结果讨论

本章基于国有企业为研究背景,探究并比较了新-老CEO职位权对高管-员工薪酬差距和企业内部薪酬鸿沟的影响效应,回归分析的结果讨论如下。

5.4.7.1 年长 CEO 职位权与高管－员工薪酬差距显著正相关，并且是薪酬鸿沟产生的直接原因

CEO 职位权，是在担任 CEO 直到离职这段期间内 CEO 所具备的来源于职位的法定性和结构性权力，在指标上可以从两职兼任和在企业内部兼职的数量进行解读。CEO 本身拥有企业最核心的法定职位权，如果同时兼任其他董事职位，或者国有企业中其他老三会的职位，比如党委会，则结构性职位权力得到显著提升。

对年长 CEO，其本身对企业运作已经很熟悉，对企业运营掌控的自信度较高，甚至有可能过度自信。在这样的背景下，权力膨胀的年长 CEO 不论是出于利企性动机，还是利己性动机，均倾向于较大程度上提升高管－员工薪酬差距。从利企性动机来看，过度自信的年长 CEO 认为，自身对处理薪酬差距过大而引发的负面后果有更强的驾驭能力，可以利用锦标赛机理效应，较大程度上避免薪酬差距过大而带来的业绩下滑，从而倾向于拉大薪酬差距；从利己性动机来看，年长 CEO 会加强对薪酬差距的操控。年长 CEO 在企业任职年限较长，享有一定的声誉和人际网络关系，作为运营管理和战略决策专家的声望相对较高，加上其更高职位权的双重保障，年长 CEO 既有能力也有动机操纵薪酬制定，进而提高自身的薪酬，此时薪酬差距无形被拉大。

此外，在国有企业中，对技术更新的速度和质量的要求更高，这对 CEO 及时应变的能力和丰富的信息网络有更高的要求，当 CEO 同时兼任其他职位时，将有利于信息的获取，有助于决策的质量和效率。对于熟悉企业业务的年长 CEO，这种效果会更加明显。CEO 两职兼任扩大了 CEO 在企业中的职位权，随着 CEO 兼职数量的增加也拓展了其人际关系，这也更加使得年长 CEO 更有把握和能力为自身谋取利益，从而扩大高管与员工之间的薪酬差距。

年长 CEO 职位权对薪酬鸿沟的影响是直接而且主动的。数据证明，年长 CEO 职位权是薪酬鸿沟形成的直接原因。内在机理分析表明，出于"尊老"的文化传统，对于"老人"做出的行为，中国倾向于给予过度的容忍。因此，年长 CEO 拉大薪酬差距谋取更多的私人利益，即使被观察到也将会受到相比较年轻 CEO 更低的社会压力和各方指责。此时，已经对职业生涯不再抱有长期期望的年长 CEO，其实是出于双重动机利用其职位权拉大薪酬差距，而且往往是在意识到薪酬差距可能会导致鸿沟产生并形成负面绩效后果的情况下，仍然在利己性动机的驱动下，在过度自信的裹挟下，过度拉大薪酬差距，最终导致薪酬鸿沟的诞生和过度发展。

5.4.7.2 年轻 CEO 职位权正向操纵高管－员工薪酬差距，对企业内部薪酬鸿沟亦具有正向影响，但这两种影响效应强度均低于年长 CEO

年轻 CEO 是企业用高额人力资源和财力资源，经过严谨的聘任选拔过程聘请而来。国有企业，在招聘年轻 CEO 时也是万里挑一。年轻 CEO 对于企业而言，将会给予更多的关注和高薪的聘任。同时，为激励年轻 CEO 努力工作，企业会一定程度上增大其与普通员工的薪酬差距。

从年轻 CEO 自身角度来讲，不论在知识技能亦或是管理才能上均有很大的潜能，也已得到了企业的初步认可。如果再赋予年轻 CEO 更多的企业内部其他职位，比如两职兼任，或者兼任党委书记等，则无形中为年轻 CEO 的企业运作提供了更高的结构性、法定性权力。从国有企业的角度分析，年轻 CEO 在经理人市场上具有很大的吸引力，企业必须用重金聘请，这在客观上导致了高管－员工薪酬差距的增大。因此，年轻 CEO 职位权越大，高管－员工薪酬差距也会越大。

然而，相比年长 CEO，年轻 CEO 面临更大的绩效压力，因此，年轻 CEO 为了获取董事会的认可与信任，更是为了实现自己未来更好的职业生涯成功，会把更多的精力放在如何提升企业经营业绩、提高自己声誉方面，即年轻 CEO 职位权对高管－员工薪酬差距有显著正向影响，但这种正相关性低于年长 CEO。整体上看，年轻 CEO 操纵薪酬差距更多是出于利企性动机，是为了获得更好的企业绩效。一方面，国有企业年轻 CEO 面临更为市场化的、激励强度更大的聘任契约，不得为了更高薪酬创造更好的企业绩效；另一方面，国有企业年轻 CEO 对自身的企业掌控能力存在试探阶段，不会盲目地拉大薪酬差距，防止无法控制的负面后果出现。因此，年轻 CEO 职位权对薪酬差距的正向影响会存在，但是会弱于年长 CEO 的影响。

然而，与年长 CEO 相比，年轻 CEO 职位权虽然被数据证明与薪酬鸿沟显著相关，但是其相关性更多是来源于管理不善或者沟通不足，而不是主动的促进。年轻 CEO 在拉大薪酬差距，尝试利用锦标赛机理效应的同时，由于对员工沟通、业务管理方面的经验缺乏，没有能够利用其较高的职位权进行有效的薪酬沟通，以及科学公平地构建考评体系，从而在较低的薪酬差距水平上，就开始显现薪酬鸿沟的效应。

5.5　结论与展望

本章分别以新 - 老 CEO 职位权为自变量,以高管 - 员工薪酬差距为因变量,以锦标赛理论和行为理论为研究视角,实证分析和比较了新 - 老 CEO 职位权对高管 - 员工薪酬差距和薪酬鸿沟的影响效应,尝试检验高层梯队理论在中国国有企业薪酬治理中的有效性。

结果显示,国有企业中,年长 CEO 职位权与高管 - 员工薪酬差距显著正相关,年长 CEO 职位权是企业内部薪酬鸿沟形成的直接原因,而且年长 CEO 被发现是有意识的扩大自身利益的同时坐视薪酬鸿沟的产生和发展,需要给予其更强的监督与制衡;与之相对应,年轻 CEO 职位权与高管 - 员工薪酬差距亦显著正相关,同时对薪酬鸿沟有正向的影响效应,但年轻 CEO 职位权对高管 - 员工薪酬差距的正向影响效应弱于年长 CEO 职位权,而且其导致薪酬鸿沟产生的原因,是因为追求薪酬差距的锦标赛激励效应的过程中,由于沟通不善、管控经验不足而导致薪酬差距的负面后果提前爆发而形成。

研究结论表明,无论是年长 CEO,还是年轻 CEO,随着职位权的越来越大,对于高管 - 员工薪酬差距的影响效应也会越来越大,而薪酬鸿沟形成的可能性也越大。如果一个企业 CEO 的职位权力较大,他们会倾向于提升高管薪酬,拉大企业内高管与员工的薪酬差距。值得注意的是,这种扩大效应的动机并不相同。对于年长 CEO 来讲,其利己性动机较强,自身的职位相对稳固,而且职业生涯预期已经到达巅峰,没有更大的前景,就会更倾向于为自身谋取利益,将职位带来的权力变现;然而,对年轻 CEO 而言,其能力尚未得到真正的认可与检验,未来的职业生涯成功还有更大可能,过度追求短期薪酬利益反而会有因小失大的危险。此外,从整体上,年轻 CEO 群体获得更高水平的教育,对社会责任的理解兼具公益性和功利性,因而更倾向于履行企业社会责任,追求企业长期绩效和竞争力,而不是过度追求当前薪酬水平的提升。此时,为了获取董事会的认可与信任,会把更多的精力放在如何提升企业经营业绩,提高自己声誉方面。因此,年轻 CEO 职位权对高管 - 员工薪酬差距和企业内薪酬鸿沟的正向影响效应低于年长 CEO。

因此,如何对高管 - 员工薪酬差距的过度增长实施有效控制,预防薪酬鸿沟的产生与发展,实现保障与激励双重功效,这些都有待于企业去思考,而本章的研究对这些问题可以给予相应的参考。其中有一点是可以明确的,从治理薪酬鸿沟角度而言,对年长 CEO,其最佳的权力配置是两权分立,并且尽量让 CEO 较少兼任其他内部职位,其年龄和经验足以应对企业运营所需要的资源调配和人员激励的权力需要,过度的正式职位权力会导致其权力滥用的风险增大,尤其是在高管薪酬治理领域;如果非要对年长 CEO 设置两职兼任的情况,务必对其实施高于年轻 CEO 的监督力度,强化董事会和股东大会对年长 CEO 的监督。对年轻 CEO 而言,较佳权力配置,则可以是两职兼任;鉴于其利企性动机较强,赋予较强的职位权有助于在企业运营的方方面面促进企业绩效的提升。给予年长 CEO 更多监督和约束,给予年轻 CEO 更高职位权与辅导。

　　本章的研究以国有制造型企业为背景,通过理论分析与实证研究得出了以上的结论。在后续的研究中,可以尝试加入其他企业类型,比如非国有企业,或者非上市公司,对比国有企业与非国有企业,上市公司与非上市公司新－老 CEO 职位权对企业高管－员工薪酬差距和薪酬鸿沟的操纵效应,是否有差别,以期丰富高管－员工薪酬差距的研究视角,拓展薪酬鸿沟研究的领域。

5.6　参考文献

[1]Bishop, J.The recognition and reward of employee performance [J].Journal of Labor Economics,1987（4）: 36–56.

[2]Chen JJ, Liu X, Li W.The effect of insider control and global benchmarks on Chinese executive compensation[J].Corporate Governance: An International Review,2010,18（2）: 107–123.

[3]Chen S, Li J, &Yu G.Empirical Investigation on the Relationship between CEO Tenure and Firm Performance in China[J].Commercial Research,2010,14（15）: 10–15.

[4]Hambrick D C, &Finkelstein S.The effects of ownership structure on conditions at the top: The case of CEO pay raises[J].Strategic Management Journal,1995,16（3）: 175–193.

[5]Lazear, E.P., &S.Rosen.Rank-order tournaments as optimum labor contracts[J].The Journal of Political Economy,1981,89: 841–864.

[6]蔡芸,陈淑玉,任成.高管－员工薪酬差距对企业绩效的影响——基于沪深 A 股上市公司的面板门限回归分析 [J].北京工商大学学报(社会科学版),2019（2）: 52–62.

[7] 董志勇.行为经济学中的社会公平态度与价值取向研究——以新加坡、中国上海和兰州为例 [J].中国工业经济 .2006（10）：75-81.

[8] 宫琛.国有企业高管薪酬差距与企业业绩的关系研究 [D].长沙：湖南大学,2012.

[9] 黄伟力,陈岚.董事长和 CEO 两职分离的形式及影响因素综述 [J].科学决策,2015（8）：70-94.

[10] 江伟,吴静桦,胡玉明.高管 - 员工薪酬差距与企业创新——基于中国上市公司的经验研究 [J].山西财经大学学报,2018（6）：74-88.

[11] 雷宇,郭剑花.什么影响了高管与员工的薪酬差距 [J].中央财经大学学报,2012（9）：78-83.

[12] 刘春,孙亮.薪酬差距与企业绩效：来自国企上市公司的经验证据 [J].南开管理评论,2010,13（2）：30-39.

[13] 李蓉.公司领导权结构对薪酬差距影响实证研究 [J].科技致富向导,2014（27）：238-238.

[14] 李燕.高管层薪酬差距对我国企业经营业绩的影响——基于锦标赛理论的研究 [J].商业会计,2013（14）：67-68.

[15] 李有根,赵锡斌.国外 CEO 自主权研究及测量 [J].外国经济与管理,2003,25（12）：2-6.

[16] 吕明月.国有控股上市公司高管 - 员工薪酬差距影响因素的研究 [D].贵阳：贵州财经大学,2016.

[17] 马晨,张俊瑞.管理层持股、领导权结构与财务重述 [J].南开管理评论,2012（4）：143-160.

[18] 彭琴,杨轲涵.领导权结构、公司内部控制与审计意见研究 [J].中国市场,2017（8）：197-198.

[19] 王怀明,史晓明.高管 - 员工薪酬差距对企业绩效影响的实证分析 [J].经济与管理研究,2009（8）：23-27.

[20] 谢永珍.中国上市公司领导权结构与公司治理监督效率的实证观察 [J].中央财经大学学报,2006（5）：57-63.

[21] 严子淳,薛有志.董事会社会资本、公司领导权结构对企业 R&D 投入程度的影响研究 [J].管理学报,2015（4）：9-516.

[22] 赵西萍,刘玲,张长征.企业管理员工离职倾向影响因素的多变量分析 [J].中国软科学,2003（3）：53-100.

[26] 朱滔,丁友刚.产权性质、领导权结构变化与公司业绩 [J].会计研究,2016（5）：48-55（转 96）.

第6章　国有企业新－老 CEO 资源运作权对高管－员工薪酬差距和薪酬鸿沟的操纵效应比较研究

6.1　引　言

前述章节已经探讨了 CEO 自主权对高管－员工薪酬差距和薪酬鸿沟的影响效应,并分别刻画和比较了新－老 CEO 的行业自主权、职位权和所有权各自对高管－员工薪酬差距和薪酬鸿沟的独立影响效应。研究结果表明:年长 CEO 自主权与年轻 CEO 自主权正向影响操纵高管－员工薪酬差距,都是薪酬鸿沟形成的直接原因;前者操纵薪酬差距的动机是以利己性动机为主,薪酬鸿沟其实形成于年长 CEO 自主权运作的推波助澜效应;后者操纵薪酬差距的动机是以利企性动机为主,薪酬鸿沟则是由于年轻 CEO 追逐薪酬差距的锦标赛效应过程中,薪酬沟通不善与管理经验缺乏所导致。基于 CEO 行业自主权、职位权和所有权的研究表明,以上结论仍然成立,但是在显著度和影响强度上略有不同。本章将进一步探讨 CEO 自主权的第四个维度,即资源运作权,对高管－员工薪酬差距和薪酬鸿沟的影响效应。

CEO 资源运作权的差异来自(也表现为)各企业资产结构的差异,以及不同资产类型运作效率的差异。比如,固定资产比例较高的企业中,CEO 能够回避董事会和股东的监控而自由调动和操控的资源相对较少,其自主权行为空间就较小;而营运资金比率较高的企业中,CEO 能够自由掌控和支配的资源相对较多,其可能的战略选择行为空间就更大。关于 CEO 资源运作权的影响效应,目前最为相关的文献中,关注最多的就是探讨企业资产结构如何影响公司绩效与公司价值。典型的文献如南雁等(2012)、刘百芳和昌爽(2012)、贺莉(2013)、杨远霞(2014)、张军波和江文丽（2016）等。

　　最初的相关研究文献多以某特定细分行业为对象,研究资产结构与公司价值的关系,其样本量相对有限。最近的相关研究则更多以多行业上市公司为对象,以较大样本数量探讨二者关系。杨硕和周煜皓（2017）以竞争战略和交易费用经济学为理论视角,以 2015 年创业板所有上市公司为研究样本,用年度报表披露后一个月的平均股票收盘价作为被解释变量,使用无形资产占总资产的比重占销售收入的比重作为专用性资产的替代变量,发现无形资产,如商标权、专利权等作为典型的专用性资产,对股票价格有着显著的正向作用。刘洋（2017）以湖北省 A 股各行业上市公司 2010-2015 年数据作为样本,实证结果表明,流动资产比率、固定资产比率、无形资产比率、产权比率与盈利能力不相关,而资产负债率与盈利能力显著负相关。张月武和刘斌（2018）基于中国传统制造业中多个子行业的上市公司数据,选择 1991 家沪、深两市制造业上市公司的样本,综合运用多视角理论分析与基于 OLS 的多元线性回归分析方法,发现资本结构中的应收账款比例、货币资金比例均对企业的绩效有正向影响,而固定资产比例与企业绩效则呈现显著的负相关关系。

　　随着既有文献对资产结构与企业绩效关系的研究日益深入,更多学者开始关注不同类型的资产对企业竞争力的影响机理。典型的文献有:张俊等（2012）应用 1999-2006 年期间存在管理层持股 745 条上市公司观测数据为样本,实证探讨了现金及短期投资比例、固定资产合计比例、应收及预付比例、存货及待摊比例、长期投资比例、无形资产及其他资产比例等六类资产结构特征与企业价值的关系。发现现金及短期投资比例、固定资产合计比例、应收及预付比例、存货及待摊比例、长期投资比例、无形资产及其他资产比例这六个变量与企业价值之间存在显著的倒“U”型关系,从而用数据论证了资产结构能够在实质上影响企业价值的结论。孟艳玲和张俊瑞（2014）以中国上市公司选择 2007-2010 年 5474 条沪深两市的非金融上市公司观察数据为样本,运用多元线性回归分析方法和方差分析方法,实证数据与理论分析表明:不同生命周期阶段,流动资产比例对企业价值的影响有差异。因此,根据研究结论,上市公司应综合考虑所处的生命周期阶段,适当调整低流动资产比例,合理利用所拥有的资源对流动资产比例进行合理的调整,从而达到提升企业价值的目的。

　　最新的研究文献开始尝试将营运资金周转期和企业竞争力联系到一起。比如,钱枫（2018）采用 2007—2015 年上市公司披露的客观数据,实证分析结果显示:（1）投资活动营运资金周转期与企业竞争力显著负相关;（2）经营活动营运资金周转期与企业竞争力显著负相关;（3）营业活动营运资金周转期与企业竞争力显著负相关；（4）不同类型营运资金对企业竞争力具有不同程度的影响效应。

现有研究表明，资产结构差异，以及不同资产类型运作效率的差异能够有效解释企业绩效和公司价值的差异性。由此推断，资产结构差异所衡量的CEO资源运作权（CEO自主权的一个子维度）差异也可能对各种关键的企业运营决策结果产生实质性的影响。虽然CEO自主权整体上对高管－员工薪酬差距和薪酬鸿沟具有的影响效应已经得到验证和讨论，但是资源运作权作为一个相对独立的变量，如何影响企业内部薪酬差距的决策，并进而如何影响企业内部薪酬鸿沟的形成与演化过程，尚未得到充分的研究与讨论。此外，现有研究中，对新－老CEO自主权运作动机差异和国有企业样本特征的忽视，也应当在未来的研究中得到充分关注。

有鉴于此，本章研究致力于应用2010—2015年国有上市公司为样本，系统分析和检验新－老CEO资源运作权对企业内高管－员工薪酬差距和薪酬鸿沟形成机理的影响效应。

6.2　文献综述与研究假设

Jensen（2004）在研究中指出，作为职业经理人的CEO能够相对独立自主地运作属于股东的企业资源这一现实，亦即所有权与经营权的高度分离，是产生代理成本的主要根源所在。此时，如果企业的资产结构中有更大比例的流动性资源，则会使CEO的资源运作空间增大，将会为CEO寻租行为大开方便之门（张军波，江文丽，2016）。本研究认为，CEO有可能尝试利用这种权力增大高管－员工薪酬差距。

资源运作权表现为CEO对企业内部各项资源实施操控的自由空间。对于CEO而言，如果的企业内部资源，比如，流动性资产、非固定资产、运营资金等比例较高，则CEO在资源运作方面的运作空间非常大，因为其对该类资产的操控，一般不需要经过董事会和股东大会的批注和审核，基本处于CEO全权控制之下。

对年长CEO而言，他们具备丰富的管理经验，且在企业多年经验的积累与社会资本网络构建，股东对年长CEO在资源运作方面更加依赖。换言之，股东可能将原本属于股东和董事会监管的固定资产处置乃至长期投资等资产运作决策的掌控权，也赋予年长CEO。可以想象，如果将这种权力考虑在内，CEO的资源运作权将会与企业内部高管－员工薪酬差距呈现更高的相关性。这种情况也同时为年长 CEO 提供了更大的利益寻租空间。从以上分析可以得出,年长 CEO 在利益的驱使下,资源运作权越大,越倾向于增大高管－员工薪酬差距。

对于国有企业而言,专有性资源更加丰富。且年长 CEO 在企业的任职期限较长,导致了年长 CEO 在资源运作上的权力更大,更能灵活运用这种权力带来的益处。如此便为年长 CEO 操纵自身薪酬水平提供了更加有利的空间,因此导致高管－员工薪酬差距的不断扩大。因此,本章提出以下研究假设:

H6.2-1:国有企业年长 CEO 资源运作权正向操纵高管－员工薪酬差距。

资源运作权是指 CEO 能够掌控并相对自主运用企业资源的自由空间,尤其是对企业核心资源的运用,更能代表 CEO 的资源运作权。年轻 CEO 也有利用资源运作权提高自身薪酬水平的动机,但由于年轻 CEO 在企业的时间相对较短,各方面还不是很稳定,在股东和员工心目中可信度和权威性并没有得到充分认可。如果此时就利用手中的权力随意操纵企业内部资源以提升自己的薪酬,将会在促进高管－员工薪酬差距增大的同时,势必会引发其他高管股东、董事会,尤其是员工的不满,可能会在公司中处处树敌,影响自己今后的职业生涯发展。所以出于长远的职业生涯发展考虑,年轻 CEO 有提高自己的声誉和赢取股东信任的迫切期望,弱化了 CEO 出于利己动机而提高自身的薪酬的可能性。此时,对年轻 CEO 而言,其合理的选择是尽量追求较大薪酬差距的锦标赛激励效应,而同时又需要预防薪酬鸿沟的出现。因此,年轻 CEO 资源运作权在拉大高管－员工薪酬差距时更为谨慎,处于不断试探的状态。具体表现为,年轻 CEO 资源运作权与薪酬差距显著正相关,但这种正向影响弱于年长 CEO 资源运作权对高管－员工薪酬差距的影响效应,而且年轻 CEO 资源运作权与薪酬差距关系的稳定性相对更弱,处于不断的变动之中。

国有企业拥有的资源更加丰富,技术上的复杂度也更高,与此同时,用于支付给员工薪酬的流动资金本身就是年轻 CEO 得以自由支配的资源运作权的物质基础。即使出于利企性动机,年轻 CEO 为了能够拥有更加充分的可支配资源,进而投资到更具绩效产出前景的项目中,也会倾向于适当降低员工薪酬增长速度,以确保员工薪酬水平的相对稳定性,而且不至于过度占用可用资源。当然,考虑到员工工资刚性问题,年轻 CEO 也不可能过度抑制员工薪酬,以避免激发员工的过度不满和造成其他利益相关者的负面印象。因此,资源运作权会适度提升高管薪酬水平,而在一定程度上降低员工薪酬增长速度,从而引发高管－员工薪酬差距扩大。

因此，本章提出以下研究假设：

H6.2-2：国有企业年轻 CEO 资源运作权正向操纵高管－员工薪酬差距，且这种正相关性低于年长 CEO。

根据以上逻辑，国有企业 CEO 运用资源运作权能够拉大高管－员工薪酬差距，而较大的薪酬差距在超过员工心理对不公平的承受能力阈值之后，就会产生薪酬鸿沟。虽然每个企业、每个员工对于薪酬差距的容忍程度不同，但是统计上而言，薪酬鸿沟产生的概率会随着薪酬差距的拉大而非线性上升。此外，由于 CEO 对于薪酬鸿沟的负面影响效应其实是有所了解的，因此，对于利企性动机比较强的年轻 CEO 而言，会尽量避免薪酬鸿沟的出现；而年长 CEO 则在一定程度上利己性动机更强，也更有底气以"利企"的借口拉大薪酬差距实现利己的目标，这往往伴随着更大可能的薪酬鸿沟的出现。

国有企业员工对于稳定性要求，整体上高于民营企业员工。在保证职业安全和薪酬水平不下降的情况下，国有企业 CEO 其实有较大的自主权决定高管与员工的相对薪酬水平。此时，CEO 的企业运营理念起到至关重要的决定性作用。对于年长 CEO 而言，其所经历的较为薄弱的学校教育背景；相对稳定的商业运营环境；企业家人脉关系、社会资本重要度高于人力资本、管理水平重要性大于非市场化竞争环境；以及普通大众对自身权力运用法律维权的动力薄弱等现实因素；都决定了他们更倾向于拥抱"精英主义"治企理念，习惯于关注和应对外部环境条件以"外求"企业绩效的提升。因此，年长 CEO 对员工的重视程度相对较低，很难真正贯彻人本主义管理理念，从而可能导致员工感受到更高水平的薪酬鸿沟。

H6.2-3：国有企业年长 CEO 资源运作权正向影响薪酬鸿沟。

H6.2-4：国有企业年轻 CEO 资源运作权正向影响薪酬鸿沟，但这种正向影响低于年长 CEO。

6.3 研究设计

6.3.1 样本数据来源

样本筛选和数据来源同本书第三章 3.3.1，此处将不再赘述。

6.3.2 变量设计

自变量：资源运作权（COP）：主要是指 CEO 在企业里面对企业资源的运作权力，对资源的掌控能力越强，其 CEO 自主权水平自然也就越高。具体 COP 指数是用营运资金比率（COP1）、非固定资产比率（COP2）、流动资产比率（COP3）这三个指标的加权平均值来衡量，具体定义参见母欣（2017）。

因变量：高管－员工薪酬差距（EEPD）。国内外关于高管－员工薪酬差距的操作定义很多，本章综合借鉴江伟等（2018）、蔡芸等（2019），以及吕明月（2016）等学者的观点计算高管与员工间的薪酬差距，其中高管人员的平均薪酬是前三名高管薪酬的平均数，普通员工的平均薪酬等于员工获得的薪资总额与普通员工的人数之比，普通员工薪酬总额等于支付给职工以及为职工支付的现金减去董事、监事及高管薪酬总额，普通员工人数等于公司员工总数与高管人数的差值。本章在已有研究的基础上，采用绝对高管－员工薪酬差距（EEPD）来作为主要衡量指标，具体如下：

$$EEPD = \ln\left(\text{高管平均薪酬} - \text{员工平均薪酬}\right)$$
$$= \ln\left(\frac{\text{高管前三名薪酬总额}}{3} - \frac{\text{员工年度薪酬总额}}{\text{员工人数} - \text{高管人数}}\right)$$

（公式 6.3-1）

薪酬鸿沟（HPG）：具体衡量方法见本书第二章。延用第二章开发的薪酬鸿沟度量指标体系。分别采用薪酬水平比较法（C_HPG1、C_HPG2、C_HPG3）、回归估计比较法（R_HPG1、R_HPG3、R_HPG4）和薪酬增长比较法（G_HPG1、G_HPG2、G_HPG5）测算三个薪酬鸿沟指标 C_HPG、R_HPG、G_HPG。最终的薪酬鸿沟指数（HPG）取三者的平均值。此外，还设定 HPG01 作为薪酬鸿沟测度的替代性指标，即薪酬鸿沟指数大于样本均值的话，设定为 1，认为发生了薪酬鸿沟现象；而薪酬鸿沟指数小于样本均值的话，设定为 0，认为薪酬差距尚未发展至薪酬鸿沟，处于可接受阶段。

控制变量：根据高管薪酬、高管薪酬差距和高管－员工薪酬研究相关研究文献的观点（Chen J. 等，2011；肖东生等，2014；Crespí-Cladera & Pascual-Fuster，2014；赵健梅，任雪薇，2010；黎文靖，胡玉明，2012），本章控制变量分别为公司所属地区（EAST）、股权集中度（FSR）、资产负债率（DEBT）、公司规模（FSIZE）、董事会规模（BSIZE）、董事会独立性（RID）、公司绩效（FPER）。

本章涉及的变量具体含义以及汇总信息见表 6.3-1。

表 6.3-1　汇总变量定义

变量类型	变量名称	变量代码	变量含义
自变量	资源运作权	COP	（COP1+COP2+COP3）/3
因变量	绝对高管－员工薪酬差距	EEPD	LN（高管平均薪酬－员工平均薪酬）
	薪酬鸿沟	HPG	详见第二章
控制变量	地区	EAST	属于东部省份的企业记为1，否则为0
	股权集中度	FSR	第一大股东持股数量占总股份的比重
	资产负债率	DEBT	期末负债总额／资产总额
	公司规模	FSIZE	企业总资产取常用对数
	董事会规模	BSIZE	董事会成员总人数
	董事会独立性	RID	独立董事人数／董事会人数
	公司绩效	FPER	净资产收益率（ROE）

6.3.3 变量描述性统计与相关性分析

如表 6.3-2 是研究样本中变量的描述性统计以及相关性分析，结果显示：国有企业中，CEO 资源运作权平均值为 0.466，高管－员工薪酬差距常用对数的平均值为 5.481。公司所属地区平均值为 0.5；股权集中度的平均值为 36.5%，占公司所有股份的三分之一；独立董事比例 36.8%，符合上市公司独立董事比例方面的规定。COP 与 EEPD、HPG 有显著相关性。整体上主要解释变量和控制变量之间的相关系数值不大于 0.5，说明基本不存在多重共线性的问题，有利于下文进行回归分析。

表 6.3-2　研究变量描述性统计与相关性分析

编号	变量	均值	标准差	1	2	3	4	5	6	7	8	9	10
1	HYZ	.466	.165	1									
2	EEPD	12.601	.943	.052*	1								
3	EAST	.50	.500	.077**	.226**	1							
4	FSR	.365	.142	.022	–.091**	.036	1						
5	DEBT	.507	.181	–.356**	.010	–.027	.045*	1					
6	FSIZE	9.726	.540	–.174**	.403**	.039	.207**	.417**	1				
7	BSIZE	9.19	1.772	–.019	.126**	–.046*	.035	.101**	.294**	1			

编号	变量	均值	标准差	1	2	3	4	5	6	7	8	9	10
8	RID	.368	.0534	−.050*	.043*	−.044*	.002	.031	.082**	−.248**	1		
9	FPER	6.267	11.842	.273**	.336**	.084**	.066**	−.176**	.113**	.062**	−.047*	1	
10	HPG	0.392	0.318	.148**	.299**	.006	−.125**	.037**	−.011	.033**	.106**	−351**	1

注：$N=2226$，**. 显著度水平为 0.01（双尾）；*. 显著度水平为 0.05（双尾）.

6.3.4 实证模型设计

为了探究 CEO 资源运作权对高管－员工薪酬差距的影响，拟以 COP
为自变量，以 EEPD 为因变量构建基于 OLS 的多元回归实证模型 6.3-1，检
验假设 H6.2-1 和 H6.2-2。其中，i 表示某个样本公司，t 表示 2010—2015
年中某一年份。

$$EEPD_{it}=\alpha+\sigma_1 COP_{it}+\varepsilon_{it}$$

（模型 6.3-1）

在加入控制变量的情况下，以 COP 为自变量，以 EEPD 为因变量，以
EAST，FSR 和 DEBT 等七个变量为控制变量，构建基于 OLS 的多元回归
实证模型 6.3-2。将样本按照 CEO 年龄进行排序，从均值处（49.05 岁）
将样本分位年长 CEO 样本和年轻 CEO 样本。

$$EEPD_{it}=\alpha+\sigma_1 COP_{it}+\sigma_2 EAST_{it}+\sigma_3 FSR_{it}+\sigma_4 DEBT_{it}+\sigma_5 FSIZR_{it}+\sigma_6 BSIZE_{it}+\sigma_7 RID_{it}+\varepsilon_{it}$$

（模型 6.3-2）

以 COP 为自变量，以 HPG 为因变量，考虑 EAST 等七个控制变量，
构建多元回归模型 6.3-3，检验假设 H6.2-3 和 H6.2-4。

$$HPG_{it}=\alpha+\sigma_1 COP_{it}+\sigma_2 EAST_{it}+\sigma_3 FSR_{it}+\sigma_4 DEBT_{it}+\sigma_5 FSIZR_{it}+\sigma_6 RID_{it}+\sigma_7 RDI_{it}$$
$$+\sigma_8 FPER_{it}+\varepsilon_{it}$$

（模型 6.3-3）

6.4　国有企业新－老 CEO 资源运作权对高管－员工薪酬差距和薪酬鸿沟的操纵效应实证分析

在进行多元回归分析之前，应用 SPSS20.0，先进行了 COP 与 EEPD
的 11 种曲线拟合，拟合结果表明，线性关系拟合显著。

6.4.1 CEO 资源运作权与企业内高管－员工薪酬差距关系假设检验结果

6.4.1.1 年长 CEO 资源运作权与高管－员工薪酬差距的关系

应用模型 6.3–1 和模型 6.3–2 拟合年长 CEO 样本数据，结果见表 6.4–1 和表 6.4–2。结果显示，在没有控制变量的情况下，COP 对 EEPD 的回归结果显著为正（Beta=0.101，P=0.034），在加入控制变量之后，COP 对 EEPD 的回归结果显著为正（Beta =0.127，P=0.002）。因此假设 H6.3–1 成立。

表 6.4–1　年长 CEO 资源运作权与高管－员工绝对薪酬差距关系的一元回归结果

模型 B		非标准化系数		标准系数	T	Sig.
		标准误差	Beta			
6.3–1	（常量）	5.489	.059		93.462	.000
	CEO 资源运作权	.246	.116	.101	2.122	.034
R^2=.010, F=4.502, Sig=.034						

年长 CEO 资源运作权与所有权、职位权对薪酬差距的影响效应在性质上一致，都是提升薪酬差距，而在强度上，资源运作权对薪酬差距的影响效应比职位权和所有权的影响效应都要弱。此外，地处东部地区的企业，其高管－员工薪酬差距要显著高于中西部地区的企业（Beta =0.276，P=0.000）。这种薪酬差距，一方面来自较高市场化程度情境中，人力资本价值的市场化分层更为彻底；另一方面，东部地区企业员工对薪酬差距的容忍度相对较高，锦标赛激励效应在东部地区更有接受度。

表 6.4–2　年长 CEO 资源运作权与高管－员工绝对薪酬差距关系的多元回归结果

模型	变量	非标准化系数		标准系数	T	Sig.
		B	标准误差	Beta		
6.3–2	（常量）	1.635	.321		5.100	.000
	COP	.311	.098	.127	3.185	.002
	EAST	.228	.032	.276	7.187	.000
	FSR	–.529	.120	–.167	–4.391	.000
	DEBT	–.124	.101	–.056	–1.225	.221

续表

模型	变量	非标准化系数		标准系数	T	Sig.
		B	标准误差	Beta		
6.3–2	FSIZE	.421	.035	.543	11.989	.000
	BSIZE	−.021	.011	−.075	−1.949	.052
	RID	.075	.256	.011	.294	.769
模型拟合参数	R^2	.414	F	43.807	Sig	.000

第一大持股比例（FSR）再次被证明负向影响高管－员工薪酬差距（Beta $=-0.167$，$P=0.000$）。一方面，大股东出于企业长期竞争力的视角，倾向于抑制薪酬差距的过度膨胀；另一方面，大股东倾向于对高管薪酬水平进行有效监督和制衡，避免出现天价薪酬的极端现象，降低高管团队掏空企业和伤害股东利益的可能性，从而有助于抑制高管－员工薪酬差距的不断扩大。

6.4.1.2 年轻 CEO 资源运作权与高管－员工薪酬差距的关系

应用模型 6.3–1 和模型 6.3–2 拟合年轻 CEO 样本数据，结果见表 6.4–3 和表 6.4–4。结果显示，在没有控制变量的情况下，COP 对 EEPD 的回归结果为正，但不显著（B$=0.033$，$P=0.163$），在加入控制变量之后，COP 对 EEPD 显著正相关（B$=0.046$，$P=0.039$），这意味着每一单位的年轻 CEO 资源运作权的变动，将引起 0.046 单位的高管－员工绝对薪酬差距的正向变动。通过对比年长 CEO 资源运作权与年轻 CEO 资源运作权对高管－员工薪酬差距的影响，年长 CEO 资源运作权与高管－员工薪酬差距的回归关系表现出显著性更强、相关程度更高的特点，也就是说年轻 CEO 资源运作权正向影响高管－员工薪酬差距，且这种正相关性低于年长 CEO，因此假设 H6.3–2 成立。

表 6.4–3　年轻 CEO 资源运作权与高管－员工绝对薪酬差距关系的一元回归结果

模型 B		非标准化系数		标准系数	T	Sig.
		标准误差	Beta			
6.3–1	（常量）	5.412	.028		191.396	.000
	CEO 资源运作权	.080	.058	.033	1.395	.163

$R^2=.001$，$F=1.946$，Sig$=.163$

年轻CEO资源运作权与所有权、职位权对薪酬差距的影响效应在性质上一致，都是提升薪酬差距，而在强度上，资源运作权对薪酬差距的影响效应比职位权和所有权的影响效应都要弱。此外，股权集中度较高的企业，其高管-员工薪酬差距要显著低于股权相对分散的企业（Beta=-0.186，$P=0.000$）。该结果表明，大股东整体上倾向于抑制高管-员工薪酬差距的过度扩大，对未来的长期企业竞争力有更强的关注力度。因此，在控制薪酬差距与抑制薪酬鸿沟的形成与发展过程中，大股东尤其是第一大股东，具有无可替代的作用。未来的公司治理结构中，要研究相应机制进一步促进大股东对薪酬差距的关注力度和影响力度，以求进一步缓解薪酬差距过度增长的趋势。

表6.4-4　年轻CEO资源运作权与高管-员工绝对薪酬差距关系的多元回归结果

模型	变量	非标准化系数		标准系数	T	Sig.
		B	标准误差	Beta		
6.3-2	（常量）	2.095	.168		12.505	.000
	COP	.112	.054	.046	2.067	.039
	EAST	.150	.017	.189	9.089	.000
	FSR	-.516	.059	-.186	-8.708	.000
	DEBT	-.432	.053	-.195	-8.212	.000
	FSIZE	.358	.018	.486	19.668	.000
	BSIZE	.009	.005	.043	1.885	.060
	RID	.197	.170	.025	1.157	.248
模型拟合参数	R^2	.244	F	81.948	Sig	.000

表6.4-2和表6.4-4中，资产负债率（DEBT）的标准化回归系数有显著差异。其中，年长CEO样本中的回归系数为不显著的负值（Beta=-0.056，$P=0.221$），而年轻CEO样本中的回归系数显著为负（Beta=-0.195，$P=0.000$）。这意味着，对于年轻CEO和年长CEO，债权人其实表现出了截然不同的干预动机和干预能力。具体而言，债权人对年轻CEO了解和信任程度不够，为了保障其债务资金的安全，倾向于主张相对较低的高管薪酬；加之年轻CEO的威望不足，其薪酬决策不得不更多考虑其他利益主体，比如债权人的立场。因此，在年轻CEO样本中，资产负债率能够表现出对高管-员工薪酬差距较强的负向影响。

6.4.2 CEO 资源运作权与企业内高管－员工薪酬差距关系稳健性检验

为检验本文实证结论的可靠性,以相对高管－员工薪酬差距(EEPR,
即前三高管平均薪酬与员工平均薪酬的比值)作为 EEPD 的替代性指标,
在考虑控制变量的情况下,试图检验新－老 CEO 资源运作权对高管－员
工薪酬差距的影响效应是否会因为高管－员工薪酬差距度量指标不同而
发生变化。因此将模型 6.3-2 中的因变量 EEPD 替换为 EEPR,构建模型
6.4-1。其中,EEPR 是前三高管平均薪酬与员工平均薪酬的比值。

$$EEPR_{it}=\alpha+\sigma_1 COP_{it}+\sigma_2 EAST_{it}+\sigma_3 FIRS_{it}+\sigma_4 ZCFE_{it}+\sigma_5 SIZE_{it}+\sigma_6 BS_{it}+\sigma_7 IDR_{it}+\sigma_8 FP_{it}+\varepsilon_{it}$$

（模型 6.4-1）

应用模型 6.4-1 分别拟合年长 CEO 与年轻 CEO 样本数据,进行回
归分析,结果见表 6.4-5 和表 6.4-6。结果显示:在考虑控制变量的情况
下,年长 CEO 资源运作权与企业高管－员工相对薪酬差距(EEPR)显著
正相关(Beta =0.119,P=0.008);年轻 CEO 资源运作权与企业高管－员
工相对薪酬差距(EEPR)显著负相关(Beta =-0.056,P=0.017)。回归结
果支持研究假设 H6.2-1,但是 H6.2-2 仅得到部分支持。从相对薪酬差
距的角度,年轻 CEO 资源运作权实际上表现出了一定程度的负向影响倾
向,这其实可以归结为年轻 CEO 更注重员工对薪酬的心理反应,更注重
避免因为薪酬问题而受到员工、股东以及其他利益相关者的指责与压力。

表 6.4-5　年长 CEO 资源运作权与相对高管－员工薪酬差距关系的回归结果

模型	变量	非标准化系数		标准系数	T	Sig.
		B	标准误差	Beta		
6.4-1	（常量）	−58.277	8.731		−6.674	.000
	COP	7.083	2.658	.119	2.665	.008
	EAST	3.428	.866	.169	3.959	.000
	FSR	−13.102	3.280	−.169	−3.994	.000
	DEBT	3.028	2.760	.056	1.097	.273
	FSIZE	7.996	.957	.422	8.354	.000
	BSIZE	−.830	.292	−.122	−2.842	.005
	RID	−13.619	6.975	−.084	−1.952	.052
模型拟合参数	R^2	.271	F	23.002	Sig	.000

表6.4-5和表6.4-6显示，东部地区对企业内部高管－员工薪酬差距具有显著的正向影响（Beta =0.169，P=0.000；Beta =0.122，P=0.000）。结果表明，年长CEO更倾向于在东部地区设定更高的薪酬差距，而年轻CEO则对地区经济与社会特征的薪酬反应没有年长CEO强烈。

此外，比较表6.4-5和表6.4-6中董事会规模（BSIZE）的回归结果，发现年轻CEO样本（Beta =0.041，P=0.090）与年长CEO样本（Beta =-0.122，P=0.005）有性质上的差异。结果表明，年轻CEO对高管薪酬提升的力度不大，而董事作为高管团队中的一员，有比较强的动机提升高管团队自身的薪酬水平。董事会规模越大，则董事会在薪酬决策事项方面的权限越高，越能提升高管团队的薪酬水平；而年长CEO则与之相反。年长CEO有较强的动机和能力提升自己的薪酬水平，因此其薪酬水平往往呈现出过高的状态。董事会成员毕竟肩负监督和战略控制的责任，因此需要对年长CEO过度拉大薪酬差距的行为施加特定的影响，从而表现出与薪酬差距的负相关性。

表6.4-6　年轻CEO资源运作权与相对高管－员工薪酬差距关系的回归结果

模型	变量	非标准化系数		标准系数	T	Sig.
		B	标准误差	Beta		
6.4-1	（常量）	-25.348	2.668		-9.502	.000
	COP	-2.059	.863	-.056	-2.386	.017
	EAST	1.452	.263	.122	5.516	.000
	FSR	-10.580	.943	-.255	-11.217	.000
	DEBT	-4.289	.837	-.129	-5.123	.000
	FSIZE	3.732	.290	.338	12.869	.000
	BSIZE	.135	.080	.041	1.694	.090
	RID	1.015	2.708	.009	.375	.708
模型拟合参数	R^2	.149	F	44.325	Sig	.000

表6.4-6与表6.4-4的比较发现，股权集中度对高管－员工薪酬差距的负面抑制效应显著为负，而且不因为薪酬差距的度量指标而发生变化。但是，仔细推敲股权集中度对薪酬差距的抑制效应强度，可以发现，第一大股东对绝对薪酬差距的抑制效应要显著弱于对相对薪酬差距的抑制效应。这表明，大股东在监督薪酬差距设定过程中，更加关注的是确保高管－员工薪酬水平的相对比值不超过合理水平，而非严格控制高管－

员工绝对薪酬差距。

此外,考虑到 CEO 资源运作权对薪酬差距操纵效应的滞后效应,将模型 6.3–2 和模型 6.4–1 中的高管 – 员工薪酬差距($EEPD_{ii}$)替换成下一年的高管 – 员工薪酬差距($EEPD_{i\,(t-1)}$),构建模型 6.3–2* 和模型 6.4–1*。按照以上的次序,分别用年长 CEO 样本和年轻 CEO 样本,对模型 6.3–2* 和模型 6.4–1* 进行数据拟合。结果证实,在考虑滞后效应的条件下,CEO 资源运作权仍然对薪酬差距具有显著正向影响,而且年轻 CEO 的影响效应显著低于年长 CEO 的影响效应。假设 H6.2–1 和假设 H6.2–2 仍然成立。

6.4.3 CEO 资源运作权与薪酬鸿沟关系假设检验结果

6.4.3.1 CEO 资源运作权与薪酬鸿沟差距的关系

应用模型 6.3–3 拟合全样本数据,结果见表 6.4–7。表 6.4–7 结果显示,在考虑控制变量的情况下, COP 对 HPG 的回归结果显著为正(Beta=0.129, P=0.000)。这意味着每一单位的 CEO 所有权的变动,将引起 0.129 单位的薪酬鸿沟的同向变动,即 CEO 资源运作权与薪酬鸿沟显著正相关。CEO 资源运作权是形成薪酬鸿沟的直接原因。该效应与 CEO 自主权整体影响效应性质一致,强度稍有差异。

表 6.4–7　CEO 资源运作权与薪酬鸿沟(HPG)关系的回归结果(全样本)

模型	变量	非标准化系数		标准系数	T	Sig.
		B	标准误差	Beta		
6.3–3	（常量）	−1.353	.114		−11.890	.000
	COP	.223	.038	.129	5.916	.000
	EAST	.096	.011	.167	8.561	.000
	FSR	−.388	.040	−.193	−9.711	.000
	DEBT	−.146	.036	−.092	−4.036	.000
	FSIZE	.184	.012	.348	15.524	.000
	RID	.214	.104	.040	2.051	.040
	RDI	.950	.236	.081	4.034	.000
	FPER	−.004	.001	−.168	−8.035	.000
模型拟合参数	R^2	.168	F	55.885	Sig	.000

此外，表 6.4-7 显示，企业规模的回归系数显著为正（Beta=0.348，
P=0.000），而且与其他变量的回归系数相比较，企业规模具有最大程度的
影响效应。这表明，规模较大企业中，容易出现薪酬鸿沟。这一方面可能
是因为，大企业层级较多，处于金字塔顶端的高管薪酬水平更高，而普通
员工由于数量大而薪酬水平受限，最终导致薪酬差距容易过度拉大；另
一方面，可能是大规模企业的管理者，官僚气息更加浓厚，对于正式或者
非正式沟通并没有太大的热情，或者质量不高，导致在同等薪酬差距下，
员工更容易感受到薪酬鸿沟现象。

6.4.3.2 假设 H6.2-3 检验：年长 CEO 资源运作权与薪酬鸿沟差距的关系

应用模型 6.3-3 拟合全样本数据，结果见表 6.4-8。表 6.4-8 结果显
示，在考虑控制变量的情况下，年长 CEO 资源运作权对 HPG 的回归结果
显著为正（Beta=0.181，P=0.000），这意味着每一单位的年长 CEO 资源运
作权的变动，将引起 0.181 单位的薪酬鸿沟的同向变动，即年长 CEO 资
源运作权与薪酬鸿沟显著正相关。年长 CEO 资源运作权对 HPG 的影响
明显高于全样本中 CEO 资源运作权的影响。假设 H6.2-3 得到验证。

表 6.4-8　年长 CEO 资源运作权与薪酬鸿沟关系的回归结果

模型	变量	非标准化系数		标准系数	T	Sig.
		B	标准误差	Beta		
6.3-3	（常量）	−1.086	.155		−7.007	.000
	COP	.288	.050	.181	5.817	.000
	EAST	.115	.016	.196	7.137	.000
	FSR	−.431	.056	−.216	−7.654	.000
	DEBT	−.061	.051	−.039	−1.199	.231
	FSIZE	.168	.016	.336	10.422	.000
	RID	−.227	.163	−.038	−1.394	.164
	RDI	.842	.324	.074	2.596	.010
	FPER	−.004	.001	−.147	−5.089	.000
模型拟合参数	R^2	.186	F	31.438	Sig	.000

对表 6.4-8 与表 6.4-9 的比较发现，研发投入强度（RDI）对薪酬
鸿沟的回归系数，在年长 CEO 样本和年轻 CEO 样本中均显著为正

（Beta=0.074，P=0.010；Beta=0.098，P=0.001）。该结果表明，研发投入强度将加剧企业内部薪酬鸿沟现象。可能的原因在于，一方面，研发投入的加强，需要包括 CEO 在内的高管团队付出更大的管理精力与职业技能，承担更大的不确定性技术开发风险，因此需要在其薪酬构成中有相当比例的风险溢价来弥补，从而导致高管薪酬相对更高；另一方面，研发投入加强，则意味着研发人员（尤其是核心研发人员）应该获得更高的工资水平，而在员工薪酬总额整体控制的大前提下，其他普通员工的薪酬水平就必然会受到负面影响。两种力量相互交织，最终就导致了企业内部薪酬鸿沟感受的加剧。

6.4.3.3 假设 H6.2-4 检验：年轻 CEO 资源运作权与薪酬鸿沟差距的关系

应用模型 6.3-3 拟合全样本数据，结果见表 6.4-9。表 6.4-9 结果显示，在考虑控制变量的情况下，年轻 CEO 资源运作权对 HPG 的回归结果显著为正（Beta=0.070，P=0.024），这意味着每一单位的年轻 CEO 资源运作权的变动，将引起 0.070 单位的薪酬鸿沟的同向变动，即年轻 CEO 资源运作权与薪酬鸿沟显著正相关。年轻 CEO 资源运作权对 HPG 的影响明显低于全样本中 CEO 资源运作权的影响，更低于年长 CEO 资源运作权对薪酬鸿沟的影响。假设 H6.2-4 成立。年轻 CEO 资源运作权也是形成薪酬鸿沟较弱的直接原因。

表 6.4-9　年轻 CEO 资源运作权（COP）与薪酬鸿沟（HPG）关系的回归结果

模型	变量	非标准化系数		标准系数	T	Sig.
		B	标准误差	Beta		
6.3-3	（常量）	−1.692	.168		−10.095	.000
	COP	.139	.061	.070	2.260	.024
	EAST	.072	.016	.129	4.606	.000
	FSR	−.309	.057	−.152	−5.400	.000
	DEBT	−.234	.052	−.149	−4.546	.000
	FSIZE	.212	.018	.373	12.026	.000
	RID	.553	.133	.114	4.153	.000
	RDI	1.189	.343	.098	3.466	.001
	FPER	−.005	.001	−.201	−6.675	.000
模型拟合参数	R^2	.178	F	29.826	Sig	.000

对表 6.4–8 与表 6.4–9 的比较发现，企业绩效（FPER）的回归系数均显著为负（Beta=–0.147，P=0.000；Beta=0.201，P=0.000）。结果表明，企业绩效越高，企业内部薪酬鸿沟越低。可能的原因在于，一方面，薪酬差距与企业绩效紧密关联的情况下，薪酬差距的锦标赛激励效应得到放大，员工感受到的薪酬不公降低；另一方面，较高的企业绩效，为员工未来的职业发展、职位晋升和薪酬增长提供了光明的前景，员工心态相对积极，在面对薪酬差距时，能够保持理性，降低了普通员工感知薪酬鸿沟出现的概率。

此外，资产负债率（DEBT）的回归系数，在年长 CEO 样本中，为不显著的负值（Beta=–0.039，P=0.231），在年轻 CEO 样本中，显著为负（Beta=–0.149，P=0.000）。可见，由于债权人对年轻 CEO 有动力和能力进行高管薪酬决策的干涉与监督，有效降低了企业内部薪酬鸿沟的诞生与发展。

6.4.4 CEO 资源运作权与薪酬鸿沟关系稳健性检验结果

6.4.4.1 CEO 资源运作权与薪酬鸿沟存在性（HPG01）的关系分析

为检验 4.3 中实证结论的可靠性，以薪酬鸿沟存在性（HPG01）替代 HPG 作为薪酬鸿沟的竞争性指标，进行稳健性检验。在考虑控制变量的情况下，试图研究和比较新－老 CEO 资源运作权对薪酬鸿沟的影响效应，是否会因为薪酬鸿沟的衡量指标选择不同而发生变化。因此将模型 6.3–3 中的因变量 HPG 替换为 HPG01，保留该模型中大多数的控制变量和自变量，将研发投入强度（RDI）替换为董事会规模（BSIZE），采用二元逻辑回归模型，构建实证模型 6.4–2。

$$\text{Logit}\left(\frac{HPG01}{1-HPG01}\right)=\alpha+\sigma_1 COP_{it}+\sigma_2 EAST_{it}+\sigma_3 FSIZE_{it}+\sigma_4 F+FSR_{it}+\sigma_5 DEBT_{it}+\sigma_6 BSIZE_{it}+\sigma_7 RID_{it}+\sigma_8 FPER_{it}+\varepsilon_{it}$$

（模型 6.4–2）

应用模型 6.4–2，拟合全样本数据，结果见表 6.4–10。表 6.4–10 结果显示，在考虑控制变量的情况下，CEO 资源运作权对薪酬鸿沟存在性（HPG01）的回归结果显著为正（B=1.358，P=0.000）。结论没有因为因变量度量方式的改变而发生变化，也没有因为数据处理模型而发生变化。

表 6.4-10　CEO 资源运作权（ COP ）与薪酬鸿沟（ HPG01 ）关系的回归结果（全样本）

模型	变量	B	S.E,	Wals	df	Sig.	Exp（B）
6.4-2	COP	1.358	.309	19.296	1	.000	3.887
	EAST	.682	.091	55.615	1	.000	1.977
	FSIZE	1.398	.112	155.072	1	.000	4.047
	FSR	−2.477	.341	52.767	1	.000	.084
	DEBT	−1.167	.298	15.386	1	.000	.311
	BSIZE	−.033	.028	1.379	1	.240	.968
	RID	.705	.896	.618	1	.432	2.023
	FPER	−.016	.004	14.647	1	.000	.984
	常量	−12.920	1.030	157.434	1	.000	.000
模型拟合参数	卡方	278.068	Cox & Snell R^2	.117	Nagelkerke R^2		.157

6.4.4.2 假设 H6.2-3 稳健性检验：年长 CEO 资源运作权与薪酬鸿沟存在性（HPG01）的关系分析

应用模型 6.4-2，拟合年长 CEO 样本数据，结果见表 6.4-11。表 6.4-11 结果显示，在考虑控制变量的情况下，年长 CEO 资源运作权（COP）对 HPG01 的回归结果显著为正（B=1.733, P=0.000）。结论没有因为因变量度量方式的改变而发生变化，也没有因为数据处理模型而发生变化。年长 CEO 资源运作权对薪酬鸿沟存在性的正向影响效应，显著高于全样本数据中的结果。假设 H6.2-3 具有稳健性。

表 6.4-11　年长 CEO 资源运作权（COP）与薪酬鸿沟（HPG01）关系的回归结果

模型	变量	B	S.E,	Wals	df	Sig.	Exp（B）
6.4-2	COP	1.733	.404	18.432	1	.000	5.658
	EAST	.735	.130	32.193	1	.000	2.086
	FSIZE	1.332	.149	80.128	1	.000	3.788
	FSR	−3.108	.487	40.690	1	.000	.045
	DEBT	−.882	.414	4.540	1	.033	.414
	BSIZE	−.023	.042	.285	1	.593	.978
	RID	−1.455	1.400	1.081	1	.299	.233
	FPER	−.012	.006	4.541	1	.033	.988

续表

模型	变量	B	S.E,	Wals	df	Sig.	Exp（B）
6.4-2	常量	−11.629	1.383	70.739	1	.000	.000
模型拟合参数	卡方	160.858	Cox & Snell R^2	.135	Nagelkerke R^2		.179

6.4.4.3 假设 H6.2-4 稳健性检验：年轻 CEO 资源运作权与薪酬鸿沟存在性（HPG01）的关系分析

应用模型 6.4-2，拟合年轻 CEO 样本数据，结果见表 6.4-12。表 6.4-12 结果显示，在考虑控制变量的情况下，年轻 CEO 资源运作权（COP）对薪酬鸿沟存在性（HPG01）的回归结果不再显著（$B=0.810$，$P=0.121$）。部分结论没有因为薪酬鸿沟度量方式的改变而发生变化，也没有因为数据处理方法而发生变化，而假设 H6.2-4 没有得到完全验证。年轻 CEO 资源运作权对薪酬鸿沟的影响效应不显著为正，与 6.4.3 中的实证结果基本一致。但是，该假设的后半部分，即年轻 CEO 资源运作权对薪酬鸿沟的影响效应低于年长 CEO 样本的数据结果，是成立的。假设 H6.2-4 的实证结果部分地具有稳健性。

表 6.4-12　年轻 CEO 资源运作权（COP）与薪酬鸿沟（HPG01）关系的回归结果

模型	变量	B	S.E,	Wals	df	Sig.	Exp（B）
	COP	.810	.522	2.407	1	.121	2.248
	EAST	.604	.131	21.128	1	.000	1.829
	FSIZE	1.607	.178	81.359	1	.000	4.988
	FSR	−1.733	.495	12.243	1	.000	.177
6.4-2	DEBT	−1.550	.442	12.308	1	.000	.212
	BSIZE	−.047	.039	1.491	1	.222	.954
	RID	2.247	1.190	3.566	1	.059	9.459
	FPER	−.021	.006	12.036	1	.001	.980
	常量	−15.184	1.600	90.097	1	.000	.000
模型拟合参数	卡方	135.034	Cox & Snell R^2	.114	Nagelkerke R^2		.152

6.4.4.4 以资本结构衡量的 CEO 资源运作权与薪酬鸿（HPG）关系分析

为检验本章 4.3 中实证结论的可靠性，尝试分别以长期负债率（RLD）和短期负债率（RSD）替代 COP 作为反向衡量 CEO 资源运作权的竞争性指标，进行稳健性检验。在考虑控制变量的情况下，试图研究和比较新 – 老 CEO 资源运作权对薪酬鸿沟的影响效应，是否会因为资源运作权的衡量指标选择不同而发生变化。因此将模型 6.3–2 中的自变量 COP 分别替换为 RLD 和 RSD，构建实证模型 6.3–2* 和模型 6.3–2**。

模型 6.3–2* 的回归结果显示，全样本中，RLD 的回归系数显著为正（Beta=0.090, P=0.000）；年轻 CEO 样本中，RLD 的回归系数不显著（P=0.101）；年长 CEO 样本中，RLD 的回归系数显著为正（Beta=0.122, P=0.000）。该结果意味着，以长期负债率反向衡量的资源运作权负向影响薪酬鸿沟。这与以上实证结果不符。可能原因在于，长期负债本身虽然有还本付息的压力，但是由于期限较长，企业在资金运用上有较大的闪转腾挪余地，在一定程度上给了 CEO 对长期债务资金相对自由支配的空间，有些类似于股权资金的角色。因此，用长期负债率衡量 CEO 资源运作权似乎并不合适，至少不能是反向衡量。

模型 6.3–2** 的回归结果显示，全样本中，RSD 的回归系数显著为负（Beta=0.064, P=0.024）；年轻 CEO 样本中，RLD 的回归系数显著为负（Beta=0.096, P=0.000）；年长 CEO 样本中，RSD 的回归系数不显著（P=0.158）。该结果意味着，以短期负债率反向衡量的资源运作权正向影响薪酬鸿沟。该结论与本章 6.4.3 中的实证结果相符。从该结果中，亦可以推断出，企业短期负债率越高，CEO 的资源运作权的确越小。

6.4.5 CEO 资源运作权、上年度薪酬鸿沟与未来公司绩效

为进一步考察 CEO 资源运作权与薪酬鸿沟的交互作用对公司绩效的影响，以公司 $t+1$ 年度的绩效（ROE）为因变量，以 t 年度 CEO 资源运作权（COP）、$t-1$ 年度薪酬鸿沟（HPG）以及二者的标准化值的交互项（ZCOP *ZHPG）为自变量，采用 EAST、FSR 和 DEBT 等五个变量为控制变量，构建基于 OLS 的多元回归模型 6.4–3。

$$ROE_{i\,(t+1)}=\alpha+\sigma_1 EAST_{it}+\sigma_2 FSR_{it}+\sigma_3 DEBT_{it}+\sigma_4 FSIZE_{it}+\sigma_5 RID_{it}+\sigma_6 ZCOP_{it}+\sigma_7 HPG_{it}+$$

$$\sigma_8 ZCOP_{it}*ZHPG_{i\,(t-1)}+\varepsilon_{it}$$

（模型 6.4–3）

6.4.5.1 全样本分析：CEO 资源运作权、上年度薪酬鸿沟与未来公司绩效

应用模型 6.4-3,拟合全样本数据,回归结果见表 6.4-13。表 6.4-13 结果显示,在考虑控制变量的情况下,CEO 资源运作权(COP)对企业未来绩效(ROE)的回归结果显著为正(Beta=0.245, P=0.000)。与上文结果相比,并未发生本质性变化;薪酬鸿沟对企业未来绩效的回归结果显著为负(Beta=-0.107, P=0.000),符合人们对薪酬鸿沟绩效后果的预期;二者的交互项(ZCOP*ZHPG)的回归结果为正(Beta=0.035, P=0.090)。

表 6.4-13　CEO 资源运作权、上年度薪酬鸿沟(HPG)与未来公司绩效关系(全样本)

模型	变量	非标准化系数		标准系数	T	Sig.
		B	标准误差	Beta		
6.4-3	(常量)	−38.240	4.313		−8.867	.000
	EAST	1.705	.423	.085	4.029	.000
	FSR	.230	1.537	.003	.150	.881
	DEBT	−9.950	1.344	−.178	−7.405	.000
	FSIZE	4.597	.457	.246	10.070	.000
	RID	−5.524	3.924	−.029	−1.408	.159
	COP	15.368	1.391	.245	11.051	.000
	HPG	−3.791	.786	−.107	−4.821	.000
	ZCOP*ZHPG	.361	.213	.035	1.698	.090
模型拟合参数	R^2	.135	F	39.495	Sig	.000

该结果表明,CEO 资源运作权能够在一定程度上弱化上一年度的薪酬鸿沟对企业绩效的负面影响。加之考虑到,资源运作权对企业绩效显著的正向促进效应,可以推断,CEO 资源运作权整体上运作的利企性动机,要高于 CEO 职位权和所有权。来自可运作资源的 CEO 自主权,虽然在一定程度上,确实提升了薪酬鸿沟产生的可能性,但是在抑制薪酬鸿沟负面效应方面,CEO 群体整体上都进行了行之有效的努力。

6.4.5.2 年长 CEO 样本分析：CEO 资源运作权、上年度薪酬鸿沟与未来公司绩效

应用模型 6.4-3,拟合年长 CEO 样本数据,回归结果见表 6.4-14。表

6.4-14 结果显示,在考虑控制变量的情况下,CEO 资源运作权(COP)对企业未来绩效(ROE)的回归结果显著为正(Beta=0.277,P=0.000)。与上文结果相比,并未发生本质性变化;薪酬鸿沟对企业未来绩效的回归结果显著为负(Beta=-0.1.05,P=0.002),符合人们对薪酬鸿沟绩效后果的预期;二者的交互项(ZCOP *ZHPG)的回归结果为不显著的负值(Beta=-0.017,P=0.598)。该结果表明,年长 CEO 资源运作权,不能够弱化薪酬鸿沟对企业未来绩效的负向影响效应。

表 6.4-14　年长 CEO 资源运作权(COP)、上年度薪酬鸿沟(HPG)与未来公司绩效(ROE)关系

模型	变量	非标准化系数		标准系数	T	Sig.
		B	标准误差	Beta		
6.4-3	(常量)	−33.040	6.047		−5.464	.000
	EAST	1.841	.631	.091	2.917	.004
	FSR	−1.608	2.252	−.023	−.714	.475
	DEBT	−4.799	1.958	−.087	−2.451	.014
	FSIZE	3.895	.640	.225	6.082	.000
	RID	−4.487	6.519	−.021	−.688	.491
	COP	15.629	1.875	.277	8.335	.000
	HPG	−3.613	1.171	−.105	−3.086	.002
	ZCOP*ZHPG	−.149	.283	−.017	−.527	.598
模型拟合参数	R^2	.109	F	14.788	Sig	.000

6.4.5.3 年轻 CEO 样本分析:CEO 资源运作权、上年度薪酬鸿沟与未来公司绩效

表 6.4-15　年轻 CEO 资源运作权、上年度薪酬鸿沟与未来公司绩效关系

模型	变量	非标准化系数		标准系数	T	Sig.
		B	标准误差	Beta		
6.4-3	(常量)	−44.875	6.159		−7.286	.000
	EAST	1.445	.568	.073	2.546	.011
	FSR	1.300	2.124	.018	.612	.541
	DEBT	−13.848	1.862	−.243	−7.436	.000
	FSIZE	5.240	.658	.258	7.963	.000

续表

模型	变量	非标准化系数		标准系数	T	Sig.
		B	标准误差	Beta		
6.4-3	RID	-3.545	4.862	-.021	-.729	.466
	COP	17.373	2.202	.241	7.890	.000
	HPG	-4.591	1.075	-.128	-4.271	.000
	ZCOP*ZHPG	.702	.335	.059	2.093	.037
模型拟合参数	R^2	.180	F	28.889	Sig	.000

应用模型 6.4-3,拟合年轻 CEO 样本数据,回归结果见表 6.4-15。表 6.4-15 结果显示,在考虑控制变量的情况下,年轻 CEO 资源运作权(COP)对企业未来绩效(ROE)的回归结果显著为正(Beta=0.241, P=0.000);薪酬鸿沟对企业未来绩效的回归结果显著为负(Beta=-0.128, P=0.000),符合人们对薪酬鸿沟绩效后果的预期;二者的交互项(ZCOP *ZHPG)的回归结果显著为正(Beta=0.059, P=0.037)。该结果表明,年轻 CEO 资源运作权能够较为显著地弱化薪酬鸿沟的负面绩效后果。

综合表 6.4-13、表 6.4-14 和表 6.4-15 可知,在同一时间窗内,不论是年长还是年轻 CEO,都可以运用其资源运作权,正向影响薪酬鸿沟的形成与演化。但是,整体上,年长 CEO 资源运作权对薪酬鸿沟的促进效应要显著高于年轻 CEO,而且有证据表明,年长 CEO 资源运作权与薪酬鸿沟的关系,存在主观故意的更大可能性,而年轻 CEO 资源运作权与薪酬鸿沟的关系,能够看出显著的试图避免但是力所不能及的痕迹。因此,年长 CEO 在资源运作权的使用上,其利己性动机仍然明显高于年轻 CEO,而年轻 CEO 资源运作权的利企性动机则反过来明显高于年长 CEO。此外,由于整体上 CEO 资源运作权能够弱化上一期薪酬鸿沟的负面绩效后果,这其实在一定程度上表明,CEO 资源运作权的利企性动机,整体上要比所有权和职位权的利企性动机更强。

此外,综合表 6.4-13、表 6.4-14 和表 6.4-15 可知,第一大股东持股比例(FSR)对企业绩效的影响,不论是全样本、年长 CEO 样本,亦或是年轻 CEO 样本,均在统计上不显著。该结果表明,股权集中度尽管可以抑制薪酬差距的过度扩大,但目前对企业绩效的促进作用没有得到发挥。可能的原因在于,大股东在行使其权力的同时,权力边界过宽,对 CEO 在其他各项战略决策事务上的干涉过多。尤其是在业务上,容易出现外行指导 / 干涉内行的状况,使得 CEO 及其高管团队,在经营运作的过程中,缩手缩脚,感到处处掣肘,没有能够将CEO的专业技能和管理素养进行最大化利用。表现到最终的绩效结果上,大股东持股比例越高,反而有可能降低了企业绩效。可见,大股东在CEO权力配置与监控方面,要"有所为,有所不为",不能眉毛胡子一把抓。具体而言,涉及专业运营、战略管理决策等与CEO及其高管团队直接利益相关度较小的事项,尊重专业,保持知情权即可;而涉及薪酬决策、股权激励等事宜,要负起委托人的责任,将激励约束机制的设计权牢牢掌控在自己手中,不盲目考验CEO在薪酬利益方面的职业操守。

6.4.6 CEO资源运作权、上年度薪酬鸿沟与未来公司绩效: 稳健性检验

6.4.6.1 全样本分析:CEO资源运作权、上年度薪酬鸿沟存在性(HPG01)与未来公司绩效

为检验4.5中实证结论的可靠性,以薪酬鸿沟存在性(HPG01)替代HPG作为薪酬鸿沟的竞争性指标,进行稳健性检验。在考虑控制变量的情况下,试图研究和比较新－老CEO资源运作权和薪酬鸿沟的交互效应对为未来公司绩效的影响,是否会因为薪酬鸿沟指标选择不同而发生变化。因此将模型6.4-3中的自变量HPG替换为HPG01,并将因变量的ROE改变为ROA,保留该模型中的其他变量,构建实证模型6.4-4。

$$ROA_{i\,(t+1)}=\alpha+\sigma_1 EAST_{it}+\sigma_2 FSR_{it}+\sigma_3 DEBT_{it}+\sigma_4 FSIZE_{it}+\sigma_5 RID_{it}+\sigma_6 ZCOP_{it}+$$

$$\sigma_7 HPG01_{i\,(t-1)}+\sigma_8 ZCOP_{it}*ZHPG01_{i\,(t-1)}+\varepsilon_{it}$$

(模型6.4-4)

应用模型6.4-4,拟合全样本数据,回归结果见表6.4-16。表6.4-16结果显示,在考虑控制变量的情况下,CEO资源运作权(COP)对企业未来绩效(ROE)的回归显著为正(Beta=0.238,P=0.000);薪酬鸿沟存在性(HPG01)对企业未来绩效的回归结果在10%的水平显著为负(Beta=-0.037,P=0.093),稍微弱于人们对薪酬鸿沟绩效后果的预期;二者的交互项(ZCOP*ZHPG01)的回归结果不显著(Beta=0.010,P=0.624),但是显著度较低。

表6.4-16　CEO资源运作权、上年度薪酬鸿沟(HPG01)与未来公司绩效(全样本)

模型	变量	非标准化系数		标准系数	T	Sig.
		B	标准误差	Beta		
6.4-4	(常量)	−35.480	4.343		−8.170	.000
	EAST	1.472	.425	.073	3.464	.001

续表

模型	变量	非标准化系数		标准系数	T	Sig.
		B	标准误差	Beta		
6.4-4	FSR	1.468	1.536	.021	.956	.339
	DEBT	−9.652	1.353	−.172	−7.134	.000
	FSIZE	4.177	.457	.223	9.142	.000
	RID	−6.135	3.945	−.032	−1.555	.120
	COP	14.872	1.396	.238	10.650	.000
	HPG01	−.745	.443	−.037	−1.682	.093
	ZCOP*ZHPG01	.106	.216	.010	.490	.624
模型拟合参数	R^2	.124	F	35.961	Sig	.000

6.4.6.2 年长 CEO 样本分析：CEO 资源运作权、上年度薪酬鸿沟存在性（HPG01）与未来公司绩效

应用模型 6.4-4，拟合年长 CEO 样本数据，回归结果见表 6.4-17。表 6.4-17 结果显示，在考虑控制变量的情况下，年长 CEO 资源运作权（COP）对企业未来绩效（ROA）的回归结果显著为正（Beta=0.267, P=0.213）；薪酬鸿沟存在性对企业未来绩效的回归结果不显著（Beta=−0.042, P=0.200）；二者的交互项（ZCOP *ZHPG）的回归结果为不显著的负值（Beta=−0.018, P=0.556）。该结果表明，年长 CEO 资源运作权有强化薪酬鸿沟的负面绩效后果的倾向，但是效应不显著。

表 6.4-17 年长 CEO 资源运作权、上年度薪酬鸿沟（HPG01）与未来公司绩效

模型	变量	非标准化系数		标准系数	T	Sig.
		B	标准误差	Beta		
6.4-4	（常量）	−31.135	6.100		−5.104	.000
	EAST	1.569	.631	.077	2.486	.013
	FSR	−.347	2.251	−.005	−.154	.877
	DEBT	−4.722	1.971	−.086	−2.396	.017
	FSIZE	3.525	.643	.204	5.485	.000
	RID	−3.315	6.546	−.016	−.506	.613
	COP	15.049	1.870	.267	8.046	.000

模型	变量	非标准化系数		标准系数	T	Sig.
		B	标准误差	Beta		
6.4-4	HPG01	−.858	.670	−.042	−1.282	.200
	ZCOP*ZHPG01	−.169	.287	−.018	−.589	.556
模型拟合参数	R^2	.101	F	13.535	Sig	.000

6.4.6.3 年轻 CEO 样本分析：CEO 资源运作权、上年度薪酬鸿沟与未来公司绩效

应用模型 6.4-4，拟合年轻 CEO 样本数据，回归结果见表 6.4-18。表 6.4-18 结果显示，在考虑控制变量的情况下，年轻 CEO 资源运作权（COP）对企业未来绩效（ROA）的回归结果显著为正（Beta=0.237，P=0.000）；薪酬鸿沟存在性对企业未来绩效的回归结果不显著（Beta=−0.044，P=0.143）；二者的交互项（ZCOP *ZHPG）的回归结果为不显著的正值（Beta=0.046，P=0.116）。该结果表明，年轻 CEO 资源运作权与薪酬鸿沟存在性的交互效应不显著，但是存在微弱的正向影响倾向。

表 6.4-18　年轻 CEO 资源运作权、上年度薪酬鸿沟（HPG01）与未来公司绩效

模型	变量	非标准化系数		标准系数	T	Sig.
		B	标准误差	Beta		
6.4-4	（常量）	−40.895	6.198		−6.598	.000
	EAST	1.243	.572	.063	2.173	.030
	FSR	2.359	2.131	.032	1.107	.269
	DEBT	−13.323	1.876	−.234	−7.101	.000
	FSIZE	4.704	.658	.231	7.149	.000
	RID	−5.633	4.878	−.033	−1.155	.248
	COP	17.113	2.223	.237	7.700	.000
	HPG01	−.872	.595	−.044	−1.465	.143
	ZCOP*ZHPG01	.535	.340	.046	1.574	.116
模型拟合参数	R^2	.166	F	26.235	Sig	.000

综合表6.4－13至表6.4－18,所有的回归结果中均表明,企业规模对数相对于企业绩效的回归系数都显著为正。该结果意味着,不同规模的国有上市公司在企业绩效方面有显著差异。这其实在一定程度上说明了我国国有上市公司中,一方面,大规模企业相对有效地利用了规模经济带来的优势,但是也要看到,大企业受限于人员冗余、机构庞杂以及流程繁琐的大企业病,没有完全释放出企业内部高质量人力资本的潜力;而另一方面,小规模企业过度投机,过度追求"船小好调头"的灵活优势,缺乏在一个特定行业、特定领域扎根耕耘的"工匠精神"。在风口四起、野蛮增长的时代,这种战略选择似乎还可以奏效,但是随着经济环境的日益成熟、外部机会越来越少,找准定位、扎根定位,埋头苦练内功实际上是中小企业发展的关键所在。因此,建议大型国有企业在发展过程中,在优化内部流程的同时,再多一些闯劲,多一些创新投入,适当提升冒险的投入,力求绩效能够"百尺竿头更进一步";中小型国有企业在发展过程中,要更加强调"反求诸己",强化内在管理体系的提升与完善,战略上多一些定性,少一些投机。

6.4.7 结果讨论

本章基于国有上市企业背景,探究并比较了新－老CEO资源运作权对高管－员工薪酬差距的影响效应,剖析了新－老CEO资源运作权对国有企业内部薪酬鸿沟形成与演化的影响机理,并比较了二者差异。理论分析与实证数据表明:

（1）不论是年长CEO还是年轻CEO,其资源运作权与高管－员工薪酬差距均呈现显著正相关关系,但是前者的正相关性明显高于后者。

资源运作权表现为CEO对企业内部各项资源实施操控的自由空间。对于CEO而言,如果企业内部资源,比如,流动性资产、非固定资产和运营资金等比例较高,则CEO在资源运作方面的运作空间非常大,因为该类资产的操控,一般不需要经过董事会和股东大会的批注和审核,基本处于CEO全权控制之下。

对年长CEO而言,他们具备丰富的管理经验,且在企业多年经验的积累与社会资本网络构建,股东对年长CEO在资源运作上面更加依赖。换言之,股东可能将原本属于股东和董事会监管的固定资产处置乃至长期投资等资产运作决策的掌控权也赋予年长CEO。可以想象,如果将这种权力考虑在内,CEO的资源运作权将会与企业内部高管－员工薪酬差距呈现更高正相关性。这种情况也同时为年长CEO提供了更大的利益寻租空间。从以上分析可以得出,年长CEO在利益的驱使下,资源运作权越大,越倾向于增大高管 - 员工薪酬差距,假设 H6.2-1 得到验证。

研究结果还显示,年轻 CEO 资源运作权与高管 - 员工薪酬差距显著正相关,但这种正向影响弱于年长 CEO 资源运作权对高管 - 员工薪酬差距的影响效应。利用样本进行方差分析的结果表明,年轻 CEO 的资源运作权要显著高于年长 CEO。

年轻 CEO 也有利用资源运作权提高自身薪酬水平的动机,但是由于年轻 CEO 仍处于各方监控、赢取信任的阶段,如果这个时候就利用自己手中的对资源的掌控权力谋取薪酬的提升,势必会引起包括员工在内的多个利益相关者主体的不满,可能会影响其未来职业生涯发展。此时,对年轻 CEO 而言,其合理的选择是尽量追求较大薪酬差距的锦标赛激励效应,而同时又需要预防薪酬鸿沟的出现。因此,年轻 CEO 资源运作权在拉大高管 - 员工薪酬差距时更为谨慎,处于不断试探的状态。表现为年轻 CEO 资源运作权与薪酬差距显著正相关,但这种正向影响弱于年长 CEO 资源运作权对高管 - 员工薪酬差距的影响效应,假设 6.2-2 得到验证。

（2）不论是年长 CEO 还是年轻 CEO,其资源运作权均是企业内部薪酬鸿沟形成和演化的直接原因,但二者对薪酬鸿沟产生与演化的影响机理不同。

年长 CEO 资源运作权与薪酬鸿沟程度、薪酬鸿沟存在性均有显著正向影响,是薪酬鸿沟形成与演化的直接原因。从主观意识上而言,年长 CEO 在拉大薪酬差距的过程中,关注的是如何通过拉大差距而促进自身利益的增加,对于过大薪酬差距可能引发的负面绩效后果,虽然意识到了其发生的可能性但是并不关注其是否真正发生,甚至可以说,"坐视"薪酬鸿沟的诞生。基于锦标赛理论的研究成果,年长 CEO 往往凭借其积累的威望与人气,利用自身在企业股东和董事会中的话语权,利用其资源运作权最大化程度上操纵薪酬差距,并尝试引导各利益相关群体,促使其相信年长 CEO 拉大薪酬差距的初衷是为了获取锦标赛激励效应,促进企业绩效。与此同时,即使有相关利益主体对此心存异议,但是由于年长 CEO 的积威,加之其他主体的盲从,个别情况下也包括年长 CEO 与相关利益主体的利益交换、"互相挠背",导致了该主体多选择盲从而非质疑。

年长 CEO 在过度消耗自己的威望与人气拉大薪酬差距的过程中,普通员工感受到薪酬差距的过度扩张。此时,又由于年长 CEO 对薪酬沟通和绩效管理质量缺乏足够的重视,在这两个方面的工作改善动力不足,很多员工对薪酬政策、薪酬理念以及绩效考核的公正性缺乏准确认知,也感受到了被管理层忽视。因此,员工将会对本来可能相对公平客观的薪酬差距,也会产生主观的负面揣测和扭曲,形成薪酬不公平的感受。在此情况下,客观上越来越大的薪酬差距,加上主观上对薪酬差距的感受越来越随意、越不公平,企业内部薪酬鸿沟不可避免地产生,并不断发展演化。

与年长CEO相同,年轻CEO资源运作权与薪酬鸿沟程度、薪酬鸿沟存在性均有显著正相关性,也是薪酬鸿沟形成与演化的直接原因。与年长CEO不同的是,年轻CEO运用其资源运作权以拉大薪酬差距的初衷,真正是为了促进企业内部员工之间的锦标赛激励效应,意图通过拉大薪酬差距提升企业绩效。年轻CEO在心目中也清楚,行为理论所主张的过大薪酬差距将导致负面绩效后果迟早会出现,而且必将会超越拉大薪酬差距带来的锦标赛激励效应。因此,年轻CEO实际上是在拉大薪酬差距的过程中,不断地试探某一个均衡点,即行为理论的负面绩效后果与锦标赛理论的机理效应相等,超越该点,则薪酬鸿沟开始诞生,员工和企业绩效开始下降。

从主观上而言,年轻CEO是真正地想促进企业绩效,而不是尽力提升自身薪酬。主要原因有两个方面,一是,年轻CEO更为关注长期的职业生涯,更希望过当前的职业生涯成功获得未来更多的职业生涯晋升机会,获得更好的施展才华的平台,还远没有到将所有才能和声誉进行变现的时刻;另一方面,年轻CEO对企业内部员工的了解和掌控程度并不高,对其他利益相关者的引导能力亦不足,很难在薪酬差距过大的情况下,向各方解释其薪酬差距决策动机不是为了自身利益,并被各方所信服。更进一步,更大的薪酬差距,更可能导致员工的敌视、惰怠、不配合,甚至是谩骂、破坏与投诉等反生产力行为,在国有企业当中,也对立足未稳、尚未能够"服众"的年轻CEO造成很大的职位安全威胁。

因此,为了职位安全,为了能够取得各方配合,尽快实现业绩的提升,年轻CEO的最佳选择当然是适度提升薪酬差距。但是,在试探这个"度"的过程中,难免行差踏错,由于薪酬沟通不到位,绩效管理技能不成熟,无意识地导致薪酬鸿沟提前到来。如何保持年轻CEO利企性动机,从物质奖惩、精神激励,到价值观强化,构建促使其"不忘初心"的激励与约束机制,是未来公司治理研究的重要议题。

(3)薪酬鸿沟能够降低企业绩效,而年轻CEO资源运作权能够弱化薪酬鸿沟的负面绩效后果。

实证数据结果表明,CEO资源运作权,不论是年长CEO还是年轻CEO,均能够促进公司绩效,而且显著程度很好;薪酬鸿沟与企业绩效,不论是用ROA还是ROE衡量,均呈现显著的负相关性,即薪酬鸿沟的确是企业绩效的直接原因。更重要的发现是,年轻 CEO 资源运作权能够弱化薪酬鸿沟的负面绩效后果,而年长 CEO 则倾向于不显著地强化薪酬鸿沟的负面绩效后果。

该结果表明,年长 CEO 不但可能滥用其资源运作权,而导致较高的薪酬鸿沟,而且事后并不寻求弥补的手段,去降低薪酬鸿沟的负面绩效后果。相反,年长 CEO 倾向于运用其资源运作权,强化薪酬鸿沟的负面绩效后果。这在一定程度上证实了年长 CEO 在操纵高管－员工薪酬差距方面的利己性动机较强;与之相反,年轻 CEO 的确有可能误用资源运作权,而导致一定的薪酬鸿沟,但是年轻 CEO 在薪酬鸿沟诞生后,努力采取补救措施,试图弱化薪酬鸿沟的负面后果。因此,这在一定程度上更加证实了年轻 CEO 在操纵高管－员工薪酬差距方面的利企性动机较强。

（4）CEO 资源运作权对企业绩效有显著正向影响,而且年长 CEO 资源运作权的影响效应明显高于年轻 CEO。

虽然本章数据分析论证了年长 CEO 的利企性动机要弱于年轻 CEO 的利企性动机,但实证结果还显示,年长 CEO 的资源运作权,相比较年轻 CEO 具有更强的绩效促进效应。原因在于,年长 CEO 对于资源运作的确拥有更强的掌控能力与运作经验:一方面,年长 CEO 拥有更高的声望权,在既定战略、决策执行过程中,能够提升执行的力度和有效性。哪怕资源调配方案本身的利企性、合理性略逊于年轻 CEO,但是其执行的效率,应对突发事件的能力要显著高于年轻 CEO;另一方面,年长 CEO 多拥有更为广泛的人际网络和深厚的资源积累,在行业内、金融领域甚至政府部门,拥有更为广泛的影响力,能够为企业资源运作提供更好的外部运作环境,获取更充分且廉价的金融资源,从而提升企业绩效。

因此,对年长 CEO 的资源运作权,应当在保持高度警惕防止其滥用的同时,又必须给予足够的自由空间,让年长 CEO 赋予企业资源以更大的价值创造能力。在通过加强监控、促进决策透明化等措施以求关上年长 CEO "捞灰钱" 后门的同时,打开其按业绩付酬 "挣白钱" 的大门至关重要;对于年轻 CEO 的资源运作权,股东和董事会则更多应该起到专家参谋、资源补充的作用,并尽量给予其成长和试错的空间。

6.5　结论与展望

本章在已有研究的基础上,分别以新－老 CEO 资源运作权为自变量,以高管－员工薪酬差距和薪酬鸿沟为因变量,以锦标赛理论和行为理论为基础,以 2010–2015 年制造业 A 股上市国有企业为研究样本,对新–老 CEO 资源运作权对高管–员工薪酬差距和薪酬鸿沟的影响效应进行了实证分析与比较。结果显示:(1)不论是年长 CEO 还是年轻 CEO,其资源运作权与高管–员工薪酬差距均呈现显著的正相关关系,但是前者的正相关性明显高于后者;(2)不论是年长 CEO 还是年轻 CEO,其资源运作权均是企业内部薪酬鸿沟形成和演化的直接原因,但二者对薪酬鸿沟产生与演化的影响机理不同;(3)CEO 资源运作权能够促进公司绩效,薪酬鸿沟能够降低企业绩效,而年轻 CEO 资源运作权能够弱化薪酬鸿沟的负面绩效后果。

根据本文的研究结论,对年长 CEO 而言,当资源运作权增大时,高管–员工薪酬差距也会随之扩大,而薪酬鸿沟出现的概率也会提升。年长 CEO 在企业经营方面有着成熟的经验,再加上资源运作方面的权力,股东对年长 CEO 的依赖程度也会更高,这同时也为年长 CEO 利益寻租提供了方便。年长 CEO 的长期运作经验与累积性的学识就好像罂粟,用得好是良药,能够解决企业棘手的资源与整合问题;用得不好是毒品,可能导致企业承担不必要的风险甚至遭受资产被掏空的威胁。在利益的驱使下,年长 CEO 会提高自身的薪酬水平,最终将过度拉大高管–员工的薪酬差距,从而导致薪酬鸿沟的形成与不断演化。但对于年轻 CEO 来说,他们可能为了长远的职业生涯的考虑以及迫切证明自己的资源运作能力,会把企业经营业绩作为首要提升的目标。年轻 CEO 有提高自己的声誉和赢取股东信任的迫切期望,可能会弱化该群体出于利己性动机提高自身薪酬的可能。此外,为了在公司树立良好的形象,年轻 CEO 会尽量尝试在薪酬公平激励与锦标赛激励之间取得平衡,从主观上尽量尝试缩小产生薪酬鸿沟的概率,因而不会过于拉升高管–员工之间的薪酬差距。此时,年轻 CEO 资源运作权对高管–员工薪酬差距的拉大,以及薪酬鸿沟的诞生有显著的正向影响效应,但这种正向影响弱于年长 CEO。

此外,不论是年长 CEO,还是年轻 CEO,其资源运作权的施展动机,利企性成分要明显高于职位权。整体上,CEO 资源运作权对企业绩效有显著的正向影响。因此,考虑到年轻 CEO 的利企性动机要高于年长 CEO,建议国有企业给予年轻 CEO 更高的资源运作权,在获取其专业性的资源运作能力提升资源运作效果的同时,与年长 CEO 相比,也能够相对有效地规避薪酬鸿沟的产生。与此同时,对于年长 CEO,需要对其薪酬差距设定的过程给予足够的监督和控制,甚至应当将该权力完全赋予上市公司薪酬委员会,刻意抑制年长 CEO 过度追求私利,盲目拉大薪酬差距的动机,在最大概率上降低企业内部薪酬鸿沟诞生和演化的内在动力。

　　在后续的研究中,可以尝试加入其他企业类型,比如非国有企业,对比国有企业与其他类型企业,新 - 老 CEO 资源运作权对企业高管 - 员工薪酬差距和薪酬鸿沟的操纵效应是否有相似的结论,以期丰富高管 - 员工薪酬差距和薪酬鸿沟的研究视角。当然,也可以考虑进行国内外的比较研究,对比国内外不同行业的企业,新 - 老 CEO 资源运作权对企业内部高管 - 员工薪酬差距和薪酬鸿沟的操纵效应是否仍然存在,以期丰富CEO 自主权和高管薪酬的国际化研究成果。

6.6　参考文献

[1]Chen, J., Ezzamel, M., &Cai, Z.M.Managerial power theory, and executive pay in China[J].Journal of Corporate Finance,2011,17: 1176–1199.

[2]Crespí–Cladera, Rafel and Bartolomé Pascual–Fuster.Does the independence of independent directors matter?[J].Journal of Corporate Finance,2014,28（C）: 116–134.

[3]Jensen M C.Remuneration: Where We›ve Been, How We Got to Here, What are the Problems, and How to Fix Them [J].Ssrn Electronic Journal,2004,2（17）: 1–16.

[4]蔡芸,陈淑玉,任成 . 高管 - 员工薪酬差距对企业绩效的影响——基于沪深 A 股上市公司的面板门限回归分析 [J]. 北京工商大学学报(社会科学版),2019（2）: 52–62.

[5]江伟,吴静桦,胡玉明 . 高管 - 员工薪酬差距与企业创新——基于中国上市公司的经验研究 [J]. 山西财经大学学报,2018（6）: 74–88.

[6]刘百芳,吕爽 . 改善资产结构: 提高我国汽车制造业上市公司盈利能力的有效途径 [J]. 经济师,2012（11）: 35–37.

[7]黎文靖,胡玉明 . 国企内部薪酬差距激励了谁? [J]. 经济研究,2012（12）: 125–132.

[8]刘洋 . 上市公司资产结构、资本结构与盈利能力关系的实证研究——以湖北省为例 [J]. 当代经济,2017,7（19）: 27–29.

[9]吕明月 . 国有控股上市公司高管 - 员工薪酬差距影响因素的研究 [D]. 贵阳: 贵州财经大学,2016.

[10]王怀明,史晓明 . 高管 - 员工薪酬差距对企业绩效影响的实证分析 [J]. 经济与管理研究 ,2009（8）: 23–27.

[11]孟艳玲,张俊瑞 . 生命周期视角下上市公司资产结构与价值——

来自中国上市公司 A 股市场的经验数据 [J]. 北京理工大学学报（社会科学版），2014，16（2）：76-82.

[12] 肖东生，高示佳，谢荷锋. 高管－员工薪酬差距、高管控制权与企业成长性——基于中小板上市公司面板数据的实证分析 [J]. 华东经济管理，2014，28（5）：117-122.

[13] 杨硕，周煜皓. 资产结构与股票价格相关性研究——来自我国创业板上市公司的经验证据 [J]. 当代会计，2017（7）：7-8.

[14] 杨远霞. 湖南省上市公司资产结构与公司绩效的相关性研究 [J]. 中南大学学报（社会科学版），2014，20（2）：31-35.

[15] 张月武，刘斌. 企业资产结构对企业绩效影响分析——基于制造业上市公司视角 [J]. 河北企业，2018（11）：99-101.

[16] 赵健梅，任雪薇. 我国国有上市公司高管薪酬结构和粘性研究 [J]. 经济问题，2014，10：57-61.

第7章 国有企业新－老CEO关联权对高管－员工薪酬差距和薪酬鸿沟的操纵效应比较研究

7.1 引 言

近年来,过于悬殊的高管－员工薪酬差距引发热议,收入不平等已经成为当前社会最具有争议性的公共话题之一。收入分配不均引起的企业内部薪酬差距过大仍然是一个急需解决的问题。企业内部薪酬差距主要包括两个方面,一是高管成员之间薪酬差距,二是高管－员工薪酬差距。由于学术界对高管成员间薪酬差距的研究较为丰富,而对高管－员工薪酬差距的研究相对较少(李阳,2014),因此本次研究的重心是从CEO关联权的角度出发,探讨高管－员工薪酬差距不断扩大的成因,以及企业内部薪酬鸿沟形成与演化的基本机理。

本章关注的CEO关联权是CEO自主权的一个重要子维度,与结构权、所有权和资源运作权一起共同拓展了经理自主行为空间。在现代公司治理实践中,以CEO为首的高管团队对董事会的薪酬决策现实地存在着影响,在一定程度上,高管可以利用其权力、自主权或影响力自定薪酬(Bebchuk & Fried,2005)。作为这种自主权或影响力重要来源之一的社会资本(O'Reilly & Main,2010),恰恰是CEO关联权的直接来源。本研究中所涉及的CEO关联权度量指标体系,在其他文献中常被用来度量CEO的社会资本水平,因此,与本研究直接相关的文献基础有两个方面,一是高管－员工薪酬差距的影响因素研究,二是CEO关联权(社会资本)的影响效应研究。由于前文中对高管－员工薪酬差距的影响因素研究已经有了充分的回顾和总署,因此,本章内容主要综述第二个方面,即CEO/高管团队社会资本的影响效应研究。目前,对于高管团队社会资本的影响效应研究成果非常丰富,涉及企业运营过程及结果的各个方面。限于篇幅要求,仅针对每个方面给出较具代表性的文献成果。

首先,现有研究表明,高管团队社会资本对企业运营过程具有实质性的影响。

(1)社会资本对创新能力的影响。比如,朱丽等(2017)以资源依赖和社会资本理论为基本分析视角,采用2008-2014年中国上市公司数据,探讨高管学术资本对创新能力的影响机理。理论分析与实证数据表明:高管学术资本与企业创新能力显著正相关;高管学术资本有利于企业积累网络"声望"和"权力",从而间接对创新能力产生积极影响;高政府资本情况下,高管学术资本对公司网络"声望"、"权力"与企业创新能力的关系,具有显著的调节效应。

(2)社会资本对资源获取的影响。马富萍(2013)以对自然资源的直接利用或加工创造而向他人提供以自然资源为物质基础的产品或服务的资源型企业为研究样本,实证分析高管社会资本与资源获取的内在关联性。数据分析结果证实,政治性社会资本显著促进信息资源获取与资金资源获取,但无法促进知识资源获取;商业性社会资本能够促进信息资源获取与知识资源获取,但无法促进资金资源获取;公共性社会资本对信息资源获取、知识资源获取以及资金资源获取均有显著的促进效应,而高管持股情况对高管社会资本的资源获取具有显著积极调节效应。

(3)社会资本对企业融资的影响。朱金鹏(2014)以社会资本理论为理论基础,从 CEO 资源获取能力的角度出发,探讨了 CEO 社会资本对企业融资过程与成效的作用机理。在构建 CEO 社会资本指数并验证其有效性的过程中,以2003年到2013年中国 A 股制造业上市公司为研究样本,剖析社会资本对企业融资行为的作用机理,实证发现 CEO 社会资本有助于企业获得更多资源,从而在一定程度上缓解企业融资约束的问题,同时也可以提高企业资本配置效率。

(4)社会资本与银行贷款契约。张樱(2016)尝试从政府关系、银行关系和社会关系三个维度衡量公司高管社会资本水平,选择2011-2014年400余家非金融、银行上市公司为样本,分别采用固定效应模型、随机效应模型和 Logit 模型分析高管社会资本与银行贷款契约的关系。分析结果显示,高管社会资本与银行贷款契约的优惠条件具有显著正相关性,亦即高管社会资本水平将有助于降低贷款利率、提高贷款金额、拉长贷款期限和放款贷款担保要求。

(5)社会资本与银行风险承担。邹飞(2013)以我国32家商业银行2007-2012年公开披露数据为样本,实证分析并比较了不同高管政治关联与银行风险承担行为关系的差异性。实证结果发现,银行高管的不同政治关联对不同的银行风险承担行为有不同的影响:高管政治关联对银行风险承担行为有提升作用。银行业主管部门关系、资格认定部门行政主管部门经历、人大和政协经历对违约风险有提高作用;银行业主管部门关联、人大和政协经历、其他政治关联对信用风险有提升作用;行政主管部门关联、银行业主管部门关联、政治类院校学习经历和其他政治关联对贷款风险有提高作用;一般政府部门关联对违约风险有降低作用。

其次,现有研究表明,高管团队社会资本对各种企业运营结果具有实质性的影响,具体包括 IPO 溢价、经济绩效、多元化程度、公司价值、企业成长性和研发效率等。

(1)社会资本与 IPO 溢价的关系。孙芳和赵艳(2017)以 1990—2016 年 IPO 公司为研究样本,探讨董事会和 CEO 的社会资本,及其组合效应对 IPO 溢价的影响效应。实证数据分析结果显示:中国上市公司董事会社会资本和 CEO 社会资本均可负向影响 IPO 溢价率,但这两类社会资本之间却表现为"一山不容二虎"的负向协同效应。进一步研究表明,对于非国企、IPO 时成立年限较短或尚未实现强劲盈利能力的公司而言,CEO-董事会社会资本的负向协同效应对 IPO 溢价率的影响,在国有企业、成立年限较长或已经实现强劲盈利能力的公司中表现得更为显著。

(2)社会资本与企业经济绩效。贺远琼等(2007)采用深度访谈和问卷调查相结合的方式设计了问卷,并回收了 438 份来自我国湖北、广西、广东与河南等省份的有效问卷,用以探究公司高管社会资本的基本构成及其对企业经济绩效的影响。研究结果显示,企业高管的社会资本可以分为市场环境和非市场环境中的社会资本两个方面,提高企业对外部环境的适应能力,从而对企业经济绩效有显著的促进效应。

(3)社会资本与企业多元化程度。比如,曹华莹(2017)以 2010—2015 年沪、深两市 A 股信息技术类上市公司为研究样本,探讨了高管社会资本对多元化战略的影响效应,并进一步比较了不同地区高管社会资本与企业多元化战略的关系差异。实证分析结果表明:高管社会资本对企业多元化程度有显著正相关关系,即高管的社会资本程度越高,企业就更倾向于提升战略多元化的程度,而且不同地区高管社会资本对企业多元化程度的影响效应也存在显著差异。比如,当企业所在地区并非一线城市时,高管社会资本与企业多元化程度的正相关性得到了促进。

(4)社会资本与公司价值。典型的研究比如,尹宏祯(2017)选择中国 2015 年民营上市公司为样本,剖析了个人层面的社会资本通过组织和发行影响公司价值的作用机制。实证分析数据显示,高管社会资本对公司价值有显著的正向影响,高管社会资本增强了各利益主体对企业的认同,而且组织合法性能够积极中介高管社会资本与公司价值之间关系。

（5）社会资本与企业成长性。比如,王霜琴（2014）选择 2009—2013 年深圳证交所中小企业板的上市公司为研究样本,理论分析和实证数据表明,高管社会资本的网络关系、网络地位和社会声誉三个维度均能够积极促进企业成长性,但各自程度有差异,其中,社会声誉具有最大的影响效应;高管社会资本与企业成长性的内在作用机理不仅包括"高管社会资本—企业成长性"的直接影响路径,还包括"高管社会资本—多元化战略—企业成长性"的间接影响路径。

（6）社会资本与研发效率。比如,李小青和吕靓欣（2017）以群体断裂带度量董事会异质性,以中国创业板民营高科技企业为研究对象,实证分析了董事会群体断裂带对社会资本与企业研发效率关系的调节作用。数据分析结果表明：董事会政治关联与企业研发效率具有显著的正相关性,而董事会群体断裂带弱化了二者之间的正相关关系。当董事会连锁程度较低时,董事会社会资本对研发的效率提升具有积极的促进作用,而且董事会群体断裂带对董事会社会资本与研发效率之间的关系具有显著的负向调节作用。

除了探索高管团队社会资本（关联权）对多种组织变量的直接影响效应之外,也有学者尝试采取权变视角,探讨社会资本的调节效应。比如,秦双全等（2014）综合高层梯队理论和代理理论视角,探讨了高管团队不同层次的自然属性、能力属性和治理属性与企业不同层次的成长绩效、增长绩效和经营绩效的关系,并进一步研究了 CEO 的社会资本对两者关系的调节效应。基于中国上市公司的实证分析结果显示：企业绩效与高管团队的管理素质正相关,而 CEO 的社会资本削弱了高管团队的管理素质对企业绩效正向影响效应。该结果意味着,中国现实环境中存在的"关系"不利于中国企业整体竞争力的提升。

最后,从社会资本的影响效应视角出发,与本研究相关度最高的是关于社会资本对高管薪酬的影响效应文献。典型的研究包括：Meyerson（1994）应用来自瑞典公司 111 位经理人员的问卷调查数据,区分弱联结和强联结,用以衡量不同的高管社会资本,以年度总固定薪酬来衡量高管薪酬,研究发现,社会资本是高管人员薪酬非常重要的影响因素,并强调强联结而非弱联结产生的作用;Geletkanycz 等（2001）采集自财富 1000 强中 460 家公司的公开资料,将薪酬分为现金薪酬和长期激励薪酬,在外部联结测量中引入了社会网分析理论的中心性分析,采用路径模型的实证分析发现,社会资本对高管薪酬微弱相关。此外,该研究还特别强调了

CEO 的外部董事联结对其薪酬的重要影响。

此外,黄洁和陈国权(2017)分析了 CEO 社会资本对高管薪酬水平和薪酬波动性的影响效应。采用 2009—2015 年德国 DAX30 指数企业的数据,实证分析结果显示:CEO 的社会资本对其薪酬具有显著正向影响,即丰富的社会资本能够提升其薪酬水平,并且增大薪酬波动性。此外,该正向影响效应受到公司市场价值波动性和公司股权集中度的差异化调节作用。具体而言,公司市场价值波动性增强了 CEO 的社会资本对其薪酬波动性的影响效应,而股权集中度则减弱这种关系。

整体而言,现有研究表明,CEO 的社会资本差异,以及高管、董事会的社会资本差异能够有效解释企业各种运营过程和运营结果变量的差异性。由此推断,社会资本质量与结构差异所衡量的 CEO 关联权(CEO 自主权第四个维度)差异也必然对各种关键的企业运营决策结果产生实质性的影响。虽然 CEO 自主权整体上对高管 - 员工薪酬差距和薪酬鸿沟具有的影响效应已经在前文得到验证和讨论,但是 CEO 关联权作为一个相对独立的变量,如何影响企业内部薪酬差距的决策,并进而如何影响企业内部薪酬鸿沟的形成与演化过程,尚未得到充分的研究与探讨。此外,现有研究中,对新 - 老 CEO 自主权运作动机差异和国有企业样本特征的忽视,也将在本章研究中得到关注。

鉴于此,本章研究致力于应用 2010-2015 年国有上市公司为样本,系统分析和检验新 - 老 CEO 关联权对企业内高管 - 员工薪酬差距和薪酬鸿沟形成机理的影响效应。

7.2 文献综述与研究假设

组织中人脉关系的重要性已经得到东西方学者的一致认可(Tsui & Farh,1997),已有的文献中也提到过人脉关系作为权力来源的论述。例如,Kotter(1985)认为,"建立良好的关系可以帮助人们更好地完成工作"。Krackhardt(1996)认为"个人情感的连带会产生某种相应的权力",即表现为"强连带优势"。最新研究进一步显示,基于关系的权力在组织中的重要性引起了广泛关注。例如,Bal 等(2008)指出,基于关系的权力是领导者在管理过程中最重要、也是最常用的权力之一,特别是在中国这个"关系"为主的社会中,基于关系的权力就具有更加重要的影响。当 CEO 拥有除了本职位意外的社会兼职时,将会利用自身的社会关系和人力资本为企业带来更丰富的资源,这也进一步提升了 CEO 在企业运营中的实际权力空间。

基于以上理性分析，CEO 在外部企业兼职不但对自身就职的企业有影响，并且对自身也有很大的影响。年长 CEO 对企业业务的熟悉程度比较高，加上丰富的经验，更能从专业的角度为企业的经营做出理性的分析与决策。因此，CEO 在外兼职增大了自身对企业决策的影响（张长征，李怀祖，2008），这时股东对年长 CEO 产生相当大的依赖，而薪酬差距作为薪酬决策中重要的激励机制，因此年长 CEO 势必会利用关联权和股东对其的依赖性进而操纵自身薪酬，以此拉大薪酬差距（李阳，2014）。在国有企业中，对技术更新的速度和质量的要求更高，这对 CEO 及时应变的能力和丰富的信息网络有更高的要求，当 CEO 同时兼任其他职位时，将有利于信息的获取，有助于决策的质量和效率，对于熟悉企业业务的年长 CEO，这种效果会更加明显。股东要想留住这样的高级人才，必须给予其更高的薪酬作为回报，由此将导致薪酬差距被强行拉大。因此，本章提出以下研究假设。

H7.2-1：国有企业年长 CEO 关联权正向操纵高管－员工薪酬差距。

关联权在市场上具有绝对性的优势，这种专有技能也是市场上招聘年轻 CEO 的重要考查项目。对于年轻 CEO 而言，可能带来有利于企业业务发展的关系网络，为企业创造更大的价值从而得到企业的认可（李卫宁，张祎宁，2014）。在这种情境下，企业会主动提升年轻 CEO 的薪酬以作为回报，增大年轻 CEO 与普通员工的薪酬差距。

对于国有企业而言，如果企业聘任的年轻 CEO 具备一定的关系网络，可能会利用这种关联权为企业很快带来直接效益（李卫宁，张祎宁，2014）。但是，年轻 CEO 在企业的任职期限较短，对企业的业务熟悉不够，这些关联权的发挥受到一定的限制，进而导致其在薪酬决策的有利条件上不及年长 CEO。因此，本章提出以下研究假设：

H7.2-2：国有企业年轻 CEO 关联权正向操纵高管－员工薪酬差距，且这种正相关性低于年长 CEO。

根据以上逻辑，国有企业 CEO 运用关联权可以增大高管－员工薪酬差距，而较大的薪酬差距在超过员工心理对不公平的承受能力阈值之后，就会产生薪酬鸿沟。虽然每个企业、每个员工对于薪酬差距的容忍程度不同，但是统计上而言，薪酬鸿沟产生的概率会随着薪酬差距的拉大而非线性上升。此外，由于 CEO 对于薪酬鸿沟的负面效应其实是有所了解的。因此，对于利企性动机比较强的年轻 CEO 而言，会尽量避免薪酬鸿沟的出现；而年长 CEO 则在一定程度上，可能利己性动机更强，也更有底气以"利企"的借口拉大薪酬差距实现利己的目标，这往往可能伴随更高薪酬鸿沟的出现。

H7.2-3：国有企业年长 CEO 关联权正向影响薪酬鸿沟。

H7.2-4：国有企业年轻 CEO 关联权正向影响薪酬鸿沟,但这种正向影响低于年长 CEO。

7.3　研究设计

7.3.1 样本数据来源

样本筛选和数据来源同本书第三章 3.3.1,此处将不再赘述。

7.3.2 变量设计

自变量：关联权(GLP)：此处主要是指 CEO 在该企业外部所兼职的类型、数量以及层次三个方面。一家企业的 CEO,如果在企业之外的机构(企业、非盈利组织、高校或者政府机构等)有兼职,将会为企业带来额外的资源,比如更优惠的税收政策、更多的政府补贴与资助、低息的银行贷款、低成本的原材料供应以及更多的政府采购订单等。这些资源将给企业带来更高营收、更低的成本以及进入某些特殊行业的许可,从而提升企业的盈利能力。与此同时,高关联权的 CEO 也会因为这些外部兼职附加的资源,而获取企业内部更多的尊敬与服从,从而提升其自主行为空间。具体 GLP 指数是采用 CEO 外部正在兼职的类型总数(GLP1)、CEO 外部正在兼职的总个数(GLP2)、CEO 外部正在兼职的层次(GLP3)这三个指标的加权平均值来衡量,具体定义参见母欣(2017)。

因变量：高管－员工薪酬差距(EEPD)。国内外关于高管－员工薪酬差距的操作定义很多,本章综合借鉴江伟等(2018)、蔡芸等(2019),以及吕明月(2016)等学者的观点计算高管与员工间的薪酬差距,其中高管人员的平均薪酬是前三名高管薪酬的平均数,普通员工的平均薪酬等于员工获得的薪资总额与普通员工的人数之比,普通员工薪酬总额等于支付给职工以及为职工支付的现金减去董事、监事及高管薪酬总额,普通员工人数等于公司员工总数与高管人数的差值。本章在已有研究的基础上,采用绝对高管－员工薪酬差距(EEPD)来作为主要衡量指标,具体如下：

$$EEPD = \ln(高管平均薪酬 - 员工平均薪酬)$$
$$= \ln\left(\frac{高管前三名薪酬总额}{3} - \frac{员工年度薪酬总额}{员工人数 - 高管人数}\right)$$

（公式7.3-1）

薪酬鸿沟（HPG）：具体衡量方法见本书第二章。延用第二章开发的薪酬鸿沟度量指标体系，分别采用薪酬水平比较法（C_HPG1、C_HPG2、C_HPG3）、回归估计比较法（R_HPG1、R_HPG3、R_HPG4）和薪酬增长比较法（G_HPG1、G_HPG2、G_HPG5）测算三个薪酬鸿沟指标 C_HPG、R_HPG、G_HPG。最终的薪酬鸿沟指数（HPG）取三者的平均值。此外，还设定 HPG01 作为薪酬鸿沟测度的替代性指标，即薪酬鸿沟指数大于样本均值的话，设定为1，认为发生了薪酬鸿沟现象；而薪酬鸿沟指数小于样本均值的话，设定为0，认为薪酬差距尚未发展至薪酬鸿沟，处于可接受阶段。

控制变量：根据高管薪酬、高管薪酬差距和高管－员工薪酬研究相关研究文献的观点（Chen J. 等，2011；肖东生等，2014；Crespí–Cladera & Pascual–Fuster，2014；赵健梅，任雪薇，2010；黎文靖，胡玉明，2012；张长征，李怀祖，2008），本章除了以上主要研究变量以外，还选取控制变量分别为公司所属地区（EAST）、股权集中度（FSR）、资产负债率（DEBT）、公司规模（FSIZE）、董事会规模（BSIZE）、董事会独立性（RID）、公司绩效（FPER）。

本章涉及的变量具体含义以及汇总信息见表7.3-1。

表7.3-1 汇总变量定义

变量类型	变量名称	变量代码	变量含义
自变量	关联权	GLP	（GLP1+GLP2+GLP3）/3
因变量	绝对高管－员工薪酬差距	EEPD	LN（高管平均薪酬 – 员工平均薪酬）
	薪酬鸿沟	HPG	详见第二章
控制变量	地区	EAST	属于东部省份的企业记为1，否则为0
	股权集中度	FRS	第一大股东持股数量占总股份数量的比重
	资产负债率	DEBT	期末负债总额/资产总额
	公司规模	FSIZE	企业总资产取常用对数
	董事会规模	BSIZE	董事会成员总人数
	董事会独立性	RID	独立董事人数/董事会人数
	研发投入强度	RDI	研发投入费用/营业总收入
	公司绩效	FPER	净资产收益率（ROE）

7.3.3 变量描述性统计与相关性分析

表 7.3-2 是本研究样本中,主要研究和主要控制变量的描述性统计以及相关性分析结果。可以发现:国有企业中,CEO 关联权平均值为0.155,高管－员工薪酬差距的自然对数为 12.601。约 50% 的样本注册地在东部地区;第一大持股比例平均值为 36.5%;独立董事比例约 36.8%,符合上市公司独立董事比例方面的规定。GLP 与 EEPD 在 0.01 的水平上显著正相关(0.215**),与 HPG 在 0.01 的水平显著正相关(0.519**)。整体上主要解释变量和控制变量之间的相关系数值不大于 0.5,多重共线性的问题可以接受,有利于下文进行回归分析。各变量的正态性分布检验结果表明,考虑到本研究样本数量对变量的峰度与偏度的"宽恕效应",本章研究所选择的变量数据适合采用多元线性回归分析。

表 7.3-2　研究变量描述性统计与相关性分析

编号	变量	均值	标准差	1	2	3	4	5	6	7	8	9	10
1	GLP	.155	.239	1									
2	EEPD	12.601	.943	.215**	1								
3	EAST	.50	.500	.039	.226**	1							
4	FSR	.365	.142	−.147**	−.091**	.036	1						
5	DEBT	.507	.181	.021	.010	−.027	.045*	1					
6	FSIZE	9.726	.540	.076**	.403**	.039	.207**	.417**	1				
7	BSIZE	9.19	1.772	.038	.126**	−.046*	.035	.101**	.294**	1			
8	RID	.368	.0534	.026	.043*	−.044*	.002	.031	.082**	−.248**	1		
9	FPER	6.267	11.842	.081**	.336**	.084**	.066**	−.176**	.113**	.062**	−.047*	1	
10	HPG	0.392	0.318	.519**	.299**	.006	−.125**	.037**	−.011	.033**	.106**	−351**	1

注:$N=2226$,**. 显著度水平为 0.01（双尾）;*. 显著度水平为 0.05（双尾）。除高管－员工薪酬差距对数采用的自然对数之外,资产规模对数采用的是常用对数。

7.3.4 实证模型设计

为探究 CEO 关联权对高管－员工薪酬差距的影响,拟以 GLP 为自变量,以 EEPD 为因变量,构建一元线性回归实证模型 7.3-1,用以检验假设 H7.2-1 和 H7.2-2。其中,i 表示某样本公司,t 表示 2010-2015 年中某一年份。

$$EEPF_{it}=\alpha+\sigma_1 GLP_{it}+\varepsilon_{it}$$

（模型 7.3-1）

鉴于一元线性回归分析,可能会产生遗漏误差。在加入控制变量的情况下,以 GLP 为自变量,以 EEPD 为因变量,以 EAST, FSR, DEBT, FSIZE, BSIZE, RID, FPER 为控制变量,构建基于 OLS 的多元回归实证模型 7.3-2,用以进一步检验假设 H7.2-1 和假设 H7.2-2。

其中,年长 CEO 样本与年轻 CEO 样本的划分遵循第四章的方法。

$$EPPD_{it}=\alpha+\sigma_1 GLP_{it}+\sigma_2 EAST_{it}+\sigma_3 FRS_{it}+\sigma_4 DEBT_{it}+\sigma_5 FSIZE_{it}+\sigma_6 BSIZE_{it}+\sigma_7$$

$$RID_{i(t-1)}+\sigma_8 RDI_{it}+\sigma_9 FPER_{it}+\varepsilon_{it}$$

（模型 7.3-2）

以 GLP 为自变量,以 HPG 为因变量,考虑 EAST 等八个控制变量,构建多元回归模型 7.3-3,检验假设 H7.2-3 和 H7.2-4。

$$HPG_{it}=\alpha+\sigma_1 GLP_{it}+\sigma_2 EAST_{it}+\sigma_3 FRS_{it}+\sigma_4 DEBT_{it}+\sigma_5 FSIZE_{it}+\sigma_6 BSIZE_{it}+\sigma_7$$

$$RID_{i(t-1)}+\sigma_8 RDI_{it}+\sigma_9 FPER_{it}+\varepsilon_{it}$$

（模型 7.3-3）

7.4 国有企业新－老 CEO 关联权对高管－员工薪酬差距和薪酬鸿沟的操纵效应实证分析

在进行多元回归分析之前,应用 SPSS20.0,先进行了 GLP 与 EEPD 的 11 种曲线拟合,拟合结果表明,线性关系拟合结果具有统计上的显著性。

7.4.1 CEO 关联权与高管－员工薪酬差距关系假设检验结果

7.4.1.1 年长 CEO 关联权与高管－员工薪酬差距的关系

应用模型 7.3-1 和模型 7.3-2 拟合年长 CEO 样本数据,结果见表 7.4-1 和表 7.4-2。结果显示,在没有控制变量的情况下,GLP 对 EEPD 的回归结果显著为正（Beta=0.227, P=0.000）。在加入控制变量之后, GLP 对 EEPD 的回归结果显著为正（Beta =0.126, P=0.000）,这意味着每一单位的年长 CEO 关联权的变动,将引起 0.126 单位的高管－员工绝对薪酬差距的同向变动,即年长 CEO 关联权与高管－员工薪酬差距显著正相关,因此假设 H7.2-1 成立。

表 7.4-1　年长 CEO 关联权与高管－员工绝对薪酬差距关系的一元回归结果

模型 B		非标准化系数		标准系数	T	Sig.
		标准误差	Beta			
7.3-1	（常量）	5.428	.015		372.582	.000
	CEO 关联权	.388	.050	.227	7.756	.000

$R^2=.051$, $F=60.158$, Sig=.000

表 7.4-2　年长 CEO 关联权与高管－员工绝对薪酬差距关系的回归结果

模型	变量	非标准化系数		标准系数	T	Sig.
		B	标准误差	Beta		
7.3-1	（常量）	2.462	.184		13.363	.000
	GLP	.217	.042	.126	5.122	.000
	EAST	.164	.020	.195	8.153	.000
	FSR	−.638	.071	−.224	−8.932	.000
	DEBT	−.208	.062	−.092	−3.375	.001
	FSIZE	.326	.020	.457	16.393	.000
	RID	−.043	.205	−.005	−.211	.833
	RDI	1.362	.395	.083	3.450	.001
	FPER	.009	.001	.262	10.730	.000
模型拟合参数	R^2	.381	F	84.987	Sig	.000

表 7.4-2 显示,研发投入强度(RDI)对高管－员工薪酬差距(EEPD)的回归系数显著为正(Beta=0.083, P=0.001)。可能的原因在于,研发投入强度较高时,高管付出更高的努力,需要更强的产业驾驭力,而且要面对更高的风险,因此需要支付更高的风险溢价和人力资本回报;与此同时,员工群体中,研发人员需要支付较高的薪酬水平,而更为广泛的非研发普通员工则往往会被支付相对更低的薪酬水平,导致整体员工的平均薪酬下降。因此,研发投入强度与高管－员工薪酬差距正相关。

7.4.1.2 年轻 CEO 关联权与高管－员工薪酬差距的关系

应用模型 7.3-1 和模型 7.3-2 拟合年轻 CEO 样本数据,结果见表 7.4-3 和表 7.4-4。结果显示,在没有控制变量的情况下,GLP 对 EEPD

的回归结果显著为正（ Beta=0.201, P=0.000 ）。在加入控制变量之后，GLP 对 EEPD 的回归结果显著为正（ Beta=0.088, P=0.001 ）。这意味着每一单位的年轻 CEO 关联权的变动，将引起 0.088 单位的高管－员工绝对薪酬差距的同向变动，即年轻 CEO 关联权与高管－员工薪酬差距显著正相关。

通过对比年长 CEO 关联权与年轻 CEO 关联权对高管－员工薪酬差距的影响，年长 CEO 关联权与高管－员工薪酬差距的回归关系表现出显著性更强，相关程度更高的特点。也就是说年轻 CEO 关联权正向操纵高管－员工薪酬差距，且这种正相关性低于年长 CEO，因此假设 H7.2-2 成立。

表 7.4-3　年轻 CEO 关联权与高管－员工绝对薪酬差距关系的一元回归结果

模型 B		非标准化系数		标准系数	T	Sig.
		标准误差	Beta			
7.3-1	（常量）	5.421	.014		392.924	.000
	CEO 关联权	.338	.049	.201	6.844	.000
R^2=.040, F=46.836, Sig=.000						

独立董事比例在年轻 CEO 群体中，表现出显著的促进高管－员工薪酬差距的倾向性（ Beta=0.070, P=0.005 ）。该结果表明，独立董事在薪酬设定事宜上，并没有表现出独立的决策立场。相反，独立董事很有可能为了继续获得独立董事的地位和既得利益，选择在薪酬事宜上顺从 CEO 和高管群体的利益偏好，提升高管薪酬水平，拉大薪酬差距，做到与其他高管之间在利益上"互相挠背"。另一种可能是，独立董事根据现有的文献，想当然的认为拉大薪酬差距是能够提升绩效的，从而有理有据地促进薪酬差距的增大，并顺便提升了自身的利益。

表 7.4-4　年轻 CEO 关联权与高管－员工绝对薪酬差距关系的回归结果

模型	变量	非标准化系数		标准系数	T	Sig.
		B	标准误差	Beta		
7.3-2	（常量）	1.892	.211		8.959	.000
	GLP	.149	.043	.088	3.476	.001
	EAST	.117	.020	.149	5.969	.000
	FSR	−.393	.073	−.136	−5.416	.000
	DEBT	−.279	.063	−.125	−4.460	.000
	FSIZE	.362	.023	.448	16.011	.000

模型	变量	非标准化系数		标准系数	T	Sig.
		B	标准误差	Beta		
7.3-2	RID	.480	.171	.070	2.809	.005
	RDI	2.107	.437	.122	4.826	.000
	FPER	.008	.001	.249	9.539	.000
模型拟合参数	R^2	.345	F	72.584	Sig	.000

从该数据分析结果看,独立董事的"懂事程度"和"职业操守"需要进一步提升和强化。相应的独立董事激励约束机制应当进一步建立。之所以在年长 CEO 群体中,独立董事对薪酬差距的正面效应不再显著,极大可能的原因在于,年长 CEO 更加肆无忌惮地拉大了薪酬差距,满足了独立董事的薪酬利益需求,为避免"吃相"太难看,选择了沉默和被动接受。

7.4.1.3 CEO 关联权与高管 – 员工薪酬差距的关系:全样本检验

应用模型 7.3-2 拟合全样本数据,结果见表 7.4-5。结果显示,在考虑控制变量的情况下,GLP 对 EEPD 的回归结果显著为正(Beta=0.119,P=0.000)。这意味着,整体上每一单位 CEO 关联权的变动,将引起 0.119单位的高管 – 员工绝对薪酬差距的同向变动,CEO 关联权与高管 – 员工薪酬差距整体上显著正相关。将该结果与表 7.4-4 和表 7.4-2 进行比较,可以发现,全样本中 CEO 关联权对薪酬差距的正向影响效应小于年长CEO 样本中的效应,而高于年轻 CEO 样本中的效应。

表 7.4-5 CEO 关联权与高管 – 员工绝对薪酬差距关系的回归结果(全样本)

模型	变量	非标准化系数		标准系数	T	Sig.
		B	标准误差	Beta		
7.3-2	(常量)	2.251	.137		16.406	.000
	GLP	.202	.030	.119	6.833	.000
	EAST	.146	.014	.180	10.493	.000
	FSR	-.531	.051	-.186	-10.489	.000
	DEBT	-.238	.044	-.106	-5.433	.000
	FSIZE	.336	.015	.446	22.665	.000
	RID	.228	.130	.030	1.750	.080

续表

模型	变量	非标准化系数		标准系数	T	Sig.
		B	标准误差	Beta		
7.3–2	RDI	1.630	.291	.097	5.601	.000
	FPER	.009	.001	.258	14.460	.000
模型拟合参数	R^2	.359	F	155.133	Sig	.000

7.4.2 CEO 关联权与高管 – 员工薪酬差距关系稳健性检验

为检验本章实证结论的可靠性,以相对高管 – 员工薪酬差距(EEPR)作为 EEPD 的替代性指标,进行稳健性检验,考察在存在控制变量的情况下,新 – 老 CEO 关联权对高管 – 员工薪酬差距的影响效应是否发生变化。因此,拟将模型 7.3–2 中的因变量 EEPD 替换为 EEPR,将研发投入强度(RDI)从模型 7.3–2 中删除,构建模型 7.4–1。删除研发投入强度的原因在于表 7.4–5 显示, RDI 对薪酬差距的影响程度在所有的控制变量中最弱,显著度不高。此外,本研究也尝试将 RDI 纳入回归方程,结果不发生变化。为了补偿控制变量的减少,选择董事会规模(BSIZE)加入到回归方程中作为新的控制变量。

$$EEPR_{it}=\alpha+\sigma_1 GLP_{it}+\sigma_2 EAST_{it}+\sigma_3 FRS_{it}+\sigma_4 DEBT_{it}+\sigma_5 FSIZE_{it}+\sigma_6 BSIZE_{it}+\sigma_7 RID_{i(t-1)}$$

$$+\sigma_8 FPER_{it}+\varepsilon_{it}$$

(模型 7.4–1)

应用模型 7.4–2 分别拟合年长 CEO 与年轻 CEO 样本数据,回归结果见表 7.4–6 和表 7.4–7。结果显示,在考虑关键控制变量的情况下,年长 CEO 关联权与企业高管 – 员工薪酬差距显著正相关(Beta=0.218, P=0.000);年轻 CEO 关联权与企业高管 – 员工薪酬差距显著正相关(Beta=0.069, P=0.000)。回归结果与上文研究结论一致。

表 7.4–6　年长 CEO 关联权与相对高管 – 员工薪酬差距关系的回归结果

模型	变量	非标准化系数		标准系数	T	Sig.
		B	标准误差	Beta		
7.4–1	（常量）	−49.300	8.072		−6.108	.000
	GLP	7.671	1.437	.218	5.340	.000
	EAST	2.717	.810	.134	3.354	.001

续表

模型	变量	非标准化系数		标准系数	T	Sig.
		B	标准误差	Beta		
7.4–1	FSR	−6.961	3.123	−.090	−2.229	.026
	DEBT	2.567	2.462	.047	1.043	.298
	FSIZE	6.344	.914	.335	6.943	.000
	BSIZE	−.548	.273	−.080	−2.005	.046
	RID	−6.768	6.538	−.042	−1.035	.301
	FPER	.230	.036	.257	6.453	.000
模型拟合参数	R^2	.371	F	31.871	Sig	.000

表 7.4–6 发现,在年长 CEO 样本中,董事会规模似乎起到了一定的薪酬差距抑制效应。这表明,当年长 CEO 倾向于过度拉大薪酬差距时,较大的董事会规模,使得 CEO 很难能够完全压制董事会的反对意见,从而表现出董事会规模与企业内部薪酬差距的负相关性。

表 7.4–7　年轻 CEO 关联权与相对高管－员工薪酬差距关系的回归结果

模型	变量	非标准化系数		标准系数	T	Sig.
		B	标准误差	Beta		
7.4–1	（常量）	−24.182	2.552		−9.475	.000
	GLP	1.912	.605	.069	3.162	.002
	EAST	1.300	.259	.109	5.025	.000
	FSR	−10.711	.932	−.258	−11.491	.000
	DEBT	−1.940	.811	−.058	−2.394	.017
	FSIZE	3.363	.289	.304	11.642	.000
	BSIZE	.088	.078	.027	1.121	.262
	RID	1.230	2.666	.010	.461	.645
	FPER	.087	.011	.173	7.639	.000
模型拟合参数	R^2	.371	F	31.871	Sig	.000

应用模型 7.4-2 拟合全样本数据，结果见表 7.4-8。

表 7.4-8　CEO 关联权与高管 - 员工绝对薪酬差距关系的回归结果（全样本）

模型	变量	非标准化系数		标准系数	T	Sig.
		B	标准误差	Beta		
7.4-2	（常量）	−29.669	2.625		−11.301	.000
	GLP	4.765	.567	.160	8.406	.000
	EAST	1.731	.267	.122	6.490	.000
	FSR	−11.289	.969	−.225	−11.651	.000
	DEBT	−.684	.837	−.017	−.816	.414
	FSIZE	4.024	.284	.306	14.193	.000
	BSIZE	−1.070	2.491	−.008	−.430	.667
	RID	−7.432	5.570	−.025	−1.334	.182
	FPER	.121	.012	.201	10.303	.000
模型拟合参数	R^2	.233	F	84.063	Sig	.000

全样本中，CEO 关联权与企业高管 - 员工薪酬差距仍然显著正相关（Beta=0.160，P=0.000）。该结果高于年轻 CEO 关联权对薪酬差距的影响效应，但是低于年长 CEO 关联权对薪酬差距的影响效应。可见假设 H7.2-1 和假设 H7.2-2，并不因薪酬差距的度量方式选择的不同而发生质的变化。假设检验结果可靠。

7.4.3 CEO 关联权与薪酬鸿沟关系假设检验结果

7.4.3.1 假设 H7.2-3 检验：年长 CEO 关联权与薪酬鸿沟差距的关系

应用模型 7.3-3 拟合全样本数据，结果见表 7.4-9。表 7.4-9 结果显示，在考虑控制变量的情况下，年长 CEO 关联权对 HPG 的回归结果显著为正（Beta=0.469，P=0.000），这意味着每一单位的年长 CEO 关联权的变动，将引起 0.469 单位的薪酬鸿沟的同向变动，即年长 CEO 关联权与薪酬鸿沟显著正相关。对比下文表 7.4-21 中的结果，年长 CEO 关联权对 HPG 的影响明显高于全样本中 CEO 关联权的影响。假设 H7.2-3 得到验证。

表 7.4-9　年长 CEO 关联权与薪酬鸿沟关系的回归结果

模型	变量	非标准化系数		标准系数	T	Sig.
		B	标准误差	Beta		
7.3-3	（常量）	−.930	.135		−6.866	.000
	GLP	.555	.029	.469	18.868	.000
	EAST	.099	.015	.169	6.740	.000
	FSR	−.271	.053	−.135	−5.159	.000
	DEBT	−.164	.045	−.104	−3.613	.000
	FSIZE	.146	.015	.291	9.946	.000
	RID	.079	.150	.013	.524	.601
	RDI	.835	.290	.073	2.875	.004
	FPER	−.004	.001	−.143	−5.587	.000
模型拟合参数	R^2	.319	F	64.611	Sig	.000

7.4.3.2 假设 H7.2-4 检验：年轻 CEO 关联权与薪酬鸿沟差距的关系

应用模型 7.3-3 拟合全样本数据，结果见表 7.4-10。

表 7.4-10　年轻 CEO 关联权与薪酬鸿沟关系的回归结果

模型	变量	非标准化系数		标准系数	T	Sig.
		B	标准误差	Beta		
7.3-3	（常量）	−1.154	.145		−7.942	.000
	GLP	.498	.031	.415	16.019	.000
	EAST	.083	.014	.150	6.129	.000
	FSR	−.165	.050	−.081	−3.311	.001
	DEBT	−.254	.043	−.161	−5.909	.000
	FSIZE	.166	.016	.292	10.687	.000
	RID	.166	.118	.034	1.410	.159
	RDI	.571	.300	.047	1.902	.057
	FPER	−.005	.001	−.216	−8.470	.000
模型拟合参数	R^2	.375	F	82.922	Sig	.000

结果显示，在考虑控制变量的情况下，年轻 CEO 关联权对 HPG 的回

归结果显著为正（Beta=0.415, P=0.000），这意味着每一单位的年轻CEO关联权的变动，将引起0.415单位的薪酬鸿沟的同向变动，即年轻CEO关联权与薪酬鸿沟显著正相关。年轻CEO关联权对HPG的影响稍低于全样本中CEO关联权的影响，更低于年长CEO关联权对薪酬鸿沟的影响。假设H7.2-4成立。年轻CEO关联权也是形成薪酬鸿沟的直接原因。

7.4.3.3 CEO关联权与薪酬鸿沟差距的关系：全样本分析

应用模型7.3-3拟合全样本数据，结果见表7.4-11。结果显示，在考虑控制变量的情况下，GLP对HPG的回归结果显著为正（Beta=0.445, P=0.000）。这意味着，每一单位的CEO关联权的变动，将引起0.445单位的薪酬鸿沟的同向变动，即CEO关联权与薪酬鸿沟显著正相关，而且相关性强度远高于职位权、所有权和关联权。CEO关联权是形成薪酬鸿沟的直接（关键）原因。该效应与CEO自主权整体影响效应性质一致，但是强度明显更强。

表 7.4-11　CEO关联权与薪酬鸿沟关系的回归结果（全样本）

模型	变量	非标准化系数		标准系数	T	Sig.
		B	标准误差	Beta		
7.3-3	（常量）	−1.038	.098		−10.631	.000
	GLP	.531	.021	.445	25.216	.000
	EAST	.091	.010	.160	9.206	.000
	FSR	−.222	.036	−.110	−6.164	.000
	DEBT	−.209	.031	−.133	−6.718	.000
	FSIZE	.155	.011	.292	14.667	.000
	RID	.142	.093	.027	1.531	.126
	RDI	.693	.207	.059	3.345	.001
	FPER	−.004	.000	−.176	−9.732	.000
模型拟合参数	R^2	.343	F	144.733	Sig	.000

7.4.4 CEO关联权与薪酬鸿沟关系稳健性检验结果

7.4.4.1 CEO关联权与薪酬鸿沟存在性（HPG01）的关系分析

为检验4.3中实证结论的可靠性，以薪酬鸿沟存在性（HPG01）替代

HPG 作为薪酬鸿沟的竞争性指标,进行稳健性检验。在考虑控制变量的情况下,试图研究和比较新－老 CEO 关联权对薪酬鸿沟的影响效应,是否会因为薪酬鸿沟的衡量指标选择不同而发生变化。因此将模型 7.3-3 中的因变量 HPG 替换为 HPG01,保留该模型中大多数的控制变量和自变量,将研发投入强度(RDI)替换为董事会规模(BSIZE),采用二元逻辑回归模型,构建实证模型 7.4-2。

$$\mathrm{Logit}\left(\frac{HPG01}{1-HPG01}\right)=\alpha+\sigma_1 GLP_{it}+\sigma_2 EAST_{it}+\sigma_3 FSIZE_{it}+\sigma_4 FSR_{it}+\sigma_5 DEBT_{it}+\sigma_6 BSIZE_{it}+\sigma_7 RID_{it}+\sigma_8 FPER_{it}+\varepsilon_{it}$$

(模型 7.4-2)

应用模型 7.4-2,拟合全样本数据,结果见表 7.4-12。表 7.4-12 结果显示,在考虑控制变量的情况下,CEO 关联权对薪酬鸿沟存在性(HPG01)的回归结果显著为正(B=4.344,P=0.000)。结论没有因为因变量度量方式的改变而发生变化,也没有因为数据处理模型而发生变化。

表 7.4-12　CEO 关联权与薪酬鸿沟(HPG01)关系的回归结果(全样本)

模型	变量	B	S.E,	Wals	df	Sig.	Exp(B)
7.4-5	GLP	4.344	.277	245.879	1	.000	76.981
	EAST	.766	.099	59.773	1	.000	2.152
	FSIZE	1.480	.121	150.104	1	.000	4.395
	FSR	−1.894	.362	27.334	1	.000	.150
	DEBT	1.789	.311	33.166	1	.000	.167
	BSIZE	−.045	.031	2.138	1	.144	.956
	RID	.183	.979	.035	1	.851	1.201
	FPER	−.018	.004	17.952	1	.000	.982
	常量	−13.284	1.064	155.777	1	.000	.000
模型拟合参数	卡方	601.514	Cox & Snell R^2	.237	Nagelkerke R^2		.316

7.4.4.2 假设 H7.2-3 稳健性检验:年长 CEO 关联权与薪酬鸿沟存在性(HPG01)的关系分析

应用模型 7.4-2,拟合年长 CEO 样本数据,结果见表 7.4-13。表 7.4-13 结果显示,在考虑控制变量的情况下,年长 CEO 关联权(GLP)对 HPG01 的回归结果显著为正(B=4.334,P=0.000)。结论没有因为因变量度量方式的改变而发生变化,也没有因为数据处理模型的改变而发生变化。年长 CEO 关联权对薪酬鸿沟存在性的正向影响效应，显著高于全样本数据中的结果。假设 H7.2-3 具有稳健性。

表 7.4-13　年长 CEO 关联权与薪酬鸿沟（HPG01）关系的回归结果

模型	变量	B	S.E,	Wals	df	Sig.	Exp（B）
7.4-2	GLP	4.334	.397	119.316	1	.000	76.271
	EAST	.720	.143	25.520	1	.000	2.055
	FSIZE	1.582	.195	65.973	1	.000	4.866
	FSR	−1.135	.516	4.842	1	.028	.321
	DEBT	−1.829	.461	15.748	1	.000	.161
	BSIZE	−.055	.043	1.628	1	.202	.946
	RID	.150	1.336	.013	1	.910	1.162
	FPER	−.025	.006	15.956	1	.000	.975
	常量	−14.376	1.690	72.373	1	.000	.000
模型拟合参数	卡方	298.151	Cox & Snell R^2	.235	Nagelkerke R^2		.313

7.4.4.3 假设 H7.2-4 稳健性检验：年轻 CEO 关联权与薪酬鸿沟存在性（HPG01）的关系分析

应用模型 7.4-2，拟合年轻 CEO 样本数据，结果见表 7.4-14。表 7.4-14 结果显示，在考虑控制变量的情况下，年轻 CEO 关联权（GLP）对薪酬鸿沟存在性（HPG01）的回归结果不再显著（B=4.304，P=0.121）假设 H7.2-4 得到完全验证。假设 H7.2-4 的实证结果具有稳健性。

表 7.4-14　年轻 CEO 关联权与薪酬鸿沟（HPG01）关系的回归结果

模型	变量	B	S.E,	Wals	df	Sig.	Exp（B）
7.4-2	GLP	4.304	.390	121.806	1	.000	73.989
	EAST	.775	.140	30.744	1	.000	2.170
	FSIZE	1.465	.158	85.490	1	.000	4.330
	FSR	−2.592	.518	25.084	1	.000	.075
	DEBT	−1.815	.429	17.916	1	.000	.163
	BSIZE	−.041	.047	.763	1	.382	.960

续表

模型	变量	B	S.E,	Wals	df	Sig.	Exp（B）
	RID	.114	1.470	.006	1	.938	1.120
	FPER	−.013	.006	4.449	1	.035	.987
	常量	−12.890	1.414	83.054	1	.000	.000
模型拟合参数	卡方	309.024	Cox & Snell R^2	.242	Nagelkerke R^2	.323	

7.4.4.4 独立样本 T 检验：关联权对薪酬鸿沟的影响效应

从关联权的均值处（GLP=0.155），将样本分位高关联权样本和低关联权样本。对两个子样本，应用独立样本 T 检验，分析薪酬鸿沟程度（HPG）和薪酬鸿沟存在性（HPG01）的差异性。结果见表 7.4-15 和表 7.4-16。

表 7.4-15 薪酬鸿沟基于关联权均值分组的组统计量

	关联权	N	均值	标准差	均值的标准误
HPG	>= .155	827	.6119	.248 31	.008 63
	< .155	1399	.3491	.260 06	.006 95
HPG01	>= .155	827	.7340	.442 14	.015 37
	< .155	1399	.3617	.480 66	.012 85

表 7.4-15 和表 7.4-16 显示，薪酬鸿沟程度（HPG）在高关联权样本中和低关联权样本的均值分别为 0.6119 和 0.3491，均值差为 0.2628，均值差的显著度为 0.000；薪酬鸿沟存在性（HPG01）在高关联权样本中和低关联权样本的均值分别为 0.7340 和 0.3619，均值差为 0.3723，均值差的显著度为 0.000。显然，CEO 关联权较高的情况下，企业的薪酬鸿沟程度和薪酬鸿沟出现的概率均呈现显著更高的状态。进一步验证了 CEO 关联权是企业内部薪酬鸿沟产生和演化的直接（关键）原因。

表 7.4-16 薪酬鸿沟基于关联权均值分组的独立样本 T 检验结果

	方差方程的 Levene 检验		均值方程的 T 检验				
	F	Sig.	T	Sig.（双侧）	均值差值	差分的 95% 置信区间	
						下限	上限
HPG	7.725	.005	23.425	.000	.26279	.24079	.28479

续表

	方差方程的 Levene 检验		均值方程的 T 检验				
	F	Sig.	T	Sig.（双侧）	均值差值	差分的 95% 置信区间	
						下限	上限
			23.705	.000	.262 79	.241 05	.284 53
HPG01	97.626	.000	18.185	.000	.372 29	.332 14	.412 44
			18.579	.000	.372 29	.332 99	.411 59

7.4.5 CEO 关联权、上年度薪酬鸿沟与未来公司绩效

为进一步考察 CEO 关联权与薪酬鸿沟的交互作用对公司绩效的影响，以公司 $t+1$ 年度的绩效（ROE）为因变量，以 t 年度 CEO 关联权（GLP）、$t-1$ 年度薪酬鸿沟（HPG）以及二者的标准化值的交互项（ZGLP *ZHPG）为自变量，采用 EAST、FSR 和 DEBT 等五个变量为控制变量，构建基于 OLS 的多元回归模型 7.4-3。其中，ZGLP、ZHPG 指用 SPSS 软件对 CEO 关联权和薪酬鸿沟进行描述性分析时，选择"保存为正态变量（Z_Score）"而形成的标准化值。

$$ROE_{i\,(t+1)}=\alpha+\sigma_1 EAST_{it}+\sigma_2 FSE_{it}+\sigma_3 DEBT_{it}+\sigma_4 FSIZW_{it}+\sigma_5 RID_{it}+\sigma_6 GLP_{it}+\sigma_7 HPG_{i}$$
$$_{(t-1)}+\sigma_8 ZGLP*ZHPG_{i\,(t-1)}+\varepsilon_{it}$$

（模型 7.4-3）

7.4.5.1 全样本分析：CEO 关联权、上年度薪酬鸿沟与未来公司绩效

应用模型 7.4-3，拟合全样本数据，回归结果见表 7.4-17。表 7.4-17 结果显示，在考虑控制变量的情况下，CEO 关联权（GLP）对企业未来绩效（ROE）的回归结果显著为正（Beta=0.220，P=0.000）。与上文结果相比，并未发生本质性变化；薪酬鸿沟对企业未来绩效的回归结果显著为负（Beta=-0.175，P=0.000），符合人们对薪酬鸿沟绩效后果的预期；二者的交互项（ZGLP *ZHPG）的回归结果为负（Beta=-0.121，P=0.000）。结果表明，CEO 关联权与上一年度薪酬鸿沟对绩效的协同效应为负。换言之，CEO 关联权将强化薪酬鸿沟的负面绩效后果。

表 7.4-17　CEO 关联权、上年度薪酬鸿沟（HPG）与未来公司绩效关系（全样本）

模型	变量	非标准化系数		标准系数	T	Sig.
		B	标准误差	Beta		
7.4-3	（常量）	−27.483	4.244		−6.475	.000
	EAST	2.152	.431	.107	4.994	.000
	FSR	1.975	1.563	.028	1.264	.207
	DEBT	−14.527	1.302	−.260	−11.161	.000
	FSIZE	4.460	.463	.238	9.634	.000
	RID	−7.048	3.985	−.037	−1.769	.077
	GLP	9.218	1.212	.220	7.604	.000
	HPG	−6.159	.903	−.175	−6.821	.000
	ZGLP*ZHPG	−1.163	.246	−.121	−4.732	.000
模型拟合参数	R^2	.107	F	30.394	Sig	.000

表 7.4-17 的结果还表明,企业规模对企业未来绩效有最强的正相关性,位于东部地区的企业整体上业绩要高于中西部地区企业,独立董事比例对未来企业绩效反而呈现 10% 水平上的显著负向影响,第一大持股比例对企业绩效未表现出显著相关性,资产负债率对企业未来绩效有最为显著的负向影响效应。

7.4.5.2 年长 CEO 样本分析:CEO 关联权、上年度薪酬鸿沟与未来公司绩效

应用模型 7.4-3,拟合年长 CEO 样本数据,回归结果见表 7.4-18。表 7.4-18 结果显示,在考虑控制变量的情况下,CEO 关联权（GLP）对企业未来绩效（ROE）的回归结果显著为正（Beta=0.235,P=0.000）。与上文结果相比,并未发生本质性变化;薪酬鸿沟对企业未来绩效的回归结果显著为负（Beta=−0.211,P=0.002）,符合人们对薪酬鸿沟绩效后果的预期;二者的交互项（ZCOP *ZHPG）的回归结果显著为负（Beta=−0.132,P=0.598）。该结果表明,年长 CEO 关联权,将能够更为显著地弱化薪酬鸿沟对企业未来绩效的负向影响效应。该结果再次验证了,年长 CEO 关联权的利企性动机似乎弱于年轻 CEO。

此外,年长 CEO 样本中第一大股东持股比例对企业绩效有微弱的正向影响,该结果可能源自大股东对年长 CEO 放权充分发挥其自主性的同

时，毕竟在名义和程序上给予了年长 CEO 一定的监督和约束，从而促进了企业绩效提升。

表 7.4-18　年长 CEO 关联权、上年度薪酬鸿沟（HPG）与未来公司绩效关系

模型	变量	非标准化系数		标准系数	T	Sig.
		B	标准误差	Beta		
7.4-3	（常量）	−34.703	6.167		−5.627	.000
	EAST	2.229	.580	.112	3.845	.000
	FSR	3.872	2.140	.053	1.809	.071
	DEBT	−18.395	1.770	−.323	−10.391	.000
	FSIZE	5.414	.666	.266	8.130	.000
	RID	−8.711	4.955	−.051	−1.758	.079
	GLP	9.877	1.702	.235	5.805	.000
	HPG	−7.563	1.259	−.211	−6.009	.000
	ZGLP*ZHPG	−1.262	.335	−.132	−3.766	.000
模型拟合参数	R^2	.396	F	24.495	Sig	.000

7.4.5.3 年轻 CEO 样本分析：CEO 关联权、上年度薪酬鸿沟与未来公司绩效

应用模型 7.4-3，拟合年轻 CEO 样本数据，回归结果见表 7.4-19。表 7.4-19 结果显示，在考虑控制变量的情况下，年轻 CEO 关联权（GLP）对企业未来绩效（ROE）的回归结果显著为正（Beta=0.197, P=0.000）；薪酬鸿沟对企业未来绩效的回归结果显著为负（Beta=−0.140, P=0.000），符合人们对薪酬鸿沟绩效后果的预期；二者的交互项（ZGLP *ZHPG）的回归结果显著为负（Beta=−0.094, P=0.013）。该结果表明，年轻 CEO 关联权强化薪酬鸿沟负面绩效后果的能力和动机显著弱于年长 CEO。

表 7.4-19　年轻 CEO 关联权、上年度薪酬鸿沟（HPG）与未来公司绩效关系

模型	变量	非标准化系数		标准系数	T	Sig.
		B	标准误差	Beta		
7.4-3	（常量）	−22.078	5.984		−3.690	.000
	EAST	1.932	.647	.095	2.986	.003
	FSR	−.131	2.314	−.002	−.057	.955

续表

模型	变量	非标准化系数		标准系数	T	Sig.
		B	标准误差	Beta		
7.4-3	DEBT	-10.187	1.919	-.186	-5.308	.000
	FSIZE	3.556	.654	.205	5.437	.000
	RID	-1.419	6.727	-.007	-.211	.833
	GLP	8.165	1.754	.197	4.654	.000
	HPG	-4.842	1.295	-.140	-3.740	.000
	ZGLP*ZHPG	-.903	.362	-.094	-2.494	.013
模型拟合参数	R^2	.065	F	8.376	Sig	.000

比较表 7.4-18 和 7.4-19 的结果,还可以发现,年轻 CEO 样本中,资产负债率对企业绩效的负面影响(Beta=-0.186, P=0.000),要显著低于年长 CEO 中资产负债率的负面绩效影响效应(Beta=-0.323, P=0.000)。可能的原因在于,CEO 群体对提升债务资产的运营效率都没有更好的办法,而且债务融资的成本相对较高,因此表现为资产负债率与绩效负相关。与此同时,与年轻 CEO 相比较,年长 CEO 在运营债务资产时效率更低。

此外,比较表 7.4-18 和 7.4-19 的结果,还可以发现,年轻 CEO 样本中,企业规模对企业绩效的正向影响(Beta=0.205, P=0.000),要显著低于年长 CEO 中企业规模的正向绩效影响效应(Beta=0.266, P=0.000)。可见,与年长 CEO 相比较,年轻 CEO 在运营大规模企业时,还是缺乏相应的技能与经验积累。

7.4.6 CEO 关联权、上年度薪酬鸿沟与未来公司绩效:稳健性检验

7.4.6.1 全样本分析:CEO 关联权、上年度薪酬鸿沟存在性(HPG01)与未来公司绩效

为检验 4.5 中实证结论的可靠性,以薪酬鸿沟存在性(HPG01)替代 HPG 作为薪酬鸿沟的竞争性指标,进行稳健性检验。在考虑控制变量的情况下,试图研究和比较新 - 老 CEO 关联权和薪酬鸿沟的交互效应对未来公司绩效的影响,是否会因为薪酬鸿沟指标选择不同而发生变化。因此将模型 7.4-3 中的自变量 HPG 替换为 HPG01,并将因变量的 ROE 改变为 ROA,保留该模型中的其他变量,构建实证模型 7.4-4。

· 247 ·

$$ROA_{i\,(t+1)}=\alpha+\sigma_1 EAST_{it}+\sigma_2 FSE_{it}+\sigma_3 DEBT_{it}+\sigma_4 FSIZW_{it}+\sigma_5 RID_{it}+\sigma_6 ZGLP_{it}+\sigma_7 HPG01_i$$

$$_{(t-1)}+\sigma_8 ZGLP*ZHPG_{i\,(t-1)}+\varepsilon_{it}$$

（模型7.4-4）

应用模型7.4-4,拟合全样本数据,回归结果见表7.4-20。表7.4-20结果显示,在考虑控制变量的情况下,CEO关联权（GLP）对企业未来绩效（ROE）的回归显著为正（Beta=0.162,P=0.000）；薪酬鸿沟存在性（HPG01）对企业未来绩效的回归结果在10%的水平显著为负（Beta=-0.080,P=0.001）,稍微弱于人们对薪酬鸿沟绩效后果的预期；二者的交互项（ZGLP*ZHPG01）的回归结果显著为负（Beta=-0.121,P=0.000）。

表7.4-20 CEO关联权、上年度薪酬鸿沟（HPG01）与未来公司绩效（ROA）（全样本）

模型	变量	非标准化系数		标准系数	T	Sig.
		B	标准误差	Beta		
7.4-4	（常量）	−24.839	4.289		−5.792	.000
	EAST	1.879	.433	.093	4.337	.000
	FSR	2.986	1.568	.042	1.904	.057
	DEBT	−14.150	1.312	−.253	−10.789	.000
	FSIZE	3.997	.465	.214	8.601	.000
	RID	−7.527	4.014	−.040	−1.875	.061
	GLP	6.774	1.128	.162	6.006	.000
	HPG01	−1.606	.493	−.080	−3.259	.001
	ZGLP*ZHPG01	−1.315	.269	−.121	−4.887	.000
模型拟合参数	R^2	.093	F	26.077	Sig	.000

7.4.6.2 年长CEO样本分析:CEO关联权、上年度薪酬鸿沟存在性（HPG01）与未来公司绩效

应用模型7.4-4,拟合年长CEO样本数据,回归结果见表7.4-21。表7.4-21结果显示,在考虑控制变量的情况下,年长CEO关联权（GLP）对企业未来绩效（ROA）的回归结果显著为正（Beta=0.152,P=0.000）；薪酬鸿沟存在性对企业未来绩效的回归结果显著为负（Beta=-0.090,P=0.007）,但是强度相对较弱；二者的交互项（ZGLP*ZHPG01）的回归结果为不显著的负值（Beta=-0.128,P=0.000）。

·248·

该结果表明,年长 CEO 关联权有强化薪酬鸿沟的负面绩效(ROA)后果的倾向,而且效应强度较高。

表7.4–21 年长 CEO 关联权、上年度薪酬鸿沟(HPG01)与未来公司绩效(ROA)

模型	变量	非标准化系数		标准系数	T	Sig.
		B	标准误差	Beta		
7.4–4	(常量)	−31.566	6.249		−5.051	.000
	EAST	1.869	.585	.094	3.192	.001
	FSR	4.881	2.157	.067	2.262	.024
	DEBT	−17.882	1.787	−.314	−10.008	.000
	FSIZE	4.877	.670	.240	7.273	.000
	RID	−9.644	5.014	−.056	−1.924	.055
	GLP	6.404	1.556	.152	4.117	.000
	HPG01	−1.779	.659	−.090	−2.702	.007
	ZGLP*ZHPG01	−1.405	.369	−.128	−3.811	.000
模型拟合参数	R^2	.136	F	20.678	Sig	.000

7.4.6.3 年轻 CEO 样本分析:CEO 关联权、上年度薪酬鸿沟存在性(HPG01)与未来公司绩效

应用模型 7.4–4,拟合年轻 CEO 样本数据,回归结果见表7.4–22。表 7.4–22 结果显示,在考虑控制变量的情况下,年轻 CEO 关联权(GLP)对企业未来绩效(ROA)的回归结果显著为正(Beta=0.161,P=0.000);薪酬鸿沟存在性对企业未来绩效的回归结果显著为负(Beta=−0.066,P=0.068);二者的交互项(ZGLP *ZHPG)的回归结果显著为负(Beta=−0.101,P=0.006)。该结果表明,年轻 CEO 关联权与薪酬鸿沟存在性(HPG01)的交互效应显著,但是对薪酬鸿沟存在性的负向绩效后果的强化作用弱于年长 CEO。

表7.4–22 年轻 CEO 关联权、上年度薪酬鸿沟(HPG01)与未来公司绩效(ROA)

模型	变量	非标准化系数		标准系数	T	Sig.
		B	标准误差	Beta		
7.4–4	(常量)	−20.181	6.045		−3.339	.001
	EAST	1.723	.648	.085	2.661	.008

续表

模型	变量	非标准化系数		标准系数	T	Sig.
		B	标准误差	Beta		
7.4–4	FSR	.853	2.320	.012	.368	.713
	DEBT	−9.952	1.935	−.181	−5.142	.000
	FSIZE	3.182	.657	.184	4.846	.000
	RID	−1.171	6.754	−.005	−.173	.862
	GLP	6.668	1.666	.161	4.003	.000
	HPG01	−1.349	.738	−.066	−1.828	.068
	ZGLP*ZHPG01	−1.075	.394	−.101	−2.729	.006
模型拟合参数	R^2	.057	F	7.250	Sig	.000

7.4.7 拓展研究：CEO 政治关联的影响效应分析

将 CEO 曾经拥有的政府、人大、政协任职经历情况视为 CEO 政治关联指标,考虑模型 7.4–4 同样的控制变量,进一步详细探讨来自 CEO 政治关联的 CEO 自主权对高管－员工薪酬差距、薪酬鸿沟、公司绩效,以及其他组织结果变量的影响效应。

以高管－员工薪酬差距、薪酬鸿沟为因变量的分析结果表明,CEO 政治关联权对二者的影响显著弱于 CEO 关联权的整体影响效应;以公司绩效为因变量的分析结果表明,CEO 政治关联权对以 ROA 为衡量指标的公司绩效有显著正向影响,而且该影响效应要高于 CEO 关联权的整体影响效应;以政府财政补贴为因变量的回归结果表明,CEO 政治关联权对获得财政补贴的概率和数额都有显著的正向影响;以企业实际税率为因变量的回归结果表明,CEO 政治关联权对企业的实际税负影响效应不显著。

7.4.8 结果讨论

本章基于国有企业的数据分析,探究了新－老 CEO 关联权对高管－员工薪酬差距和薪酬鸿沟的影响效应。回归分析的结果是:

（1）年长 CEO 和年轻 CEO 关联权均能对高管－员工薪酬差距产生显著正向影响,而且年长 CEO 关联权的影响效应显著高于年轻 CEO。

年长 CEO 由于在公司经营多年,同时也积累了大量的社会资本与人脉关系,这种关系主要包括在政府部门、高等院校和行业协会等外部机构的各种兼职情况。CEO 外部兼职不但能拓展人脉,为企业带来更多的资源保障,而且可以增长其对各种行业的认知,明显提高 CEO 自身对企业决策的影响程度。对于年长 CEO 而言,一方面,CEO 会利用自身的关联权和股东对其的依赖性,操纵自身的薪酬;另一方面,关联权高的年长 CEO,对员工的社会资本依赖性弱,更多将员工定位为战略执行者而非战略制定的参与者,因此对员工整体的价值评价倾向于降低。年长 CEO 提升自身薪酬和降低普通员工薪酬的双重倾向,将会过度拉大高管薪酬与员工的薪酬差距,假设 H7.2-1 得到验证联权与高管－员工薪酬差距显著正相关。

关联权源自自身社会资本,这种权力在企业聘用年轻 CEO 时,会成为一项重点考量的项目。从薪酬谈判的视角来看,企业为了获得年轻 CEO 的青睐,激励年轻 CEO 更好地运用其关联权为企业争取额外的资源,谋取更好的发展机会,则会提供年轻 CEO 更高水平的薪酬,从而客观上拉大了企业内部高管－员工薪酬差距。另一方面,年轻 CEO 经验没有年长 CEO 丰富,对企业的了解和控制程度也不够全面,如果过度运用其关联权主动提升自身薪酬,或者抑制员工薪酬水平的增长,则可能面临更多利益相关者的压力,以及来自内部员工的不信任和心理抵抗。因此,年轻 CEO 关联权与高管－员工薪酬差距虽然呈现显著正相关性,但这种正相关性低于年长 CEO,假设 H7.2-2 得到验证。

(2)年长 CEO 和年轻 CEO 关联权均能对薪酬鸿沟的产生与演化表现出显著的促进效应,而且年长 CEO 关联权的促进效应显著高于年轻 CEO。

年长 CEO 关联权运作过程中,企业内部薪酬差距相对快速地扩大。对这一点,不论是股东、董事会、还是年长 CEO 自身,都清楚地意识到这一事实。本研究对年长 CEO 的关联权和年轻 CEO 的关联权进行比较后发现,年长 CEO 关联权显著更高,其社会资本更为丰富。公司治理实践中,较高的关联权赋予年长 CEO 更大的资源操控权和薪酬制定权,股东在资源获取上对其更加依赖,因而对其薪酬设定中的不合理成分倾向于持保留意见甚至是顺水推舟,而很少提出反对意见。年长 CEO 本身也往往以此为资本,更多出于利己性而非利企性动机,打着利用薪酬差距锦标赛激励效应的旗号,倾向于较大程度上拉大薪酬差距,而罔顾员工的感受和企业的长期竞争力。最终结果显示,CEO 关联权是薪酬鸿沟形成的直接原因。与 CEO 自主权其他维度相比,CEO 关联权对薪酬鸿沟的影响效应最强。这表明,以"关系""人脉"为核心的社会资本/关联权,在当前的市场经济行为和商业竞争中，表现出了比 CEO 职位权、专家权和所有权更强的绩效决定效应和薪酬决定效应。这也意味着，我们的市场经济的"市场化"程度仍然有改进的空间，"资源"驱动型的经济运行仍然占据相当重要的位置。

年轻 CEO 关联权运作过程中，因为关联权对企业资源获取的关键性，同样可能会导致薪酬差距过大，从而导致薪酬鸿沟的诞生。但是，与年长 CEO 关联权运作过程不同的是，一旦内部薪酬差距显著增大，各方利益相关者都会对此表现出警惕的态度，并可能采取相应的抑制措施。对股东和董事会而言，对年轻 CEO 的监控程度会更高，会详细审查其各项战略决策的合理性及其决策出发点。尤其是相对敏感的薪酬决策，股东和董事会对要求年轻 CEO 对明显更高的薪酬差距做出慎重的解释；对员工而言，在未能证明年轻 CEO 能够胜任职位、促进企业战略绩效提升之前，对年轻 CEO 持有谨慎、怀疑的态度。此时，过度拉大薪酬差距，将激发员工对立足未稳、声望不足的年轻 CEO 的质疑与心理抵抗；对年轻 CEO 自身而言，过度拉大薪酬差距，不仅意味着可能会有锦标赛激励效应，更大程度上意味着组织公平理论视角下的负激励效应产生，从而对企业绩效产生不利的影响。年轻 CEO 急需良好的绩效证明自身的能力与投入，也包括证明自身关联权能够为企业带来资源上的利益，因此，在拉大薪酬差距的同时，会考虑到"度"的问题。因此，年轻 CEO 关联权在拉大薪酬差距的时候，相比较年长 CEO 而言，会更加慎重，从而对薪酬鸿沟的影响程度要弱于年长 CEO。

（3）不论年长 CEO 还是年轻 CEO，其关联权均对绩效有促进效应，关联权倾向于强化薪酬鸿沟的负面绩效后果，但是年长 CEO 关联权的强化效应更高。

虽然 CEO 关联权会强化薪酬鸿沟的负面绩效后果，从而间接对绩效产生负面影响，但是其对企业绩效的直接效应显著为正，而且强度上高于 CEO 关联权的间接负面效应。

该结果表明，关联权背后的社会资本，或者说人脉关系，对企业带来的"资源获取"效应，目前对企业的价值，高于 CEO 通过关联权拉大薪酬差距从而导致薪酬鸿沟带来的负面绩效后果。因此，从算经济账的角度，企业股东选择倾向于对 CEO，尤其是年长 CEO，进行薪酬操纵的行为，甚至导致薪酬鸿沟出现的行为，视而不见甚至推波助澜，是有其经济原因的。但是从长远竞争力考虑，一方面随着市场化程度的提升，资源流通更加顺畅、成本更低，资源获取的非市场化成分逐渐下降，CEO 关联权的资源获取效应将弱化；而另一方面，随着管理者视野的长远化，企业长期发展与竞争力的提高,还是要靠多数员工的共同努力与创新性投入,而薪酬鸿沟状态下的员工是缺乏高敬业度和创新性的。因此,未来的公司实践应当重视 CEO 关联权对薪酬鸿沟负面绩效后果的强化效应,尤其针对年长 CEO,更是如此。

7.5　结论与展望

本章以国有企业为研究背景,主要探讨和刻画国有企业年轻 CEO 与年长 CEO 关联权对高管薪酬差距的影响效应和国有企业年轻 CEO 与年长 CEO 关联权对薪酬鸿沟的操纵效应,并进一步比较这两者之间的效应差异。

研究结果表明:(1)年长 CEO 和年轻 CEO 关联权均能对高管 – 员工薪酬差距产生显著正向影响,而且年长 CEO 关联权的影响效应显著高于年轻 CEO;(2)年长 CEO 和年轻 CEO 关联权均能对薪酬鸿沟的产生与演化表现出显著的促进效应,而且年长 CEO 关联权的促进效应显著高于年轻 CEO;(3)不论年长 CEO 还是年轻 CEO,其关联权均对绩效有促进效应,关联权倾向于强化薪酬鸿沟的负面绩效后果,但是年长 CEO 关联权的强化效应更高。进一步分析表明,国有企业中年轻 CEO 利企性动机更强,而年长 CEO 利己性动机相对更强。从企业的角度来讲,随着知识科技的不断进步,抑制企业内部薪酬鸿沟的诞生与演化,实现保障与激励双重功效是重点与难点。这些都有待于企业去思考,而本章的研究对这些问题的回答提供了有价值的借鉴。

一方面,企业应该通过完善企业治理,来制衡年长 CEO 关联权,防止过度的权力寻租。摒弃"日久见人心"的传统思维,越是在高管的职业生涯后期,越应当保持高强度的监督。本章研究数据表明,由于年长 CEO 利用关联权寻租,为自身谋利的动机相对高于年轻 CEO,因此企业对年长 CEO 要进行更为严格的监督。另一方面,如何充分利用自身的权力,包括来自社会资本的关联权,为企业更好的创造利润,对于年轻 CEO 而言是一项巨大的挑战。过度依赖关联权的现实,抑制了企业"反求诸己"的尝试与努力,较少精力关注到内部人力资源的开发与利用上,这一点应该有所改变。

从社会宏观层面而言,应当进一步推进市场经济体制改革,促进人力资源、财务资源等各项资源的市场化流通,从政府层面简政放权,弱化关联权"资源获取"功能的非市场成分,削减关联权运作过程中的政策寻租空间。在此背景下，股东和董事会就不会过度依赖 CEO 的关联权，从而有立场和能力去强化对 CEO 薪酬决策的监督与控制，有效规避薪酬鸿沟问题的扩大。

7.6　参考文献

[1]Bal V, Campbell M., &Steed J, et al .The Role of Power in Effective Leadership: A Center for Creative Leaderships Research White Paper[R]. Greensboro: Center for Creative Leadership, 2008.

[2]Bebchuk L.A., Fried J.M.Pay without Performance: Overview of the Issues[J].Journal of Applied Corporate Finance, 2005, 17（4）: 8-23.

[3]Chen, J., Ezzamel, M.and Cai, Z.M.Managerial power theory, and executive pay in China[J].Journal of Corporate Finance, 2011, 17: 1176-1199.

[4]Cresp í –Cladera, Rafel and Bartolomé Pascual–Fuster.Does the independence of independent directors matter[J].Journal of Corporate Finance, 2014, 28（C）: 116-134.

[5]Geletkanycz, M.A., Boyd, B.K, Finkelstein S.The Strategic Value of CEO External Directorate Networks: Implications for CEO Compensation[J]. Strategic Management Journal, 2001, 22（9）: 889-898.

[6]Kotter J.P. Power and Influence [M].London: Free Press, 1985.

[7]Krackhardt D.The strength of strong ties: The importance of philos in organization Nohria N, Eccles R Networks and Organization: Structure, Forms, and Action [M], Boston: Harvard Business School Press, 1996.

[8]Meyerson, E.M.Human Capital, Social Capital and Compensation: The Relative Contribution of Social Contacts to Managers Incomes[J].Acta Sociologica, 1994, 37（4）: 383-399.

[9]O' Reilly III, CA., &GM.Main.Economic and Psychological Perspectives on CEO Compensation: A Review and Synthesis[J].Industrial and Corporate Change, 2010,（19）: 675-712.

[10]Tsui A S, &Farh J L .Where Guanxi matters: Relational demography and Guanxi in the Chinese context[J].Work and Occupations, 1997（24）: 56-79.

[11]蔡芸,陈淑玉,任成.高管－员工薪酬差距对企业绩效的影响——

基于沪深 A 股上市公司的面板门限回归分析 [J]. 北京工商大学学报 (社会科学版),2019 (2): 52-62.

[12] 曹华莹 . 高管社会资本与企业多元化战略相关性研究 [J]. 财会通讯,2017,(30): 72-76.

[13] 贺远琼,田志龙,陈昀 . 企业高管社会资本与企业经济绩效关系的实证研究 [J]. 管理评论,2007,19 (3): 33-37.

[14] 黄洁,陈国权 .CEO 社会资本对其薪酬水平和薪酬波动性的影响——公司市场价值波动性和股权集中度的调节作用 [J]. 技术经济,2017,36 (10): 65-76.

[15] 江伟,吴静桦,胡玉明 . 高管 - 员工薪酬差距与企业创新——基于中国上市公司的经验研究 [J]. 山西财经大学学报,2018 (6): 74-88.

[16] 李小青,吕靓欣 . 董事会社会资本、群体断裂带与企业研发效率——基于随机前沿模型的实证分析 [J]. 研究与发展管理,2017,29 (4): 148-158.

[17] 李阳 .CEO 自主权、高管 - 员工薪酬差距与公司绩效间关系的实证研究 [D]. 西安:西安理工大学,2014.

[18] 李卫宁,张祎宁 . 年轻 CEO 特征,管理团队调整与公司绩效——基于 ST 上市公司的数据实证 [J]. 中国管理科学,2014,22 (8): 47-55.

[19] 黎文靖,胡玉明 . 国企内部薪酬差距激励了谁？ [J]. 经济研究,2012 (12): 125-132.

[20] 吕明月 . 国有控股上市公司高管 - 员工薪酬差距影响因素的研究 [D]. 贵阳:贵州财经大学,2016.

[21] 马富萍 . 高管社会资本对资源获取影响的研究——高管持股的调节作用 [J]. 内蒙古大学学报 (哲学社会科学版),2013,45 (4): 47-53.

[22] 秦双全,辛明磊,熊朝晖 . 高管团队能力与企业绩效间关系的实证分析——考虑 CEO 社会资本的调节作用 [J]. 技术经济,2014,33 (6): 127-133.

[23] 孙芳,赵艳 .CEO 和董事会社会资本协同效应对 IPO 抑价的影响:正向协同还是负向协同 [J]. 现代财经 (天津财经大学学报),2017 (3): 54-66.

[24] 王霜琴 . 高管社会资本对企业成长性的影响研究——基于多元化战略选择的中介效应 [D]. 杭州:浙江财经大学,2014.

[25] 肖东生,高示佳,谢荷锋 . 高管 - 员工薪酬差距、高管控制权与企业成长性——基于中小板上市公司面板数据的实证分析 [J]. 华东经济管理,2014,28 (5): 117-122.

[26] 尹宏祯 . 高管社会资本、组织合法性对公司价值影响的实证分析 [J]. 财会通讯,2017（21）:49-54.

[27] 赵健梅,任雪薇 . 我国国有上市公司高管薪酬结构和粘性研究 [J]. 经济问题,2014（10）:57-61.

[28] 张樱 . 高管社会资本对银行贷款契约的影响——基于社会资本微观层面的实证研究 [J]. 山西财经大学学报,2016,38（7）:39-49.

[29] 张长征,李怀祖 .CEO 自主权、高管报酬差距与公司业绩 [J]. 中国软科学,2008（2）:117-126.

[30] 朱金鹏 .CEO 社会资本、企业债务融资行为与资本配置效率 [D]. 杭州: 浙江工商大学,2014.

[31] 邹飞 . 高管社会资本与银行风险承担行为研究 [D]. 长沙: 中南大学,2013.

[32] 朱丽,柳卸林,刘超,杨虎 . 高管社会资本、企业网络位置和创新能力——"声望"和"权力"的中介 [J]. 科学学与科学技术管理,2017,389（6）:94-109.